全国导游资格考试统编教材
QUANGUO DAOYOU ZIGE KAOSHI TONGBIAN JIAOCAI

导游服务能力
——黑龙江省导游现场考试实务

黑龙江省全国导游资格考试统编教材专家编写组 编

中国旅游出版社

责任编辑：高子梦
责任印制：冯冬青
封面设计：中文天地

图书在版编目（CIP）数据

导游服务能力：黑龙江省导游现场考试实务 / 黑龙江省全国导游资格考试统编教材专家编写组编 . -- 北京：中国旅游出版社 , 2024. 8. -- ISBN 978-7-5032-7370-4

Ⅰ . F590.63

中国国家版本馆 CIP 数据核字第 202433BV83 号

书　　名	导游服务能力——黑龙江省导游现场考试实务
作　　者	黑龙江省全国导游资格考试统编教材专家编写组　编
出版发行	中国旅游出版社
	（北京静安东里 6 号　邮编：100028）
	https://www.cttp.net.cn　E-mail：cttp@mct.gov.cn
	营销中心电话：010-57377103，010-57377106
	读者服务部电话：010-57377107
排　　版	北京中文天地文化艺术有限公司
印　　刷	北京明恒达印务有限公司
版　　次	2024 年 8 月第 1 版　2024 年 8 月第 1 次印刷
开　　本	720 毫米 ×970 毫米　1/16
印　　张	18.25
字　　数	286 千
定　　价	46.00 元
ISBN	978-7-5032-7370-4

版权所有　翻印必究
如发现质量问题，请直接与营销中心联系调换

《导游服务能力——黑龙江省导游现场考试实务》
编委会名单

主　　编　李丛辉　杨　威

副主编　孙　悦　张隽殊　刘林舒

编　　委　冷　慧　袁　欣　卓　琳　商安弟　郭阎梅
　　　　　秦　瑶　许晓艾　姚洪英　于成龙　于佳平
　　　　　管宏强　刘　鑫

前言

《"十四五"旅游业发展规划》吹响加快建设"旅游强国"的号角。2020年以来，旅游消费政策总体呈现从限制到放开的变化。从产业建设角度看，近年文化和旅游部陆续制定政策促进旅游业发展，我国旅游业有望恢复持续增长的态势，并且更加注重高质量发展。

随着旅游业的蓬勃发展，人们的旅游需求日益增加，旅游者越来越追求高品质的旅游产品，对导游的职业素养、业务水平和综合能力要求也越来越高，可以说，高素质的导游是高品质产品的核心支撑。

黑龙江省文化和旅游厅在省政府主导的大旅游发展战略下，以特色文旅为核心，深入贯彻习近平总书记关于"大力发展特色文化旅游"的部署，将资源优势、生态优势、区位优势转化为经济优势，做大做强特色文化旅游。将招商引资作为重点，成立黑龙江省文化和旅游产业科技创新中心，以"集群成链"方式推动文旅项目引进落地，加快培育新增百亿级文旅产业链。真正做到将文旅融合深度推进，加强文化和旅游深度融合发展制度设计，推出新产品、拓展新服务、培育新业态、形成新动能。在文化和旅游融合发展的时代背景下，旅游行业更需要加强高质量产业人才队伍建设，并通过行之有效的人才培养及扶持计划，扩大文化和旅游人才总量、提高质量、盘活存量，培养和储备一支高素质、专业化的复合型文化旅游人才队伍，进一步推动文化和旅游融合发展。

本书严格按照文化和旅游部相关文件精神和全国导游资格考试大纲要求，涵盖了考纲的全部要点，注重导游专业和导游工作实际需要，注重资格准入的法律法规知识、基本素质和综合能力,注重黑龙江省文化旅游行业最新特色。

本书主要有两个方面的特点:一是将考核景点导游词创作案例分成两部分,景区介绍部分是对于整个景点全面的介绍,可以让考生更好地认识和理解景点背景与特点,导游词是针对现场导游词讲解考核的精练部分,更有助于记忆;二是根据考试大纲和多年的高频试题,以及真实情境下导游带团工作中的常见问题,整理出面试考题,助力考生现场考试发挥。希望本书既可以成为导游资格考试的参考教材,又可以成为旅游院校广大师生重要的辅导材料,更能够成为广大旅游者和社会各界人士到黑龙江省旅游的旅游指南。

本书在编写过程中,得到了省内外资深文化、旅游专家,学者和文旅业界人士的鼎力支持,在此表示诚挚的谢意。我们衷心希望本教材不仅能切实满足广大考生应考的需要,同时能为黑龙江省旅游人才导游业务能力和综合素质的提升、为全国文化和旅游业发展尽一份绵薄之力。由于时间仓促,书中难免有失误和不足之处,敬请批评指正。

目 录

第一章 黑龙江现场导游考试规程 ·················· 1
第一节 概述 ·················· 1
第二节 考试内容 ·················· 2
第三节 考试流程 ·················· 4
第四节 考核要素 ·················· 5

第二章 黑龙江现场导游考试应试技巧 ·················· 7
第一节 导游词创作技巧 ·················· 7
第二节 讲解应试技巧 ·················· 9

第三章 黑龙江现场问答应试技巧 ·················· 15
第一节 导游服务规范 ·················· 15
第二节 应变能力 ·················· 19
第三节 形象礼仪应试技巧 ·················· 20

第四章 黑龙江省现场考试讲解内容 ·················· 24
第一节 黑龙江省概况 ·················· 24
第二节 太阳岛风景区 ·················· 41
第三节 中央大街旅游景区 ·················· 58

第四节　东北虎林园 ………………………………………… 73
第五节　哈尔滨极地公园 ……………………………………… 84
第六节　铁人王进喜纪念馆 …………………………………… 97
第七节　镜泊湖风景名胜区 …………………………………… 111
第八节　雪乡 …………………………………………………… 125
第九节　扎龙自然保护区 ……………………………………… 138
第十节　汤旺河林海奇石风景区 ……………………………… 152
第十一节　冰雪大世界 ………………………………………… 168
第十二节　虎头旅游景区 ……………………………………… 185
第十三节　亚布力滑雪旅游度假区 …………………………… 202
第十四节　大兴安岭漠河市北极村旅游景区 ………………… 215
第十五节　伏尔加庄园 ………………………………………… 226
第十六节　金上京历史博物馆 ………………………………… 241

第五章　导游综合知识 ……………………………………… 258

第一节　导游业务 ……………………………………………… 258
第二节　黑龙江省导游基础知识 ……………………………… 270
第三节　全国导游基础知识 …………………………………… 274
第四节　政策与法律法规 ……………………………………… 278

第一章
黑龙江现场导游考试规程

第一节 概述

全国导游资格考试由笔试和现场考试（面试）两部分组成。笔试采取机考方式，笔试科目为《政策与法律法规》《导游业务》《全国导游基础知识》《地方导游基础知识》（对应《考试大纲》的科目一、二、三、四）；现场考试（面试）科目为《导游服务能力》（对应《考试大纲》的科目五），主要考查考生导游词讲解和导游服务规范、综合知识的掌握程度，同时对其应变能力、讲解能力、语言表达能力、交流能力进行综合测评。

一、考试目的

主要考查考生导游讲解是否符合规范程序、详略得当、重点突出，具有一定的讲解技巧。考查考生对城市概况及景点讲解的正确性、全面性、条理性和规范性。考查考生对导游服务规范及工作程序的掌握和应用。考查考生处理突发事件的能力。考查考生对中国共产党党史、文明旅游和时事政治等方面知识的掌握程度。

二、考试方式

科目五考试，中文类考生每人不少于15分钟，备考旅游景区不少于12

个；外语类考生每人不少于25分钟，备考旅游景区不少于5个。

考试成绩采用百分制，中文类分值比例为：礼貌礼仪占5%，语言表达占20%，景点讲解占45%，导游服务规范占10%，应变能力占10%，综合知识占10%。外语类分值比例为：礼貌礼仪占5%，语言表达占25%，景点讲解占30%，导游服务规范占10%，应变能力占5%，综合知识占5%，口译占20%。

第二节　考试内容

中文类考生现场考试内容包括：景点讲解（含景点知识问答）、规范问答、应变问答、综合知识。外语类考生现场考试内容包括：用所考语种进行景点讲解（含景点知识问答）、规范问答、应变问答、综合知识、外语口译。

一、景点讲解

要求考生掌握黑龙江省概况及黑龙江省具有代表性的景区（点）的基本情况和相关知识，并运用导游语言和导游讲解技巧，对黑龙江省概况及相关景区（点）进行有重点、有条理的生动讲解。景区（点）讲解环节由考生随机抽取一个景区（点）作为讲解内容，以参考导游词的内容为基础。鼓励有深度、有创意的导游词。

黑龙江省导游面试考核部分中文讲解景点包括：黑龙江概况（包括黑龙江历史文化、地理环境、交通状况、旅游资源、旅游土特产品、旅游产业发展等内容）；哈尔滨中央欧陆风情旅游区（中央大街）；哈尔滨极地公园；齐齐哈尔扎龙生态旅游区；牡丹江镜泊湖风景区；大兴安岭漠河市北极村旅游景区；亚布力滑雪旅游度假区；雪乡旅游风景区；太阳岛风景名胜区；伊春汤旺河林海奇石景区；大庆铁人王进喜纪念馆景区；虎林市虎头旅游景区。

黑龙江省导游面试考核部分外文讲解景点包括：黑龙江省概况；哈尔滨中央欧陆风情旅游区（中央大街）；大庆铁人王进喜纪念馆景区；雪乡旅游风景区；太阳岛风景名胜区。

二、规范问答

导游规范答题，主要考核考生对导游工作职责、服务程序与标准的掌握及运用能力。

三、应变问答

主要考查考生急救、安全常识；餐饮、住宿、娱乐、购物等方面个别要求的处理；对特殊旅游者的服务；漏接、错接的处理和预防；误机（车、船）事故的处理和预防；旅游者丢失证件、钱物、行李的预防与处理；旅游者走失的处理和预防；旅游者患病、死亡问题的处理；旅游者不当言行的处理；旅游安全事故的处理与预防。

例如：旅游者个别要求的处理。包含游客餐饮、住房、娱乐、购物等方面个别要求的处理；游客要求自由活动和转递物品的处理；游客要求探视亲友、要求亲友随团活动、要求中途退团、要求延长游期的处理等。

突发事件和特殊问题的处理。包含漏接、空接、错接等问题的预防和处理；旅游活动计划和日程变更的处理；误机（车、船）事故的预防和处理；遗失的预防和处理；旅游者走失的预防和处理；旅游者患病、死亡问题的处理、旅游者不文明行为的处理、旅游者突发安全事故的预防和处理等。

四、综合知识

（一）提问范围

知识问答提问范围主要包括导游业务部分、地方导游基础知识部分、全国导游基础知识、旅游相关政策与法律法规等相关旅游知识。考试现场主考部门将为评委准备相关题库资料。评委依据考生所抽题号对应题库资料进行提问，并依据标准答案进行评分。重点考查考生对黑龙江省旅游资源、文化旅游业发展现状、全省文化和旅游发展重大事件、最新举措、文明旅游和旅游安全等相关内容是否全面了解。

（二）问答准备

考生在进行知识问答环节的考试前，应该以《考试大纲》要求为准，在全面复习导游基础知识的基础上，重点关注导游规程、应变能力以及综合知识运用。

在知识问答环节中，对于有确切标准答案的客观性问题，评委会将考生回答情况与标准答案对照，按照答对要点进行评分；对于主观的开放性问题（有参考答案的问题），评委将根据考生回答问题时对相关知识的掌握以及扩展答案的思路和内容进行综合评分。由于此部分内容会与真实工作情景相结合，因此考生应该在准备的时候，多关注导游服务过程中的真实案例分析，更有助于现场的问答发挥。

（三）口译部分

考查内容包括：标准朗读（含变速），中译外、外译中（2~3题）。主要考查考生外语发音标准程度以及在中文和外语之间口译互译的能力。考查考生的翻译是否正确、规范，是否能全面、准确、通畅地转述原内容，语法正确，无错译、漏译。包括语音、语法、表达流畅性、讲解效果等。要求考生吐词清晰、语音适度、语速适中、语调富有变化、语法正确、语句流畅、修辞手法和导游讲解技巧等运用得当。

第三节　考试流程

1. 考生按照准考证上的要求在规定时间到达指定考试地点签到。

2. 考生按照准考证顺序号进入候考区（室）候考，听从考务人员安排，按顺序于考前10分钟抽取"导游词讲解"试题。确定后不允许随意更改。

3. 抽题完毕后，由工作人员在考生准考证上写上所抽选导游词题目，并签字盖章。然后到达相应的考场外等候考试。

4. 考生进入考场，将准考证、身份证等相关证件交给考官进行信息核实。

5. 考官核对考生信息，确认无误后，主考官宣布考试开始。第一环节进行"导游词讲解"答题部分；第二环节，考生现场抽取"导游服务规范"试题、"导游应变能力"试题，考生作答；第三环节，由主考官现场提问"综合知识"试题，考生作答。

6. 考试结束，考生取回准考证、身份证等相关证件，退出考场。

7. 三位考官独立评分并签字确认，把评分表统一交由考场内监督人员即刻合分、装订。

8. 每个考试时段结束后，三位考官与监督员一起将考试评分表交由考务工作人员现场封存，并送呈巡考领导签字确认。

9. 外语考生用所报考语种完成导游词讲解考核与口译，知识问答部分用中文回答。

第四节　考核要素

导游现场（面试）考试是导游资格考试的重要组成部分，考生在模拟导游服务环境下，通过导游词讲解、回答问题进行考核。考官通过考生在现场的考试情况，考核考生对知识点的掌握；考核考生对旅游接待服务中的仪态仪表和对礼仪、礼节的运用能力；考核考生对旅游接待服务中突发事件和特殊问题的处理能力等。参加外语类考试的考生除上述要求外，还要考查考生使用所报考语种的应试和讲解能力（见表1～表3）。导游服务能力考核要素主要包括职业礼仪规范、导游词讲解、导游服务规范、导游应变能力、语言表达、综合知识以及口译能力（外语类考生）。

表 1　面试考试（导游词讲解）考核表

考核项目	考核要求
导游职业仪表	礼仪着装得体 符合职业情景或讲解主题特色
导游词讲解特色	内容正确、结构合理、尊重史实和现实； 整体节点布局合理、严谨； 紧扣主题，特色鲜明，感染力强； 语言文字优美，富有文采； 景点知识掌握得完整、准确、深入、透彻，能够模拟现场导游

续表

考核项目	考核要求
导游讲解规范	讲解语言流畅规范，口齿清晰； 讲解角度新颖，主题特色鲜明； 讲解重点突出，有层次感； 文化底蕴深厚，内涵丰富； 讲解节奏合理，节律感强； 语言组织运用艺术能力强； 导游讲解方法和技巧运用恰当，整篇讲解富有感染力、亲和力和渗透力

表2 面试考试（问答环节）考核表

考核项目	考核要求
导游服务规范	考核考生对导游工作职责、景区导游服务程序以及服务质量要求的掌握程度，要求考生熟知并能正确运用
导游应变能力	考核考生对旅游者个别要求的处理原则、旅游过程中的突发事件及特殊问题的应变和处理能力。要求考生在有压力的情况下，思维反应敏捷，情绪稳定，考虑问题周到；能够妥善、及时处理突发事件和特殊问题
综合知识	考核考生对中国特别是黑龙江省政治、经济、文化、社会发展等综合知识的了解程度，考核考生的时政关注能力和逻辑思维表达能力。要求知识掌握全面，回答问题准确、熟练
仪态礼仪	要求考生仪态大方合体，仪容仪表符合导游人员的相关规范，具有良好的礼节礼貌，举止得体，气质较好

表3 面试考试（外语口译）考核表

考核项目	考核要求
口译测试	通过口译，主要考查外语类考生在中文和外语之间口头互译的能力。随机选取短文，范围涵盖黑龙江省旅游、时事热点、旅游新闻、综合文化知识等。要求考生能够熟练地在中文与外文间切换

第二章
黑龙江现场导游考试应试技巧

第一节　导游词创作技巧

一、要有层次感

要求按一定的规律或顺序依次介绍景点概况,达到逻辑清晰、思路敏捷、容易理解的目的。比如在讲解一座古建筑时,应按照始建时间、历史沿革、坐落位置、地位与品位、宏观布局和具体景点这样一条主线来讲解,才能为旅游者更系统、更完整地讲解景点知识,加深旅游者对景点的了解。

二、选好切入点

一个景区可供讲解的内容很多,导游不能见山说山,面面俱到,必须选择讲解重点,即导游词的主题和中心思想。选准了主题,导游词就成功了一半。但要讲好主题,必须有较好的切入点,善于将景区每个景点的特色与主题串联起来,围绕主题展开讲解。

三、要有方位感

导游讲解不是背导游词,而是必须站在一个特定的位置,引导游客观赏景物,并对景物进行讲解。这样,导游讲解的第一步应该是指明景物的方位,让游客看见。为此,导游词中必须大量使用表示方位的词句,如"在我们的左前方,有……""请大家注意上面这个……""请大家顺着我的手看过去,是不是可以看见……"。在游客看见后,导游才能进行后面的讲解。

四、要将长句变短句

书面语多用长句,而讲解更适合用短句。如"这件距今3000多年前的青铜面具是1986年8月三星堆农民在取土烧砖时发现的两个祭祀坑中二号坑出土的50多件精美青铜面具中最大的一副",这是长句,不适合导游讲解,应改为"这是三星堆出土的50多件青铜面具中最大的一副,发现于1986年8月,当时发现了两个坑,它埋葬在二号坑中,距今已有3000多年历史"。句子短小,游客很容易听懂。

五、要有针对性

导游词不能千篇一律,必须从实际出发,根据不同的游客以及其当时的情绪和周围的环境随机而动。比如,同样是游览溶洞,面对青少年的讲解肯定与成年人不同,面对青少年应重点讲述溶洞有趣的造型,面对成年人则要讲它的构造、成因等科学知识。

六、突出趣味性

要做到以下几个方面:会讲故事;语言生动形象,用词丰富多变;恰当地运用修辞方法;增加幽默风趣的韵味;情感亲切。

七、注重品位性

导游词必须提高品位,包括思想品位和文学品位。思想品位即能弘扬爱国主义精神。文学品位表现为语言规范,用词准确,结构严谨,层次分明,这是最基本的要求。如果还能引经据典或恰当地运用诗词名句和名人警句,就会使导游词的文学品位更为提高。

第二节　讲解应试技巧

一、导游讲解的基本要求

（一）讲解内容正确

讲解内容有理有据，是指导游讲解的内容要有理有据，它要求导游讲解的知识、信息来源一定要可靠，要具有权威性和可信度。

观点鲜明正确。导游在讲解和回答游客问题时要用鲜明正确的观点和立场，尤其是在介绍我国国情、大政方针以及对有关国际问题的态度上更应如此。

（二）语音语速适中

决定导游音量大小的因素有：一是游客数量的多少；二是讲话所处的地点和环境；三是讲话内容的重要性。

导游在讲解时的音量大小、声调高低要适度，以旅游者听清为准。避免声音过高、音量过大形成噪声，时间长了会引起旅游者的烦躁情绪。声音过低、音量太小使旅游者听起来吃力容易疲劳，同时会使旅游者感到导游对讲解没有把握或缺乏自信心，更中要害的是导游的声音太小了会使旅游者听不清他在讲什么，就从根本上起不到导游语言传递信息的最基本的作用，直接影响导游服务的质量。

导游讲解应善于根据讲解的内容、游客的理解能力及反应等来控制讲解语言速度。需要特别强调的事情要放慢语速；众所周知、不太重要的事情可加快语速。一般来说，讲解的语速应该掌握在每分钟180个字左右。在导游讲解中，尤为重要的是，要善于根据讲解内容控制语速，以增强导游语言的艺术性。

（三）语言通俗易懂

通俗是指语言的大众化，即浅显易懂，适合于一般人的水平和需要。导游语言不仅要求导游的语音要标准，口齿要清晰，而且在语句上要通俗化。尤其是在导游讲解中，要将书面形式的导游词变换成口头语言表达出来。

导游语言的通俗性要求导游的讲解如促膝谈心、故友叙旧，亲切自然，浅白易懂，不能咬文嚼字、故弄玄虚，更不能使用一些令人费解的生僻晦涩的词语。

此外，还要充分考虑文化差异。例如，对中国的历史年代、面积、长度、重量、规模等量词进行换算或类比。对讲解中涉及的中国名人、名言、诗词、谚语、传说、政治名词、专业术语要做解释。

（四）讲解流畅通顺

流畅是指导游语言的连贯性，即句子与句子之间要有连续性，既不能有较长时间的停顿或中断，又不能结结巴巴地过多重复。这是因为导游语言是一种口头语言，言语是必须一句接一句，虽然其中存在着抑扬顿挫、高低起伏，但有如行云流水，语流不断。导游要比较顺畅地回答游客的问题和做好导游讲解，不仅要对问题和事物的基本情况有较好的了解，而且要对情况有深入地认识，即能从理性的角度理解它。

（五）语言生动形象

适当使用风趣幽默的语言。不仅可以使导游讲解锦上添花，使游客的旅游活动变得轻松愉快，气氛活跃，提高游客的游兴，有时还可以起到缓解导游同游客之间可能出现的某些不和谐气氛的作用，有助于导游摆脱某种尴尬局面。

例如："大家请往东北看，那块巨石多像一朵大蘑菇！有浑圆的冠，又有矮矮的茎。铜山地区春夏之交，雨过天晴时，在湿漉漉的草地上，野蘑菇最多了。""湖中有一座圆形的小岛，岛的中部绿草青青，岛的两头芳草茵茵，酷似一只绿毛龟，这就是万年灵龟岛。"

（六）表达灵活生动

灵活是指导游语言表达的机动性，即导游应根据不同的对象和时空条件机动灵活地运用不同的语言表达方式。"见什么人说什么话，遇什么事说什么话。"针对游客的特点和不同的情况能随机应变，采用不同的语言表达方式，使导游服务能收到较好的效果。

根据不同情况灵活运用语言表达方式。在导游服务中由于各种内外因素的影响以及游客情况的变化，诸如游客情绪的变化、游兴的变化以及同导游关系的变化等，导游在处理不同情况时要运用相应的语言表达方式。

例如，游客因某事而悲伤，处于情绪低落的状态时，导游的语言表达应具有同理心和劝导性；如果游客因某方面服务不到位或要求未得到满足而火气很大时，导游的语言表达应具有歉意性和疏导性，以使游客过激的情绪得以缓和。

二、讲解内容方法多样

讲解是导游工作的重头戏，也是游客最看好的旅游产品之一。为此，讲解好景点，让游客满意是极为重要的。考生要在控制时间的基础上，有效运用各种导游技巧，突出重点，讲出新意。

在景点讲解中，考生要根据不同对象的文化层次，因人而异地选择讲解内容。在运用导游技巧上，考生可运用概述法、分段讲解法、虚实结合法、触景生情法、画龙点睛法、类比法等。

（一）概述法

概述法是导游就一个城市或者较大规模景区的地理、历史、社会、经济等情况向游客进行总体性的介绍，使其对即将参观游览的城市或景区有一个大致的了解和轮廓性认识的一种导游方法。这种讲解更适用于游览较大的景点之前，在入口处示意图前进行的讲解。

示例：游客朋友，我们现在就来到了哈尔滨著名的旅游景点——中央大街，这条街和它所在的母亲城市几乎是同时诞生的，它既没有功勋卓著的霸主在此称雄，也绝无学贯古今的名人政客在此定居，问世刚过百年资历尚浅，它北起松花江防洪纪念塔，南至经纬街，全长1450米，宽21.34米，其中方石路宽10.8米。仅及普通城市的一条小巷，但它却见证着一个民族的屈辱，是一条有着非凡历史的大街。

（二）分段讲解法

分段讲解法是指在一处大景点处，将大景点化整为零，按地理位置或者重要程度若干部分来分段讲解，就是导游根据参观景点的布局，按参观线路的顺序进行分段导游的讲解。它是景点导游中常见的一种导游方法，适用于一些较大的旅游景点或较长的旅游项目，如游太阳岛风景区、五大连池风景区、镜泊湖风景区、汤旺河奇石林海风景区等。

在带领旅游者进行逐项参观分解讲解前，导游应对整体景点的背景及参观的线路、停留的时间进行概括性的介绍，既照顾到个别需要单独活动的旅游者，又能使全团的客人对景点的轮廓和内容有大体的了解。

示例：五大连池是在火山喷发时形成的，滚滚的熔岩把讷谟尔河的支流——白河拦腰截成5段，形成了5个彼此相连呈串珠状的火山堰塞湖，即头池、二池、三池、四池、五池，人们称之为五大连池。五池盈盈碧波，点缀在14座火山之间，与广袤的玄武岩台地融合在一起，使得山凝秀、水含幽、熔岩巧叠、药泉奇妙，被誉为我国自然火山公园、翻开的火山教科书和闻名旅游疗养的胜地。首先我们来到药泉山。它也是五大连池14座火山群中体态最娇小的一座……

这就是典型的根据地理情况和景点分布进行的分段讲解。

（三）虚实结合法

虚实结合法就是导游讲解中将典故、传说与景物介绍有机结合，即编织故事情节的导游手法。

实体、实物、史实、艺术价值等是虚实结合法中的"实"的部分，而"虚"则指与景观有关的民间传说、神话故事、趣闻逸事等。

示例：关于吊水楼瀑布，曾有一个古老的传说。据说很久以前，在瀑布的水帘后面藏着一位聪明美丽的"红罗女"，深受远近青年人的爱慕。但她声言无论是谁向她求爱，都必须回答"什么是人间最宝贵的"问题，消息传开后，每日来向她求婚的人络绎不绝。其中有勇士、书生、商人乃至国王。勇士回答说："人间最宝贵的是武力。"书生说："人间最宝贵的是诗书。"商人说："人间最宝贵的是金钱。"而国王却回答："人间最宝贵的是权势。"这些回答红罗女都不满意。于是勇士含羞而去；书生浴耻而归；商人倾宝于湖，不再提亲。唯有国王厚颜无耻地呆立在"吊水楼"前苦思冥想不肯离去，最终老死在悬崖上，葬身于乌鸦腹中。如今，我们来到这里，也会想起聪颖美貌的红罗女和她发人深思的问题。

"虚""实"必须有机结合，但以"实"为主，"虚"为"实"服务，以"虚"烘托情节，以"虚"加深"实"的存在，努力将无情的景物变成有情的导游讲解。

（四）触景生情法

触景生情法就是见物生情、借题发挥的导游讲解方法。常常用于比较有抽象概念的景区景点或者典型的景物。

例如，讲解五大连池翻花熔岩时，可以这样描述：我们现在来的是象形园区,又叫"石海动物园",虽然我们面前的翻花熔岩的微地貌形态过于单调和乏味,但是人们总能从那些碎石块中找出像什么猪八戒吃西瓜、石虎、石鸡等拟人拟物的形象。至于它们的地质成因,却很难用科学解释。我们看到动物们形态逼真,趣味盎然,它们是火山喷发的岩浆在流淌过程中形成的。大家看,这是"石猿",北京猿人。它就是历史的见证,仿佛还在向我们诉说着当年火山喷发的壮丽场景。这是"石熊",又叫朝天吼。太像了,它似乎对被从地下给翻腾到地上不满,所以朝天怒吼。还有骆驼峰,看,它有头、有颈、有尾巴,"沙漠之舟"也迷上了火山风光,到这里来就不走了,成了个"护山使者"。各种熔岩造型,形态逼真,叹为观止,千姿百态,美不胜收。

(五)画龙点睛法

导游讲解需要"画龙点睛"之语。导游讲解中可以用凝练、贴切的词句对所游览的景点景物进行介绍,总结概括其独特之处,给旅游者留下突出印象。画龙点睛法可以是总结语,也可以是引导语,贵在点出景物的精髓。

示例:龙舟竞渡的习俗,过去传说是为了拯救跳江的屈原,其实,在屈原未跳汨罗江之前,我国各地就有龙舟竞渡这种水上运动了,但大多不在端午节举行。《旧唐书·杜亚传》载:"江南风俗,春中有竞渡之戏,方舟前进,以急趋疾进者为胜。"后来为了纪念屈原,竞渡的风俗才慢慢集中到端午节。每年端午,松花江上都会有大规模的赛龙舟活动。

(六)类比法

所谓类比法,就是以熟喻生,达到类比旁通的导游手法。即以旅游者熟悉的事物与眼前的景物比较,便于他们理解,收到事半功倍的效果。

同类相异类比:可将两种风物比出规模、质量、风格、水平、价值等方面的不同。例如,中国长城与英国哈德良长城之比,中国故宫和日本皇宫之比等。可比出两种风物在风格上的差异,例如,参观北京故宫时与法国的凡尔赛宫作比较,游览颐和园时与凡尔赛宫花园进行比较。

时代之比:可将处于同一时期的不同国家的帝王作类比,也可将年号、帝号纪年转换为公元纪年。

三、讲解要从书面化转为口语化

考生将选取的讲解内容，以导游语言进行口语化处理，形成口语化导游词。口头语言是以说和听为形式的语言，其规范的构成应包括语音、词汇、语义和语法。口头语言从实用功能上分为交际用语和导游讲解两大类。其中，导游讲解是导游语言中最能体现职业特点和语言水平的表达形式，也是语言活动在旅游行业中最具变异功能和特点的语言形式。在导游活动中，口头语言使用频率最高。

导游的口头语言从表现形式上说，可分为独白式和对话式两种。独白式是指导游人员讲，游客听的语言传递方式。在导游活动中，在许多场合如致欢迎词、日程宣布、景点介绍、专题讲解、致欢送词等都采用这种形式。独白式的特点有目的性强、逻辑性强、针对性强。比如，相声、评书艺术、东北二人转等形式语言生动，从相声、小品、评书等艺术体裁中吸取养分。在车上导游可以是演员，也可以是主持人，身份的微妙变化给了导游很大的发挥空间。试想一下，如果把旅游行程按照传统相声《报菜名》一样给报出来，效果一定好。

对话式是指导游同游客之间进行交谈的语言传递方式，如问答、商讨等。对话式的主要特点是：第一，语言比较简洁，有时只需片言只语，有时句子不一定符合语法，也可达到相互沟通的目的；第二，交谈可以视情况调整。

第三章
黑龙江现场问答应试技巧

现场考核问答环节考查考生对导游服务规范、突发事件处理、综合知识的掌握情况。

第一节 导游服务规范

导游服务规范包含导游职业道德的认识，对导游服务集体的认知程度，考查考生对地陪导游、全陪导游、景区讲解、散客导游、领队服务规程的熟悉程度和应用能力。

一、地陪导游服务

1. 服务程序
（1）准备工作；
（2）接站服务；
（3）住酒店服务；
（4）核对商定日程；
（5）参观游览服务；
（6）食、购、娱服务；
（7）送站服务；
（8）善后工作。

2. 准备工作

（1）熟悉接待计划：旅游团基本信息、旅游团成员情况、旅游团抵离本地情况、旅游团交通票据情况、特殊要求和注意事项。

（2）落实接待事宜：核对日程安排表、落实接待车辆、落实住房、落实用餐、落实行李运送、了解不熟悉的参观游览点、核实旅游团（者）离开当地出票情况、落实其他计划内项目的安排情况、与全陪联系、掌握有关联系人的电话。

（3）知识准备：专业知识准备、语言准备。

（4）物资准备：导游证、身份证、必要的票证、表格和费用、准备个人物品。

（5）形象准备：仪容准备、仪表准备。

（6）心理准备：准备面临艰难复杂的工作、准备承受怨和诉、准备面对"精神污染"和"物质诱惑"。

二、全陪导游服务

1. 服务程序

（1）准备工作；

（2）首站接团服务；

（3）进住店服务；

（4）核对商定日程；

（5）沿途各站服务；

（6）离站、途中、抵站服务；

（7）末站服务；

（8）善后工作。

2. 准备工作

（1）熟悉接待计划；

（2）知识准备；

（3）物质准备；

（4）与首站接待社联系。

三、景区讲解服务

1. 服务程序

（1）准备工作；

（2）导游服务；

（3）善后工作。

2. 服务内容

（1）致欢迎词；

（2）旅游景区情况介绍；

（3）参观游览中的导游讲解；

（4）乘车（船）游览讲解服务；

（5）游客购物时的服务；

（6）游客观看景区演出时的服务；

（7）送别服务。

3. 准备工作

（1）业务准备

了解所接团队或游客的有关情况；语言准备；预先了解来访游客所在地区或国家的宗教信仰、风俗习惯和禁忌；对游客特殊需要的讲解内容进行准备；提前了解服务当天的天气和景区道路情况。

（2）知识准备

熟悉并掌握本景区讲解内容所需的情况和知识；根据游客对讲解时间长度、认识深度的不同要求，讲解员应对讲解内容做好两种或两种以上讲解方案的准备；掌握必要的环境保护和文物保护、安全知识；熟悉本景区的有关管理规定。

（3）语言准备；

（4）物质准备；

（5）形象准备。

四、散客导游服务

1. 服务程序

（1）接站服务；

（2）导游服务；

（3）送站服务。

2. 服务特点

（1）规模小；

（2）批次多；

（3）要求多；

（4）变化大；

（5）自由度大；

（6）预订期短。

3. 准备工作

（1）认真读接待计划；

（2）做好出发前的准备；

（3）联系交通工具；

（4）与游客联系。

五、领队服务

1. 基本要求

（1）一岗双责；

（2）掌握知识；

（3）率先垂范；

（4）合理引导；

（5）正确沟通；

（6）分类引导。

2. 应掌握的知识

（1）应具备从事导游领队工作的基本专业知识和业务技能；

（2）应掌握我国旅游法律、法规、政策；

（3）有关规范性文件中关于文明旅游的规定和要求；

（4）掌握基本的文明礼仪知识和规范；

（5）熟悉旅游目的地的法律法规、宗教信仰、风俗禁忌、礼仪知识、社会公德等基本情况；

（6）掌握必要的紧急情况处理技能。

3. 率先垂范

（1）以身作则；

（2）遵纪守法；

（3）恪守法纪；

（4）体现良好的职业素养和职业道德，为游客树立榜样；

（5）言行规范、举止文明，为游客做出良好示范。

4. 主要内容

（1）法律法规；

（2）风俗禁忌；

（3）绿色环保；

（4）礼仪规范；

（5）诚实守信。

5. 基本礼仪规范

（1）仪容整洁；

（2）遵序守时；

（3）言行得体；

（4）提醒游客不在公共场合大声喧哗、不可违规抽烟；

（5）提醒游客依序排队、不拥挤争抢。

第二节 应变能力

考查考生在有压力的情况下，能够思维反应敏捷，情绪稳定，考虑问题周到的能力；能够妥善、及时处理突发事件和特殊问题的能力。

着重考查考生对在旅游接待过程中游客个别特殊要求处理方法和原则的掌握程度及实际应变能力。考查考生对旅游接待中常见问题及事故发生原因的认知情况和预防处理能力，以及解决突发事件、意外情况和一般问题的基本能力。例如，处理游客个别要求的基本原则；餐饮、住宿、文娱活动、购物方面游客常见的个别特殊要求及常规的应对和处理方法；自由活动、中途退团、延长游期、探访亲友、亲友随团等要求的应对及处理方法;造成旅游计划变更的不同原因,熟悉一般处理规程,掌握具体变更措施和处理规程;各类丢失问题的预防措施和处理方法;游客患病的预防措施,掌握游客患一般疾病的处理原则,熟悉游客患病及因病死亡的处理方法;游客不当言行问题性质的划分及一般处理方法;漏接、错接、空接、误机(车、船)事故和游客走失的主要原因,掌握各类问题的预防措施和处理方法。

第三节　形象礼仪应试技巧

随着我国物质文明和精神文明的不断发展,人们崇尚礼仪、崇尚文明的意愿越来越强烈。导游通过学习礼仪文化知识,不仅能体现自身礼仪的素质,更重要的是展现个人综合素养,从而展现我国"礼仪之邦"文明友好的形象。

礼仪,有利于提升自己的素质,是增强社会竞争的附加价值!礼仪,有利于净化社会风气,推动社会主义精神文明的发展!礼仪,有利于更好地融入世界大家庭体系,展现我国东方文明的灿烂文化!

一、考生的仪容仪表规范

男性考生要显示出一种刚毅与果敢、机智与稳重的个性风采,充分展示男性的"阳刚之美"。

女性考生要尽量展示出稳重、贤淑、典雅、端庄而不失敏捷的个性风采,充分体现东方女性的温柔、含蓄之美。修饰仪容的基本要求是美观、整洁、简单、得体。

二、考生举止规范

考生在讲解前,要站在距离考官合适的位置上,面向考官面带笑容,既不要太靠前,也不要离考官太远,大约距离1米处即可。考生的语音大小高低要根据景点的抽选和现场的环境而定,手势的幅度不要过大,讲解的景点空间距离跨越也不要过大。

（一）站姿

站立时要直立，从正面看，身体重心线应在两腿中间向上穿过脊柱及头部，要防止重心偏左或偏右。重心要放在两个前脚掌。眼睛要平视，挺胸、收腹。表情自然，双臂自然下垂或体前交叉在腰间，不可抱在胸前。在人际交往中，优雅的举止和潇洒的风度不仅是人们礼节礼貌的一种体现，而且也是其情感的自然外露。它根源于人们的品质、修养、知识、能力等内在素质。

在导游活动中，导游要注意自己的姿态美，坐无坐相、站无站相、走路大摇大摆是一种不礼貌不文明的行为。

（二）手势

手势语是通过手和手指的动作来传达信息和进行交流的一种体态语言。有的手势语是交往中的一种礼节，有的表示某种含义。手势语主要表现形式有握手、招手和手指动作等。得体的手势有助于清楚地表达自己的意思，是个人心情的一种自然流露，但手势不要太多，动作不宜太大。

（三）表情

表情是内心情绪在面部或身体姿态上的表现。表情主要表现在微笑和眼神两方面。微笑能有效地缩短交往双方的距离，创造良好的心理气氛。微笑要亲切、自然、含蓄而不夸张。在导游工作中，微笑是友好的使者，是成功交往的强化剂。导游人员经常面带微笑，不仅对游客是友好的表示，有助于缩小导游人员与游客之间的距离，给游客以亲切之感，而且有利于营造同游客之间的友善气氛，取得游客的谅解（服务不到位时）、信任和合作。所以，发自内心的微笑是导游人员做好工作，树立良好形象必不可少的手段。

（四）眼神

运用眼神进行交流时要注意：面对面谈话时目光活动的范围应在对方头部、肩部或胸部以上自然流转，而不可在对方全身上下乱扫一气。如果有多位考官在场，应以"环视"或虚视的目光有意识地顾及在场的每位考官。热情友善、真诚正直的目光语能赢得别人的好感和信任，有利于沟通。

三、考生仪容仪表规范

仪容仪表可以表现人的精神状态和文明程度，也体现着对他人的尊重。

衣着得体、修饰恰当、风度优雅可以给人以朝气蓬勃、值得信赖、热情好客的感觉，在现场考试考查要素中占重要地位。在现场考试中，考生在仪容仪表方面应注意以下几点要求。

1. 面部干净，发型整洁。男士不留胡须和长发，女士不留怪异发型。

2. 着装要符合自身年龄、体型、肤色、气质等特点。正装或相对正式的休闲装均可，鞋袜符合岗位要求。整体体现阳光、自信的良好形象。

3. 女士应化淡妆，和谐得体，给人以美的感受。

4. 如佩戴饰物，应选择大方得体、少而简洁又恰到好处的饰物为宜。

四、语言运用技巧

良好的语言能力是导游人员最重要的基本功之一。因此，考生的语言表达能力自然就成了现场导游考试的重要内容之一。

使用礼貌语言要注意不同对象和场合，善于把握词语的感情色彩，称呼语要用得恰当，招呼语要符合礼节，尊敬语要注意对象，使用外语讲解时要避免家乡口音和汉语语法的影响。任何语言都要讲究利用抑扬顿挫、起伏多变的语音和语调来表现和传达情感。在讲解与回答问题时，考生要注意正确使用语音、语调，使其与自己的思想感情、态度相吻合，还要与听者的人数、讲话的场合相协调。

在讲解中，声音要适度，不高不低，以使在场的人听清为宜。声音太大使人感到厌烦，声音太小则给人以不自信、说话没有把握的印象。语调的变化往往能够使语言具有音乐般的节奏感、悦耳动听、亲切自然，并且具有一定的感染力，能打动听众。

五、面试讲解注意事项

1. 忌把导游词写成抒情诗或散文，更不能是演讲稿。有些导游词从文字功底或者从优美感来说是很优秀的，但导游讲解的对象是游客，而非文学爱好者。导游词要朴实，恰当应用一些华丽的词语，这样才能引起游客的共鸣。要注意口语的表达和运用，不能堆砌辞藻，惯用的"欢迎词""欢送词"要朴实亲切，富含真情实感，切忌矫揉造作。

2. 忌导游词雷同化。由于滥用神话和传说现象的普遍存在，游客在完全不同的旅游区常常听到内容大致相似的导游讲解,让游客感觉牵强附会、似曾相识,有损导游的讲解形象。要在现有导游词基础上,创新出自己的特色。

3. 语速切忌太快,因为太快并不代表你的熟练,却凸显你慌张,吐字不清或缺乏稳重。

4. 讲解一定不要背书似的,要抑扬顿挫、绘声绘色,如果会肢体语言加上更好,就像说评书一样。但是,如果你不会用肢体语言,切忌乱用,否则也会适得其反,画蛇添足。

5. 讲解如果忘词或卡壳怎么办?这个问题要引起重视,如果是你已经背熟了忘词,证明你非常紧张,这时候要学会调节,停顿深呼吸,重新回忆,马上接上头绪,但切忌将一句话不断重复,这样影响你所有的发挥,即使你已经大脑一片空白,面部发烫,什么也想不起来了,这时候也一定要稳重,面带微笑实事求是告诉主考官提问其他问题,在回答问题时进一步弥补。

6. 回答问题,不宜思索太久,一不可卖关子,二要用专业术语认真回答,使答案更加完善,但切忌抢答。如果不知道答案可以发挥一下,但切忌沉默不言或拒绝回答。

第四章
黑龙江省现场考试讲解内容

第一节 黑龙江省概况

一、导游词

游客朋友们：

大家好！我是你们的导游，一个土生土长的黑龙江人。今天，我要带领大家深入了解我的家乡——黑龙江，这片神奇而美丽的土地。

黑龙江，位于中国最东北部，是一个拥有悠久历史和独特文化的地方。这里的自然风光壮丽迷人，从茫茫的林海到辽阔的平原，每一处都充满了神秘和魅力。

我们现在所在的位置，就是历史悠久的黑龙江流域。晚白垩纪时期，这里曾是恐龙的家园。在伊春嘉荫恐龙公园，你可以看到中国第一具完整骨架的恐龙化石，感受亿万年前恐龙的远古足迹。

远古时期，人类活动在黑龙江地区就有迹可循。兴凯湖畔的新开流文化，是新石器时期肃慎渔猎文化的代表。而牡丹江边的莺歌岭文化，则追溯了刀耕火种的农耕文明起源。鲜卑文化、金源文化等也在这片土地上留下了深刻的印记，共同铸就了黑龙江丰富多彩的历史文化。

黑龙江不仅历史悠久，更是一个多民族聚居的地方。肃慎、挹娄、勿吉、靺鞨、女真、满族等古代民族，与汉族共同在这片富饶的黑土地上繁衍生息，创造了瑰丽久远的边塞北疆历史文明。

在近代历史上，黑龙江也经历了不少风风雨雨。沙皇西伯利亚的扩张、萨布素雅克萨大捷签订《中俄尼布楚条约》等重要历史事件都发生在这里。同时，黑龙江也是救国图强、传播共产国际的桥头堡。中东铁路的修建，不仅横贯欧亚大陆，还带来了欧陆文化和独特的建筑艺术。

九一八事变后，黑龙江人民英勇顽强地抵抗日本侵略，打响了十四年艰苦抗战的第一枪。赵尚志、李兆麟、杨靖宇、赵一曼等英雄人物，以及八女投江、小孤山十二烈士的英勇事迹，都铭刻在黑龙江人民的心中。七三一侵华日军"细菌战"人体实验遗址，更是让我们铭记的东北人心底永久的伤。

黑龙江不仅有着厚重的历史，更有着独特的自然景观。这里地域辽阔、山川纵横，孕育了大森林、大江河、大农田、大湿地和大湖泊等自然景观。中国最大的连片原始森林、木材蓄积量和产量居全国之首的荣誉，以及三江平原——祖国的粮仓"北大荒"，都展示了黑龙江丰富的自然资源。

在黑龙江，你可以感受到四季分明的气候变化。春天的冰凌花顶冰冒雪绽放，夏天的森林海洋带来沁人心脾的凉爽，秋天的五花山色炫彩夺目，冬天的银装素裹分外妖娆。每一处风景都让人流连忘返。

此外，黑龙江的美食也是不容错过的。从炭烤"塔拉哈"到开江鱼，再到各种地道的东北菜，每一道都让人垂涎欲滴。在这里，你可以尽情享受美食与美景的完美结合。

总之，黑龙江是一个充满历史底蕴、自然风光秀丽、民族文化丰富的地方。希望大家在这次旅行中能够深入体验黑龙江的魅力，感受这片土地的独特之处。那么接下来，就让我们一起踏上这段美妙的旅程吧！

随着我们的旅程接近尾声，我想再次感谢大家选择来黑龙江旅游。希望这片神奇的土地给你们留下了深刻的印象和美好的回忆。黑龙江，那么北，那么美，期待你们再次光临！

最后，祝愿大家在接下来的旅途中一切顺利，享受每一刻的美好时光！谢谢大家！

二、黑龙江省概况介绍

（一）历史概况

黑龙江省位于中国东北部，因境内最大的河流黑龙江而得名。广义上的黑龙江流域，面积非常广阔，包括外兴安岭、长白山，东至大海，西至蒙古东部。这里的辽河平原、三江平原、松嫩平原以及结雅河的河谷平原，是最肥沃的土地之一，这里地域辽阔，森林茂盛，山清水秀，物产极为丰富，拥有悠久的历史和丰富的文化底蕴，北方先民创造了令人惊叹的文明，也是古代文明的发祥地。

黑龙江，古称黑水，14世纪成书的《辽史》始称黑龙江。这个富有中华民族特色的名字，历经千百年被传诵下来。活跃在中国历史上的少数民族，肃慎、挹娄、勿吉、靺鞨、匈奴、东胡、突厥、乌桓、鲜卑、契丹、室韦、蒙古、女真、满族、鄂伦春、达斡尔、赫哲等都是从黑龙江流域发迹或者在这一区域生活的民族。北方少数民族建立的王朝，北魏、辽国、金国、元朝、清朝五大王朝政权，都是兴起于黑龙江流域。在这片广袤的土地上，创造的历史源远流长、璀璨夺目的"新开流文化""鲜卑文化""渤海文化""金源文化"等独具特色的地方文化，塑造了今天黑龙江人学习中原文化、融入中华民族大家庭的大一统意识，开放包容、兼收并蓄的博大胸怀，铁马冰河、开疆拓土的英雄精神以及粗犷豁达、豪放质朴的民族性格。

从远古走来，黑龙江先民在这块土地上繁衍生息，建邦兴业，开疆拓土，与中原文化相互融合激荡，创造了灿烂的古代文明和民族地域文化。

黑龙江是龙的故乡，晚白垩纪时，这里曾是恐龙的帝国。

位于伊春市嘉荫县城西南9公里处的嘉荫恐龙国家地质公园，有着亿万年前的远古足迹。1902年，伊春嘉荫县出土了中国第一具完整恐龙骨架化石，定名为黑龙江满洲龙——神州第一龙，"中国第一龙乡"自此揭开了华夏大地恐龙文化的序幕。嘉荫恐龙国家地质公园是我国最早发现并出土恐龙化石的地方之一，这里也是我国恐龙最晚灭绝的地方。随着乌拉嘎地区新的恐龙化石群被发现，晚白垩纪丰富的恐龙、腹足类、鱼、昆虫、龟鳖类及植物等化石陆续出土，化石地层剖面完整、层序清楚、层位稳定，为晚白垩纪古地理、古气候研究又提供了新的佐证，堪称一座天然的晚白垩纪地质陈列馆。

从哈尔滨阎家岗遗址出土的人类头骨化石的年代算起，黑龙江远古人类活动可以追溯到公元前2万年。近几年来，考古发掘的新资料表明，距今2.3万年前的远古时期，黑龙江地区开始有人类活动的踪迹，我们中华民族远古人类的一支，就劳动、生息、繁衍在黑龙江这块美丽富饶的土地上。它和黄河、长江流域一样，也是中华民族古代文化的摇篮之一。这支远古人类的后裔和黑龙江各族先民，为缔造祖国的悠久历史和灿烂文化，都做出了自己杰出的贡献。尤为引人注目的是，鲜卑、女真、蒙古族和满族这四个少数民族，都曾以黑龙江为发源地，先后入主中原或君临全国。

小兴安岭林区"小孤山"、南岔区"小吉星"等二十几处新石器时代晚期文化遗址，是黑龙江省东部地区稍晚于新开岭文化类型的新石器时代文化遗存。"兴安"原系满语，极寒冷的意思，兴安岭即极寒冷的山岭。小兴安岭位于黑龙江省东北部，整体呈西北—东南走向，西北与大兴安岭相接，东北到黑龙江岸，东接三江平原，东南抵松花江畔与完达山山脉相连。新石器时代中晚期，"新开流文化"在黑龙江省密山市兴凯湖畔蓬勃发展，居民以捕鱼为生，兼事狩猎和农耕。1972年，新开流遗址共发现墓葬32座，渔窖10座，出土大量以鱼鳞纹、网纹、波纹为特征的陶器和以渔猎工具为主独具风格的石器、骨器、牙角器等，记载了古代肃慎人渔猎劳动、艺术雕刻、宗教信仰、民俗礼仪等多方面文明。经测定和树轮校正，距今约为6080±300年，作为中国北方地区独特的新石器文化，开创了黑龙江肃慎渔猎文化的先河。

春秋末期的孔子就曾邂逅和见证了肃慎供奉周朝的"楛矢石砮"。先秦时代，这里为肃慎等部族所占据，他们在这片土地上狩猎、渔猎，过着原始的生活。随着时代的推进，秦汉之后，挹娄人、扶余人、高句丽人、汉人、鲜卑人、勿吉人和鞑靼人等民族相继在此生息繁衍，共同创造了丰富多彩的历史文化。

进入魏晋南北朝时期，黑龙江地区先后为北扶余、勿吉、室韦诸部所统治。这些民族在长期的生产生活中，逐渐形成了独特的文化习俗和社会制度，他们的生活方式、宗教信仰、艺术风格等都对后世产生了深远的影响。在2000年前，居住在大鲜卑山（大兴安岭）的拓跋鲜卑走出北段的祖庙嘎仙洞，沿大兴安岭长驱直下，占有黄河南北，开始了历时几百年的三次大迁徙，建立了北魏政权，统一北方，在大同、洛阳建都，把中国带进了南北朝时期。创造了龙门石窟、洛阳石窟和敦煌石窟等石窟艺术的文化高峰，为后世的大唐雄风注入了鲜卑民族的基因和血脉。

1300年前的盛唐时期，黑龙江地区隶属于安东都护府管辖，迎来了新的历史阶段。698年，北方粟末靺鞨部首领大祚荣建立了渤海国，刚开始的国号是震或振，后来唐玄宗册封大祚荣为"渤海郡王"，之后就采用渤海作为国号，其疆域最盛时跨今黑龙江省东部和南部。作为大唐的藩属国，学习唐朝文化、先进技术和典章制度，其疆域五千余里，史称"海东盛国"。

嫩江下游则是契丹族的发祥地。迄今为止，契丹族的后裔，达斡尔族依然居住在嫩江流域，今齐齐哈尔市梅里斯达斡尔族区一带。梅里斯，达斡尔语意为"有冰的地方"。10世纪初，契丹族，沿大兴安岭南下，在西喇木伦河建立了大辽国，并将势力扩展到黄河流域，建立了幅员万里的大辽王朝政权，极具世界影响力。至今，战斗民族俄罗斯人，还将中国译为"契丹"。

1115年，兴起于黑龙江中下游地区的女真族部落首领金太祖完颜阿骨打率兵奋起反抗辽国欺凌压迫，先后灭亡了当时强大的辽国、北宋，建立了金朝，定都上京会宁府（今黑龙江省哈尔滨市阿城区）。12年时间亡辽灭北宋，实现了南宋向其称臣，西夏、高丽为藩属。在此历经金太祖、太宗、熙宗、海陵王四帝，长达38年，是金初政治、军事、经济和文化中心，后于1153年迁都燕京（今北京），将势力推到长江流域，与南宋对峙。在近120年的恢宏历史中，金朝学习吸收中原文化和先进技术，发展农业、手工业、畜牧业和商业，积极与宋朝等中原王朝进行交往，使黑龙江的经济、文化得到了进一步的发展，成为12世纪东北亚最大的都市和政治、经济、军事、文化中心，创造出了辉煌灿烂的历史与底蕴深厚的"金源文化"，促进了多元一体中华民族共同体的融合和发展。黑龙江省内最具分量的国宝级文物——铜坐龙，是金代早中期皇室的御用器物，于1965年在黑龙江省哈尔滨市阿城区白城金上京会宁府遗址出土。铜龙为黄铜铸造而成，它集龙、麒麟、狮、犬形象和特点于一身，设计构想及雕塑水平高超，是中华民族多民族、多地域、多文明的一种文化的融合和发展。

13世纪，兴起于黑龙江上游的蒙古族，一代天骄成吉思汗的祖先，以额尔古纳河的密林作为起点西迁，进入鄂嫩河上游的肯特山。后成吉思汗率领蒙古骑兵，横扫西亚与东欧，灭亡 40 国，又灭了西夏、南宋两大王朝，建立了横跨欧亚大陆的超级蒙元帝国。元帝国结束中国数百年的分裂状态，将中国统一。

明清时期，黑龙江地区经历了多次政权更迭和民族融合。明朝时期，黑龙江地区主要为女真族所控制。17 世纪，起源于黑龙江流域的建州女真族，也是以黑龙江为"龙兴之地"的，进而挥师中原，统一中国，建立了我国最后一个封建王朝——清朝，后改为满族。黑龙江地区成为清朝的重要边疆地区，清政府在此设立了黑龙江将军衙门等机构，加强对该地区的统治与管理。同时，随着汉族移民的涌入，黑龙江地区的经济、文化也呈现出多元化的发展趋势。

进入近代以来，面对西方列强欺压和外来侵略，无数志士仁人为拯救民族危亡探求真理，奋起反抗，多少英烈慷慨悲歌，壮怀激烈，创造了誓死报国、威武不屈的英雄史诗和龙江品格。

早在 16 世纪下半叶，远在欧洲的沙皇俄国就向西伯利亚扩张，侵入中国黑龙江流域，强占城镇屠杀边民，带来沉重灾难。黑龙江将军萨布素率军民奋起抗俄保边，取得雅克萨大捷，签订了《中俄尼布楚条约》，确定了中国对黑龙江、乌苏里江流域的主权。黑龙江军民在寿山将军领导下英勇抗击沙俄侵略军，边境各民族和各地自筹武器组织民团、义和团打击侵略者。驻防瑷珲的副都统凤翔率部奋勇杀敌，壮烈牺牲。寿山将军与齐齐哈尔共存亡，誓死不降，壮烈殉国。

20 世纪初，为了寻求救国图强之路，许多中国先进分子和共产党人通过中东铁路到苏俄考察学习，参加共产国际会议。哈尔滨是中国较早传播马列主义、较早传唱《国际歌》的城市。俄国十月革命胜利后，为支援新生的苏维埃政权，中俄工人于 1919—1920 年举行了四次中东铁路全线大罢工，阻断了白匪和西方国家干涉苏维埃革命的通道。"五四运动"爆发之后，列宁和共产国际加快向中国传播马列主义，先后派俄共党员布尔特曼、共产国际维经斯基与李大钊、陈独秀等联系，帮助筹建中国共产党。

当时的哈尔滨成为传播马列主义的桥头堡和中转站，中东铁路成为共产党人往返苏俄的红色交通线。中国共产党的早期领导人陈独秀、李大钊、瞿秋白、周恩来、张太雷、罗章龙等，都在哈尔滨的许多街巷，在绥芬河、满洲里国际交通站留下革命足迹。"红色之路"加快了马克思主义和十月革命思想在中国的传播,促进了中国工人阶级的觉醒和中国共产党的成立。1931年九一八事变后,英雄的黑龙江人民英勇不屈,打响了十四年艰苦抗战的第一枪,次年2月5日哈尔滨沦陷。于是,有了可恶的侵华日军七三一"细菌战"和人体实验。这成为东北人心里永远的伤。去过七三一遗址的游客,内心是沉重的,没有一个人能够轻松地走出遗址。日本的细菌战没有打垮东北人,东北人没有倒下,东北抗日联军保家卫国,无数的东北人前仆后继。著名的"江桥抗战""哈尔滨保卫战"重创侵略者,血染黑土地。在白山黑水间、在兴安密林中,东北抗联将士英勇不屈、顽强杀敌,涌现出杨靖宇、赵尚志、李兆麟、赵一曼等民族英雄,他们用生命和鲜血铸就了东北抗联精神。靖宇街、兆麟街、尚志市、一曼中学,都是东北人民记住他们的特殊方式。在抗战胜利后,黑龙江地区迅速开展建立民主政权、剿灭土匪、土地改革、发展生产等工作,人民群众踊跃参军参战,以及大批干部南下开辟新解放区,倾其财力、物力和人力支援东北和全国解放战争,为成立中华人民共和国作出了重大历史贡献。

在中华人民共和国成立初期的激情燃烧的岁月里,黑龙江人民以开拓、担当、奉献的革命激情和"长子情怀",挥师开垦北大荒、开发大小兴安岭、会战大庆油田、建设国家工业基地,为支援抗美援朝、支持国家经济建设创造出巨大的物质财富和文化精品,形成了大庆精神(铁人精神)、北大荒精神。

1947年,按照中共中央关于"建立巩固的东北根据地"的重要指示,从部队和地方抽调一批干部奔赴北大荒,拉开了北大荒开发建设的序幕。中华人民共和国成立后,国家先后组织几十万复转官兵和垦荒队员,奔赴北大荒屯垦戍边。在气候异常恶劣、条件极其艰苦的环境下,勤劳勇敢智慧的北大荒人用辛勤汗水、热血和生命,将人迹罕至的亘古荒原变成了美丽富饶的北大荒,建设成国家耕地规模最大、机械化程度最高、综合生产能力最强的国有农场群和最大的商品粮基地。开垦北大荒不仅创造了人类垦殖史上的奇迹,而且为中华民族留下了宝贵的精神财富——北大荒精神。

20世纪50年代末,一场决定中国甩掉贫油帽子的石油大会战在松嫩平原展开。几万名转业官兵和石油工人开赴莽莽荒原,面对极其艰难的工作和生活条件，以"有条件要上，没有条件创造条件也要上"和"石油工人一声吼，地球也要抖三抖"的英雄气概，以"宁可少活二十年，也要拿下大油田"的铁人精神，以及"三老四严、四个一样"的会战作风，顶风冒雪战严寒，手拉肩扛竖井架，终于在1959年国庆前夕打出第一口喷油井。经过三年艰苦会战，打出了1000多口油井，生产了1000多万吨原油，不仅创造了油田勘探史上的世界奇迹，而且形成了著名的大庆精神（铁人精神）。

开发大、小兴安岭是黑龙江省支援国家经济建设的又一场大会战。早在1948年，当时的合江省委就组织一万多名民工进入伊春林区伐木，支援解放战争。1953年解放军林业三师7000人集体转业伊春林区，与林业职工一起克服重重困难，用简陋的工具开发林场，建设林业局，涌现出劳动模范马永顺、优秀领导干部张子良等一大批英模人物。大兴安岭的开发建设环境更加恶劣、条件更加艰苦，曾经过三次开发建设。面对冬季的奇寒无比，会战官兵不顾手脚冻裂、寒风刺骨，挥舞铁镐修路架桥，无私奉献兴建林区，终于完成了中央"进得去，站住脚，拿出木头来"的号召，建成了国家重要的林业生产基地。中华人民共和国成立以来，黑龙江省更多地承担了为中国工业化奠基的使命。经过"一五"时期22项苏联援建项目落户黑龙江，抗美援朝时期部分南厂北迁，加上原有的工业基础，使黑龙江成为以哈尔滨、齐齐哈尔为龙头，重工业和装备制造业、煤炭、机电、冶金等门类齐全的国家工业基地，创造了共和国装备工业和科技创新无数个"第一"。在实现工业化辉煌的同时，也创造了精神文明的丰硕成果，王进喜、马恒昌、苏广铭、马永顺等英雄模范，用无私奉献精神挺起了共和国的脊梁，成为国家工业的一面面旗帜，代表了铁人精神和长子情怀。特别是改革开放以来，黑龙江地区的现代化建设取得了显著成就，成为国家重要的商品粮生产基地、能源原材料基地和重化工业基地。

黑龙江省的历史是一部波澜壮阔的史诗，它见证了多个民族的兴衰更替、文化的交融碰撞以及社会的变迁发展。这些历史印记不仅丰富了黑龙江的文化底蕴，也为今天的我们提供了宝贵的历史借鉴和启示。如今，黑龙江省以其独特的地理位置、丰富的自然资源和深厚的文化底蕴，成为国家发展的重要支柱之一。具有独特魅力的黑龙江历史文化，在中华民族历史长河中大放异彩；伟大的铁人精神，是中华文明谱系和精神宝库中的璀璨明珠，闪耀着爱国主义、英雄主义、国际主义和理想主义的光辉。进入中国特色社会主义新时代，古老的黑龙江大地生机勃发，前程似锦。肩负使命的各族龙江儿女必将汲取优秀历史文化的营养，弘扬中华优秀传统文化，为黑龙江实现全面振兴全方位振兴，再创历史辉煌而踔厉奋发、不懈奋斗。

（二）资源概况

黑龙江为中国最北边疆省份，版图形似一只振翅欲飞的天鹅。黑龙江的特征可以用一个"大"字来概括，这里有中国最大连片的森林，有中国面积最大的湿地——大家熟悉的扎龙自然保护区，这里有世界上最大的界江——黑龙江，有亚洲最大的界湖——兴凯湖，有亚洲最大的火山堰塞湖——镜泊湖，有中国最大的火山地貌景观——五大连池风景区，有世界上最大的冰雪景区——冰雪大世界，有世界上最大的雪堡——牡丹江雪城堡等。在这里，黑龙江、乌苏里江奔流不息；巍巍大小兴安岭山峦叠翠；还有扎龙湿地、雁窝岛湿地等"地球之肺"；兴凯湖、镜泊湖等天然湖泊……黑龙江的自然风光独具魅力，以壮丽的山川、广袤的森林、清澈的湖泊和丰富的冰雪资源而闻名。

肥沃的黑土地、祖国的粮仓。黑龙江深入实施千万吨粮食增产计划，以良田、良种、良机、良法、良制"五良"深度融合为抓手，系统集成政策、工程、农艺措施，稳定粮食播种面积、主攻大面积提升单产，到2026年，全省粮食综合生产能力将达到1800亿斤。土地肥沃，素以黑土地闻名天下，是世界著名的三大黑土带之一，是我国重要的商品粮基地。现有耕地面积14268万亩，占全国耕地面积7.6%，人均耕地面积3.75亩（农业从业者人均耕地面积19.2亩），高于全国人均1.5亩的水平，总面积和人均占有量均居全国第一位。土质肥沃，黑土、黑钙土、草甸土等占耕地的60%以上，土质养分储量比其他省区高2~5倍，且土地集中连片，80%集中分布在松嫩平原和三江平原，地势平坦，适于大规模集约化经营。大豆、甜菜、亚麻、马铃薯的种植面积和产量居全国首位，全省粮食商品率达60%以上。草原面积6500万亩，年产草量80亿公斤，是全国重点牧区之一。松嫩平原面积10.3万平方公里，占全省土地面积的22.7%，自然条件适宜，有利于农牧业发展，粮豆薯产量在全国占有举足轻重的地位。三江平原面积10.9万平方公里，占全省土地面积的24%，三江平原开发历史较短，土壤肥沃，人均耕地多,粮豆商品率高,后备资源丰富,农业生产潜力大。

浩瀚的林海,全国最大的林区和木材生产基地,木材蓄积量、产量均居全国第一位,是"红松的故乡""松茸的故乡""三大硬阔之乡"。黑龙江省的森林,广泛地分布在大、小兴安岭,完达山、张广才岭和老爷岭等山区。全省森林面积19.19万平方公里,森林覆盖率41.9%,活立木总蓄积量15亿立方米。地域辽阔、山川纵横,有浩瀚的大兴安岭、小兴安岭、完达山等原始森林,也有连绵不断的次生林。主要树种有100多种,用材树30余种,其中红松、落叶松、樟子松、水曲柳、黄菠萝、胡桃楸等是国内少有的珍贵树种。大兴安岭寒温带针叶林区,以兴安落叶松为代表;小兴安岭—老爷岭温带针阔叶混交林区,以红松为主。林区繁衍着种类繁多的珍禽异兽和野生植物。

丰富的矿产资源。黑龙江省境内地貌类型多样、地质构造复杂,为各种矿产资源的形成创造了有利条件。已发现的矿产有131种,其中已探明储量的矿种有77种,储量居全国前十位的有41种,优势矿产资源9种。石油、煤、金、石墨等优势矿产资源众多。石油集中分布在西部大庆地区;煤主要分布在东部鹤岗、双鸭山、鸡西、七台河一带,西北部黑宝山地区也有煤藏;金分布在大兴安岭和黑龙江沿岸地带,其他有色金属主要分布在北部地区;非金属矿分布较广、矿种繁多,遍布全省。煤炭资源种类全,质量佳。东部以烟煤为主。

境内水资源较为丰富。境内江河湖泊众多,镜泊湖、兴凯湖、连环湖等都是著名的旅游胜地,碧波荡漾,湖光山色相映成趣。有黑龙江、乌苏里江、松花江和绥芬河四大水系,流域面积在50平方公里的河流1918条,其中超过5000平方公里的有27条,10000平方公里以上的有18条。黑龙江全长4370公里,位居世界河流第八位,仅次于长江、黄河,列我国第三,是著名的中俄国际界江。黑龙江省水资源总量755亿立方米,其中地表水资源656亿立方米。

黑龙江省动物资源相当丰富。黑龙江的森林还是众多珍稀动物的栖息地,如东北虎、梅花鹿、紫貂等,为游客提供了难得的观赏机会。这里不仅是"东北虎的故乡",还是"丹顶鹤的故乡"。齐齐哈尔市铁锋区扎龙生态旅游区,规划建设形成了包括观鹤台、六鹤同春、波光栈道、苇荡泛舟、丹顶鹤放飞训练等"扎龙十六景"的独有景观。观看丹顶鹤野化放飞训练是扎龙所有景点的"魂魄",在每天定点放飞的时候,美丽的丹顶鹤舞动着洁白的翅膀,在湛蓝的天空上自由飞翔,令人赏心悦目,同时也送给人们来自仙鹤"鸿运当头"的吉祥祝福。

最后,冰雪资源是黑龙江旅游的一大特色。每到冬季,这里的冰雪景观便吸引了无数游客前来观赏。哈尔滨冰雪大世界、太阳岛雪雕艺术博览会等都是享誉国内外的冰雪旅游品牌。游客们可以在这里欣赏到精美的雪雕作品,体验到冰雪运动的乐趣。

(三) 地理位置概况

黑龙江省位于中国东北部,是中国最北端及最东端的省级行政区,介于东经121°11′~135°05′,北纬43°26′~53°33′。它地处东北亚中心区域,北部和东部与俄罗斯隔江相望,西部与内蒙古自治区相邻,南部与吉林省接壤,边境线长达2981.26公里。总面积达到47.3万平方公里,在全国省级行政区中位列第六。黑龙江省位于中温带和寒温带,属大陆性季风气候,四季分明,景色宜人。年均降水量在450~650毫米,年平均气温-4℃~4℃,无霜期在100~140天。

黑龙江省面积辽阔,基本的地貌特征可以概括为"五山一水一草三分田",表现为南北两大山地,东西两大平原,山势和缓,平原广阔。大兴安岭、小兴安岭和张广才岭、老爷岭、完达山构成全省的山地骨架,山脉从西北和东南两向,对全省起屏障、闭合作用,中西部的松嫩平原和东部的三江平原分别向我国内陆腹地和俄罗斯展开,与嫩江、松花江等水系共同构成了这片土地的自然骨架。

黑龙江省位于亚洲与太平洋地区陆路通往俄罗斯和欧洲大陆的重要通道上,全省有25个开放口岸,是中国沿边开放的重要窗口。它的地理位置使得黑龙江省在国际贸易和区域合作中具有重要的战略地位,也为其带来了丰富的旅游资源,如壮丽的北国风光、独特的冰雪景观以及丰富的民族文化等。

总的来说,黑龙江省的地理位置独特,自然资源丰富,人文景观多样,这些都为黑龙江省的经济发展和文化交流提供了有力的支撑。在未来,随着国家对东北地区的进一步开发和开放,黑龙江省的地理位置优势将得到更加充分地发挥，为地区的繁荣和发展注入新的活力。

（四）经济概况

黑龙江省经济呈现出稳步增长的态势。近年来，黑龙江省的经济增速保持在较高水平，特别是在2023年，GDP同比增长达到了6.5%，实现了稳定增长的目标。

从产业结构来看，黑龙江省正积极推进产业振兴计划，加快建设"4567"现代产业体系。其中，规上制造业增加值占规上工业比重同比提高，高技术制造业增加值也实现了较高的同比增长。此外，新材料产业、生物基新材料、电子新材料等领域也在快速发展，企业的表现也相当可观，多个企业取得了技术新突破，成为行业的佼佼者。是中国重要的粮食、大豆、畜牧业生产基地，也是中国重要的煤炭、钢铁、机械、能源、化工基地，还是我国的机械工业基地、煤炭工业基地、石油化工基地和木材生产基地。

在经济发展新引擎方面，黑龙江省的集成电路碳化硅衬底等实现量产，达到国内领先水平，一些关键技术的实现突破也填补了国内空白。同时，战略性新兴产业如电子信息制造、高端智能农机装备产业等也在加速提升，产值实现显著增长。

然而，也需要注意到，黑龙江省的经济发展仍面临一些挑战，如资源环境的压力、经济发展的不平衡等。为此，黑龙江省政府正积极采取措施，推动经济转型升级，加强生态环境保护，促进区域协调发展。

展望未来，随着国家对东北地区的进一步开发和开放，以及黑龙江省自身在创新驱动发展战略、产业结构调整等方面的努力，其经济发展前景值得期待。黑龙江省将继续发挥其地理位置优势以及丰富的自然资源和文化底蕴优势，为地区的繁荣和发展注入新的活力。

（五）行政区划分

目前，黑龙江省现辖13个地市，其中12个省辖市，1个行政公署，67个县（市），其中县级市21个；908个乡（镇）。省会设在哈尔滨市。这些行政区划单位分布在黑龙江省广袤的土地上，覆盖了从山地到平原、从森林到湖泊的多样化地理环境。这些地区各自拥有独特的自然资源和文化特色，为黑龙江省的经济发展和文化交流奠定了坚实的基础。在行政管理和服务方面，黑龙江省的各级政府机构致力于推动地区发展、改善民生、保护环境等方面的工作。通过优化行政区划布局、加强基础设施建设、提升公共服务水平等措施，黑龙江省努力为居民创造更加宜居、宜业的环境。在未来，随着国家对东北地区的进一步开发和开放，黑龙江省的行政区划布局和功能定位也将不断优化和完善，以更好地服务于地区的长远发展。

（六）人口与民族

根据2020年第七次全国人口普查统计结果，2020年11月1日零时黑龙江省常住人口为3185万人。其中居住在城镇的人口2089.8万人，占65.61%；居住在乡村的人口1095.2万人，占34.39%。黑龙江省是多民族杂散居的边疆省份。黑龙江省历来是中华民族大家庭多民族聚集的地区，在漫长的历史进程中，创造了光辉灿烂的历史和多彩多姿的文化。黑龙江省共有55个少数民族，常住少数民族人口约112.1万人。世居本省的有满族、朝鲜族、蒙古族、回族、达斡尔族、锡伯族、赫哲族、鄂伦春族、鄂温克族和柯尔克孜族10个少数民族，其中满族、朝鲜族、蒙古族皆超过10万人，回族7.54万人，达斡尔族3.36万人，其余5个民族人口不足万人。赫哲族是黑龙江省独有的民族。满族、回族、锡伯族使用汉语、汉字；朝鲜族、蒙古族有本民族语言、文字；达斡尔族、鄂伦春族、赫哲族、鄂温克族、柯尔克孜族有本民族语言，没有文字，通用汉字。

（七）旅游概况

黑龙江，这片位于中国东北部的神秘土地，拥有丰富的旅游资源，辽阔的地域，浩瀚的林海，密集的江河，肥沃的土地，富饶的资源，以及举世闻名的风景名胜，构成了一幅幅绚丽多彩的画卷。黑龙江省始终践行"冰天雪地也是金山银山"的重要理念，把发展冰雪经济作为东北全面振兴的切入点。2023年11月到2024年2月，全省接待游客和旅游收入同比分别增长222.2%和553%。春节假期，黑龙江累计接待游客2220.7万人次，同比增长75.9%，较2019年增长62%；实现旅游收入为271.9亿元，同比增长102.1%，较2019年增长61.7%；根据携程数据显示，2023年11月1日至2024年2月17日冰雪季，黑龙江旅游订单量同比增长95%，酒店订单量同比增长166%，度假产品订单同比增长4倍多。

瑰丽壮观的旅游风光。虽然黑龙江省开发历史较晚，但古迹遗址等人文景观别具特色，自然景观原始壮丽，形成独特的黑龙江省旅游资源。夏季是避暑的胜地，冬季是冰雪的乐园。哈尔滨的圣索菲亚大教堂、中央大街等建筑，都见证了这座城市的历史变迁，音乐、建筑、绘画、服装、美食……让省会哈尔滨充满了无穷的魅力。"哈夏音乐会"让夏天和音乐在一座城市里有着美丽的邂逅。夏日"尔滨"，连空气都仿佛弥漫着音符，不但可以在哈尔滨大剧院、哈尔滨音乐厅、老会堂音乐厅聆听音乐的交响，还可以在中央大街的阳台上，听到萨克斯在晚风中的悠扬。夜晚的松花江畔，更有市民欢歌热舞，成了一道美丽的音乐风景线。自然景观中，镜泊湖是我国最大的高山堰塞湖，是北方著名风景区、疗养区，叶剑英同志曾为它吟出"山上平湖水上山，北国风光胜江南"的诗句；五大连池火山地质自然保护区由 1719—1721 年火山爆发形成的 5 个相连的堰塞湖和周围 14 座火山丘组成。地质地貌保存完整，熔岩流动景象清晰，熔岩台地上的火山喷气锥是火山研究的珍品、自然的奇观，被誉为"天然火山博物馆"。这里日夜涌流的泉水，可治疗多种疾病。兴凯湖是中俄边境最大的界湖，我国境内面积 1080 平方公里。兴凯湖水域广阔，水草茂盛，栖息着天鹅、丹顶鹤、鸳鸯等珍贵水禽，这里建有自然保护区。抚远位于我国最东端，是祖国最早升起太阳的地方。漠河则位于我国最北端，是我国可以看到绚丽多姿的北极光的地方，被人们称为"北极村"。这一独特的地理位置，每年盛夏都吸引大批旅客来此观光。此外，大、小兴安岭的原始森林、齐齐哈尔丹顶鹤之乡以及亚布力滑雪场等都是独具特色的北国景观。人文景观包括史前遗址、古城堡、历史名胜、宗教建筑、民俗民情和独特的城市建筑风格，自然景观和人文景观相辅相成，使黑龙江不仅是避暑胜地，也成为冬季旅游热点，吸引海内外游客。

黑龙江的美食文化也是一大亮点。这里的饮食以东北菜为主，口味醇厚，风味独特。如哈尔滨的红肠、大列巴，纯正的俄式西餐，伊春的萝卜糕，黑龙江的铁锅炖、开江鱼、东北水饺等，都是游客们必尝的美食。哈尔滨啤酒节，美酒加美食，让你开启夏日狂欢，沉醉在快乐与激情之中；你还可以拿着"美食地图"，逛早市夜市、寻美味小吃、尝各式西餐，在逛吃逛吃中享受人生的每一刻美好。

(八)四季旅游风光

黑龙江四季分明,不仅有冰天雪地,还有绿水青山,呈现春有丁香芬芳、夏有北国清爽、秋有五花山色、冬有冰情雪韵的独特魅力。

随着黑龙江冬季旅游热度指数不断飙升,哈尔滨在一众旅游目的地中脱颖而出,成为新晋"顶流",而面对"泼天的"荣誉和人气,哈尔滨也热情而真诚地接待各地游客。史上规模最大的冰雪大世界提前建设、提前开业;搭乘热气球升空,可以俯瞰冬季白雪皑皑的松花江、欣赏两岸景色;索菲亚教堂升起"人造月亮"、室外建设"温暖驿站"、把交响乐团"搬"进商场……这座"冰城"用各种创意十足又暖心的操作不断提升城市影响力和美誉度,用"冷资源"持续撬动"热经济"……凡是游客想要的都"掏家底"满足,倒逼冰雪旅游创意出新,推动冰雪元素融入城市的每个角落和游客的每个项目体验中。很多商家自发给游客送上免费热饮,志愿者纷纷走上街头,为游客提供暖心服务。创新创意赋予冰雪更多魅力,释放巨大的吸引力,让许多来自南方的游客提升游玩体验的同时,不断刷新着他们对于"冬天"的认知。哈尔滨冰雪游火热,不仅仅带给文旅人信心,也给东北振兴带来信心,给中国经济带来信心。

冰雪大世界开园不到3小时预约人数破4万,马迭尔冰棍元旦假期3天销售量达10万支,城市热门景点和街头小巷都被南方游客"包场",社交平台上旅游攻略和网友好评铺天盖地……这个冬天,"冰城"黑龙江哈尔滨的文旅市场异常火爆。

春临龙江,3月初,在冰雪消融的黑龙江大地,冰凌花破雪而出,是春天的使者,当冰凌花顶冰绽放在黑龙江大地时,黑龙江的春天才真正来临。每到四五月,姹紫嫣红的兴安杜鹃花海在沉睡万年的玄武岩上恣意奔放,万紫千红染遍山野,如霞似锦,蔚为壮观。这个季节,黑龙江的大江大河也蠢蠢欲动,在黑龙江、松花江江畔可以观赏到难得一见的开江跑冰排的壮观场面。

夏之清凉,绿色是黑龙江的主色调,绿色田野,绿色兴安,作为避暑胜地,这里夏季平均气温21℃。"避暑旅游优选地"的哈尔滨名不虚传,"万顷松江湿地,百里生态长廊",森林覆盖率达到43%,负氧离子高,城市周边18个国家和省级森林公园是"天然氧吧"。"冰城夏都"——哈尔滨、"中国林都"——伊春、"中国北极"——漠河、"中国东极"——抚远、"中俄界湖"——兴凯湖、"中国最大高山堰塞湖"——镜泊湖、"世界大湿地"——扎龙,每一处都是避暑的好去处。

秋之彩韵,五花山色如油画般写意。秋天的黑龙江是一个多彩的世界,大小兴安岭的松子、榛蘑、木耳熟了,大自然的鬼斧神工,层林尽染,五彩斑斓,五花山就是它的另一幅作品。金黄是龙江大地丰收的颜色,请你来品闻飘香的稻谷,松嫩平原、三江平原和穆棱河—兴凯湖平原2.5亿亩耕地的丰收,万亩大地一眼望不到边,黑龙江大农业的震撼,超乎你的想象。

在黑龙江47万平方公里辽阔的土地上,无论你什么季节来,只要你沉下心来,总会找到与你有缘的相遇。黑龙江的四季,等待你的归期。

(九)冰雪体育概况

2025年,第九届亚冬会将在哈尔滨举办,诚邀您再来冠军之城,体验速度与激情,共同当好东道主,积极打造"冰雪+赛事、温泉、森林、康养、乡村、民俗、文化"等业态融合的创新型冰雪经济产品,推动冰雪产业向价值链高端迈进。黑龙江省有着得天独厚的冰雪资源和深厚的冰雪运动基础,将发挥冰雪体育大省优势,举全省之力把本届亚冬会办成彰显亚洲风采、中国气派、龙江特色、冰城魅力的体育文化盛会。"冰雪同梦、亚洲同心"。本届亚冬会吉祥物"滨滨""妮妮"是两只可爱的小东北虎,寓意"哈尔滨欢迎您"。真诚期待与各界朋友相聚美丽冰城,共享亚冬盛会。

黑龙江省是中国纬度最高的省份,与世界冰雪经济发达地区处于同一纬度带,是中国最早开发冰雪、运营冰雪的省份,也是中国现代冰雪产业肇兴之地、中国冰雪体育强省。得天独厚的自然条件,为冰雪旅游的爆火奠定了坚实的基础。"在'冰天雪地也是金山银山'理念的指引下,黑龙江省委、省政府对冰雪产业的支持和投入也是关键因素之一。"全省各地聚焦冰雪经济,整合优势冰雪资源,通过制定相关政策、加大基础设施建设、提升服务质量等措施,全力推动黑龙江冰雪旅游高质量可持续发展。

一是打造冰雪经济新的增长点。提档升级冰雪大世界、亚布力、雪乡等重点景区。2023年哈尔滨冰雪大世界储冰量已经超过20万立方米,是2022年规模的近三倍,这个冬天如果大家再来哈尔滨,将会看到规模更大、更有文化感、更具国际范的冰雪王国。高质量筹办第九届亚冬会、高标准建设中国—上海合作组织冰雪体育示范区,打造冰雪体育赛事、人才、产业、文化、合作"五大中心"。推动冰刀、滑雪板、索道等冰雪装备创新发展,打造黑河—漠河全球最大新能源寒地试车基地。加快冰雪运动、冰雪文化、冰雪装备、冰雪旅游全产业链发展,建设冰雪经济高地,将"冷资源"变成"热经济"。

二是高质量发展全域全季旅游。充分发挥四季风景各异、地理地貌丰富的优势,全力打造森林游、湿地游、界江游、边境游等特色项目,加快培育露营自驾、旅拍研学、生态康养等新的旅游业态,努力实现特色文旅产业从"一地一季"向"全域全季"转变。加强旅游基础设施配套建设,打造全省星级民宿,构建"快进慢游"旅游交通体系,加快智慧旅游普及推广,全面提升游客满意度。持续规范旅游市场秩序,用好"先行赔付",做到投诉处理"不过夜",切实维护广大游客权益。

三是拓展放大溢出效应。推动旅游与文化、体育、康养、餐饮、装备等一、二、三产业融合发展,让黑龙江的历史文化、音乐演艺、特色美食、体育赛事为广大游客带来新体验,让地产的旅游装备、保暖衣帽、绿色食品、特色文创产品为全国消费者带来新选择。推广运用冰雪旅游的好做法、好模式,着力打造一流营商环境,吸引更多企业到黑龙江投资发展。发扬在冰雪旅游中锤炼的好作风,扎扎实实,踏踏实实,求真务实,切实增强干部服务群众、服务发展的能力本领。

(十)旅游设施与服务

黑龙江的旅游设施与服务也日趋完善。这里拥有众多的高品质酒店、度假村和民宿,为游客提供了舒适的住宿环境。同时,交通网络发达,无论是飞机、高铁还是公路,都能方便地抵达黑龙江的各个旅游目的地。此外,当地的旅游服务也非常周到,游客们可以在这里享受到专业的导游服务、便捷的旅游咨询以及丰富的旅游活动。

总之,黑龙江的旅游资源丰富多样,无论是自然风光还是人文景观,都充满了魅力。随着旅游设施与服务的不断完善,相信未来黑龙江的旅游事业将会更加繁荣,吸引更多的游客前来体验这片土地的美丽与神奇。

第二节　太阳岛风景区

一、导游词

尊敬的游客们：

大家好！欢迎大家来到美丽的哈尔滨太阳岛风景区。我是您的导游，很荣幸能够陪伴大家度过一段愉快的时光，共同领略这片充满魅力的土地。

太阳岛，这个充满传奇色彩的名字，源于早期的渔场时代。那时，这片岛屿盛产鳊花鱼，女真族称鳊花鱼为"太宜安"，久而久之，这片岛屿便被人们亲切地称为太阳岛。如今，它已经成为一处集冰雪文化、民俗文化等资源构成的多功能风景区，更是中国国内的沿江生态区。

太阳岛风景区位于黑龙江省南部，坐落在哈尔滨市松花江北岸，与繁华的市区隔水相望。它占地面积广阔，碧水环绕，景色秀丽，四季变化分明，每个季节都有它独特的韵味。

春季的太阳岛，芳草萋萋，绿叶萌枝，鸟雀齐鸣。春风拂面，仿佛可以听到大自然的呼吸声，让人感受到生命的力量。此时，漫步在绿树成荫的小径上，沐浴着温暖的阳光，真是一种难得的享受。

夏季的太阳岛，绿荫幽草，碧水白沙，繁花似锦。这里的空气清新宜人，是避暑的好去处。您可以在树荫下乘凉，或者在沙滩上嬉戏玩耍，感受夏日的欢乐与轻松。

秋季的太阳岛，秋高气爽，水天一色，金叶复径。此时，太阳岛仿佛变成了一幅色彩斑斓的画卷，让人陶醉其中。您可以在这里欣赏到秋天的美景，感受大自然的神奇魅力。

冬季的太阳岛，千里冰封，万里飞雪。这里成为冰雪的王国，各种冰雪活动应有尽有。您可以参加马拉爬犁、冰雪运动等活动，体验冰雪带来的刺激与快乐。同时，太阳岛的冰雕雪塑也是一道亮丽的风景线，让您领略到冰雪艺术的独特魅力。

太阳岛风景区以其优美的自然景色和丰富的文化内涵吸引着无数游客。现在，我将为大家介绍一些太阳岛的主要景点，让大家更好地感受这片土地的美丽与传奇。

首先，我们来到了太阳岛的标志性建筑——太阳门。这座宏伟的大门位于太阳岛西部主入口处，总长为68米，主门高12.03米。四座小拱门中矗立着四座雕塑，展现着太阳岛的独特魅力。太阳门的创意主题为"太阳的窗口"，寓意着太阳岛是哈尔滨的明亮之窗，透过这个窗口，人们可以看到太阳岛的美丽景色，也可以感受到哈尔滨的活力与魅力。同时，太阳门也象征着哈尔滨人民的开放与包容，他们欢迎来自世界各地的游客，共同分享这片美丽的土地。

太阳石也是太阳岛的标志性景点之一，它位于太阳岛风景区入口处，石上镌刻着"太阳岛"三个大字。太阳石学名称之为"日光石"或"金星长石"，长7.5米、高4.3米、宽2米，重达150吨。它的形状如杧果，通体圆润光滑，天然无雕饰，形神兼备，展现出一种浑然天成的美感。这块巨石原本位于哈尔滨阿城区阿什河上游的"西泉眼"地方，一半静立在水里，一半耸立于水上，充满了灵性和传奇色彩。据说，当地老百姓曾依赖这块石头来观天象、知阴晴、晓冷暖。在傍晚时分，如果石头色泽光亮，那么第二天就会是晴天；如果石头色泽晦暗，则预示着阴天；如果石头挂上了水珠，那么第二天就会有雨；而如果石头上挂霜，那么第二天就会下雪。这些古老的传说，让太阳石在人们心中具有了特殊的地位。此外，太阳石上还镌刻着"太阳岛"三个大字，这是由著名书法家赵朴初先生于1984年为《哈尔滨日报》太阳岛文学副刊题写"太阳岛"刊头时所书，字体苍劲有力，与太阳石的雄伟气势相得益彰。这块巨石于2003年7月16日正式立于太阳岛上，成为当时国内从景区外运往景区的最大巨石，为太阳岛增添了浓厚的文化氛围。

接下来，我们将游览花卉园。这片占地近7万平方米的花卉园，在设计上借鉴了加拿大布查得花园的造园风格。园区内由太阳园、彩虹园、水景园、牡丹园、百花园等多个园区组成，每个园区都有其独特的主题和特色。游客漫步其中，可以欣赏到各种色彩斑斓、形态各异的花卉，仿佛置身于花的王国。其中，牡丹园是花卉园中的一大亮点。这里的牡丹花是从甘肃引进的耐寒、耐旱的紫斑牡丹，品种丰富，包括荷花型、蔷薇型、皇冠型、绣球型等七大类，花色有紫红色、粉色、白色、复色等。每到牡丹花盛开的季节，园中的牡丹竞相开放，花瓣层层叠叠，娇艳欲滴，吸引了无数游客驻足观赏。除了牡丹,花卉园中还种植了其他各种花卉,如薰衣草、金鱼草、柳叶马鞭草、石竹花、四季海棠、蓝目菊、百日菊、细叶美女樱、千日红等。这些花卉在不同的季节中次第开放,为游客提供了四季都有花可赏的美丽景观。不同色彩的花卉按照不同的主题栽种,仿佛是一片花的海洋。漫步其中,您可以感受到大自然的芬芳气息和生命的活力。

紧接着,我们将前往冰雪艺术馆。这座占地5000平方米的冰雪艺术馆,内有冰景100余件,是目前世界上规模最大的室内冰雪艺术馆。冰雪艺术馆的建筑风格独特,采用了大量的冰雪元素,与周围的自然环境融为一体。馆内温度维持在适宜的低温,使得冰雪作品能够保持其原有的形态和色彩。进入馆内,仿佛置身于一个冰雪的童话世界,各种精美的冰雪雕塑和冰雪建筑让人目不暇接。在这里,您可以欣赏到精美绝伦的冰雕作品,感受到冰雪艺术的独特魅力。

此外,太阳岛风景区还有许多其他值得一游的景点。例如,太阳湖占地面积为58000平方米,波光粼粼的湖面给游人带来一丝丝夏日的清爽。太阳山则是太阳岛的另一大亮点,山上绿树成荫,景色宜人。在这里,您可以俯瞰整个太阳岛的美景,感受大自然的壮丽与神奇。

除了自然风光,太阳岛还保留着许多历史遗迹和文化遗产。例如,这里曾是中东铁路的兴建地,许多外国侨民曾在这里修建别墅,留下了独特的建筑风格和文化遗产。这些建筑如今已成为太阳岛风景区的一部分,让游客们在欣赏美景的同时,也能感受到这里深厚的历史底蕴。

此外,太阳岛还是一个充满俄罗斯风情的地方。在这里,您可以品尝到正宗的俄罗斯美食,欣赏到俄罗斯风格的建筑和表演,感受到浓厚的异国文化氛围。这种独特的文化氛围也为太阳岛增添了一份别样的魅力。

太阳岛风景区是一个集自然风光、历史文化、人文景观于一体的综合性旅游景区。在这里,您可以感受到大自然的神奇魅力,领略到人文的博大精深,体验到生活的美好与快乐。我相信,这次旅行一定会给您留下深刻的印象和美好的回忆。最后,再次感谢大家选择来到太阳岛风景区,希望您在这里度过一个愉快而难忘的旅程。

二、太阳岛风景区介绍

（一）太阳岛概况

太阳岛是国内罕见坐落于城市中心的江漫滩湿地，为草原型沿江生态区，它是哈尔滨一张亮丽的旅游名片。但是鲜为人知的是：它还是一张"连中三元"的哈尔滨城市名片。在2006年被联合国友好理事会授予联合国生态示范岛屿的荣誉称号，同年太阳岛风景区被中华人民共和国建设部授予"中国人居环境范例奖"，在2007年被评定为首批国家AAAAA级旅游景区，同时太阳岛还荣获国家级风景名胜区、国家水利景区、国家文化产业示范基地等荣誉称号。

太阳岛坐落于松花江北岸，江南区和松北区之间，总面积88平方公里，景区规划面积38平方公里，外围保护区50平方公里，南北以松花江和改线前进堤为界，东起滨州铁路桥，西至四环高架桥，面积较大。太阳岛风景区分为东、中、西三个区域。东区为核心景观区，集中展示了太阳岛的冰雪文化和自然风光。中区则是文化休闲区域，这里有各种文化活动和民俗表演，让游客在欣赏美景的同时，也能感受到浓郁的文化氛围。西区则是自然生态区，保留了太阳岛的原始风貌，让游客能够近距离接触大自然。

太阳岛不仅是一个旅游胜地，更是一个文化圣地。这里有古老的建筑、神秘的文化遗址，吸引着对历史文化感兴趣的游客。同时，太阳岛还提供了丰富多样的户外活动，如徒步、骑行、露营等，让游客能够更加亲近大自然，感受户外生活的乐趣。

太阳岛的历史悠久，早期的这里是一片官家的渔场，专门捕捞贡珠和贡鱼。由于岛上盛产鳊花鱼，女真族鳊花鱼的发音为"太宜安"，这个岛当时就被称为"太宜安"，久传被称为太阳岛。在清朝时期，太阳岛还曾被用作水师营地，并留下了许多历史遗迹。随着中东铁路的建成，哈尔滨逐渐发展成为水陆畅通的商镇，太阳岛也成了外国侨民避暑度假的胜地，留下了许多欧式建筑。

太阳岛的自然环境得天独厚，地势起伏，富含奇特的地质构造，形成了许多独特的地貌景观。岛上植被丰富，拥有国内罕见的城市中心江漫滩湿地景观，动植物资源十分丰富。每到夏日，水天一色，草长莺飞，美不胜收。

而到了冬季，银装素裹的太阳岛更是成为赏雪的好去处。

太阳岛是一个集自然风光、历史文化、民俗风情于一体的综合性旅游胜地。无论是想要领略冰雪奇观的游客，还是想要感受大自然魅力的探险者，或是想要了解哈尔滨历史文化的学者，都能在太阳岛找到属于自己的乐趣和收获。

（二）名字的由来

太阳岛的名字由来，确实蕴含着丰富的历史和文化内涵。早期的太阳岛是一片官家的渔场，专门为朝廷捕捞贡珠和贡鱼。其中最著名的是"三花五罗"，三花是鳌花、鳊花、鲫花，五罗是哲罗、法罗、雅罗、铜罗、胡罗。鳌花就是鳜鱼，它与黄河鲤鱼、松江鲈鱼、兴凯湖的大白鱼统称为四大淡水名鱼。提到鳊花鱼又和我们太阳岛有很深的渊源，鳊花鱼是一种贡鱼，专门供皇亲国戚食用，平常的老百姓根本吃不到，鳊花鱼肉质鲜嫩，味道十分鲜美，深受皇室的喜爱，鳊花鱼的满语发音为太宜安，和太阳岛发音十分相似，太阳岛的名字也由此转音而来。随着时间的推移，人们就将这个小岛称为太阳岛，这就是它名字的直接来源。

此外，太阳岛的名字也可能与它的自然形态有关。有一种说法认为，太阳岛的形状犹如一个巨大的太阳，因此得名。还有一种说法是，太阳岛内坡岗上全是洁净的细沙，阳光照射下显得格外炽热，因此被称为太阳岛。无论是哪种说法，都体现了人们对太阳岛独特自然景观的赞美和喜爱。

在清代康熙年间，太阳岛就被作为水师营开发利用，后来更是成为水师练兵和训练的基地。随着历史的推进，太阳岛逐渐吸引了大量的俄国和欧洲的侨民前来。他们在岛上修建房屋，建造度假的别墅，建造游玩娱乐的各种设施，并在此狩猎、钓鱼，这些活动使得太阳岛的人文景观日渐丰富。

如今，太阳岛风景区已经成为一个集自然风景与人文景观于一体的旅游胜地。天鹅湖、太阳瀑、水阁云天、松鼠岛等景观，都是人与自然和谐相处的最好证明。太阳岛的名字，不仅仅是一个地理标志，更是承载着丰富历史和文化内涵。

（三）太阳石

太阳石，这块巨石位于美丽的太阳岛公园正门口处，是太阳岛的一大地标和象征。它不仅蕴含了时来运转的美好寓意，更是太阳岛历史与文化的重要载体。

关于太阳石,还有许多美丽的传说和故事。相传,这块太阳石为太上老君炼丹时遗落的仙丹,金太祖少年时曾在此石上磨刀励志,成年后,与将领们在此石上画灰议事,灭辽攻宋。这些传说让太阳石更加充满了神秘和传奇色彩。

在现代,太阳石也承载了人们对美好生活的向往和追求。许多游客来到太阳岛,都会特意来到太阳石前,欣赏它的雄伟气势,感受它所蕴含的深厚历史文化底蕴。太阳石已经成为太阳岛不可或缺的一部分,是人们心中的一块圣地。

(四)太阳门

太阳门,作为太阳岛的正门,不仅是一道壮丽的景观,更是太阳岛文化与历史的重要象征。它的设计独特,融合了现代艺术与传统元素,既展现了太阳岛的独特魅力,又彰显了哈尔滨的城市精神。

太阳门由一大四小五个椭圆拱形门相连组成,总长达到68米。这一设计灵感来源于新艺术运动风格,同时又融入了其他艺术语言,使得太阳门既具有现代感又不失古典韵味。太阳门坐落在金水桥头,面西而立,气势磅礴。它不仅是进入太阳岛的必经之路,更是太阳岛联系世界的窗口。

太阳门的中心入口高达12.03米,门旁涌起的曲线宛如松花江水中起伏的白色浪花,托起了冉冉升起的朝阳。这一设计巧妙地借用了自然元素,使得太阳门与周围环境融为一体,仿佛是大自然的一部分。四座小拱门中矗立着四座雕塑,它们与太阳门相辅相成,共同构成了一幅美丽的画面。

太阳门的创意主题为"太阳的窗口",寓意着太阳岛是哈尔滨的明亮之窗,透过这个窗口,人们可以看到太阳岛的美丽景色,也可以感受到哈尔滨的活力与魅力。同时,太阳门也象征着哈尔滨人民的开放与包容,他们欢迎来自世界各地的游客,共同分享这片美丽的土地。

在太阳门前方,有一块深红色的景观石,名为"太阳石"。这块巨石与太阳门相辅相成,共同构成了太阳岛的标志性景观。太阳石上镌刻着"太阳岛"三个大字,字迹苍劲有力,与太阳门的雄伟气势相得益彰。

每当夜幕降临,太阳门在灯光的照耀下更是熠熠生辉。它仿佛是一座通往神秘世界的门户,引领着游客们踏上一段奇妙的旅程。在这里,人们可以感受到大自然的神奇魅力，也可以领略到哈尔滨的独特风情。

（五）太阳桥

太阳桥横跨金水河，是一座独塔前倾无背索双索面全钢结构斜拉桥。桥长228米，主跨140米，宽15.5米，这样的规模使得它在同类桥梁中脱颖而出。更值得一提的是，这座桥的设计等级为三百年一遇，足以抵御极端自然灾害的挑战，显示出其坚固与稳定。

太阳桥的独特之处在于其前倾的主塔设计，不设背索，使得桥梁在保持平衡的同时，也呈现出一种动态的美感。桥身两侧仿照赵州桥的设计，布满了拱形桥洞，不仅增加了桥梁的观赏性，也使得桥身更加坚固耐用。

站在太阳桥上，可以远眺松花江的美景，近观金水河的潺潺流水。桥下的河水与周围的绿树、红花相映成趣，构成了一幅美丽的画卷。每当夕阳西下，金色的阳光洒在桥面上，使得太阳桥更加熠熠生辉，仿佛真的成为太阳照耀下的一座金色之桥。

除了美丽的自然风光，太阳桥还承载着丰富的历史文化内涵。它是哈尔滨人民智慧的结晶，也是太阳岛发展历程的见证。太阳桥的建设不仅改善了太阳岛的交通状况，也为游客提供了一个欣赏美景、感受文化的绝佳场所。

此外，太阳桥还是太阳岛内多个景点的交通枢纽，游客可以通过它方便地前往太阳岛内的其他景点，如坐龙广场、栖凤台、笨熊乐园等。这些景点与太阳桥相互呼应，共同构成了太阳岛独特的旅游景观。

（六）坐龙广场

太阳岛的坐龙广场是一处集文化、艺术与自然风光于一体的标志性景点，它位于太阳岛的中心地带，以其独特的设计和深厚的文化内涵吸引着众多游客的目光。

广场的命名源于其中心的一座高6米、占地60平方米的坐龙造型的大型立体五色草花坛。坐龙集龙头、犬身、麒麟背、狮尾四种动物特征于一体，呈现出三条巨龙翘首苍穹、啸吟欲飞的壮观景象。这三条巨龙的设计灵感来源于黑龙江省阿城出土的金代的铜坐龙，发现于1956年，是皇室御用马车上的装饰物，原型高19.6厘米，重2.1千克，被鉴定为国家一级保护文物。原物现藏于黑龙江省博物馆。这三条巨龙不仅展示了深厚的地域文化特色，也彰显了中华民族对龙的共同崇拜和敬畏。在阳光的照射下，五色草花坛熠熠生辉，巨龙仿佛随时准备腾飞，给人一种震撼和敬畏之感。

广场周围绿树成荫，鲜花盛开，与中间的巨龙花坛形成了鲜明的对比，更增添了广场的生机与活力。游客们可以在广场上漫步，欣赏巨龙花坛的壮丽，感受大自然的清新与宁静。

此外，坐龙广场还是太阳岛上举办各类文化活动的重要场所。每逢节假日或特殊时期，广场上都会举办各种文艺演出、展览和庆典活动，让游客们在欣赏美景的同时，也能领略到太阳岛丰富的文化内涵。

值得一提的是，坐龙广场与栖凤台相互呼应，两者共同传递出"阴阳和谐，龙凤呈祥"的美好寓意。栖凤台是一座高7.5米的五色草立体花坛，与坐龙广场的巨龙花坛相得益彰，共同展现了中华传统文化中龙凤呈祥的吉祥寓意。

（七）栖凤台

栖凤台的整体造型为百鸟朝凤，三只栩栩如生的凤凰栖息在一个圆球之上，形成了一个五色草立体花坛。凤凰作为中国传统文化中的吉祥之鸟，象征着美好、和谐与繁荣。而圆球则代表着太阳，寓意着太阳岛的核心与灵魂。这样的设计不仅展示了中华传统文化中龙凤呈祥的吉祥寓意，也彰显了人们对美好生活的向往和追求。

栖凤台与坐龙广场遥相呼应，两者共同构成了太阳岛上的一道亮丽风景线。当游客漫步在太阳岛上，远远望去，可以看到栖凤台与坐龙广场的巨龙花坛相映成趣，形成了一幅龙凤呈祥的美丽画卷。

在栖凤台的周围，绿树成荫，鲜花盛开，为游客提供了一个优美的休闲环境。游客们可以在此停留，欣赏栖凤台的美丽景色，感受大自然的清新与宁静。同时，这里也是拍摄美照的绝佳地点，许多游客都会在此留下难忘的回忆。

除了欣赏美景，栖凤台还是太阳岛上举办文化活动的重要场所之一。在特定的节日或活动期间，这里会举办各种文艺演出、展览和庆典活动，让游客们在欣赏美景的同时，也能领略到太阳岛丰富的文化内涵。

（八）笨熊乐园

太阳岛的笨熊乐园是一个深受游客喜爱的游乐场，以家庭亲子游为主体，以欢乐动感游为依托，以无动力设施作为导引，打造家庭亲子互动式平台主题游乐区域，它掩映在枝叶茂密、绿荫浓浓的太阳岛风景区内，为游客们提供了一个充满欢乐与惊喜的童话世界。

乐园占地面积达6万余平方米，整体绿化面积超过86%，营造出一个美丽如童话般的游乐环境。在这里，你可以找到全市规模最大的室内游乐项目和众多新奇特的室外游乐设施，如极速风车、双层转马、弹跳机、碰碰车、迪斯科转盘、旋风骑士、儿童淘气堡和儿童爬山车等20余项。这些设施不仅能满足孩子们的游乐需求，也能让成年人在其中找到童年的乐趣。

除了丰富的游乐项目，笨熊乐园还注重游客的体验感受。乐园内设有一个占地面积为150平方米的主题快餐厅，提供各种美食和饮料，让游客在游玩的同时也能享受美食。此外，还有纪念品商店等服务设施，方便游客购买心仪的纪念品，留下美好的回忆。

值得一提的是，笨熊乐园还引进了先进的5D电影技术，为游客带来前所未有的视觉盛宴。观众可以置身于电影中的各种场景，如闪电、烟雾、雪花、火焰等，感受下坠、震动、刮风、下雨等真切的感觉，仿佛身临其境。

乐园的开放时间通常为每日的09：00至17：00，但具体时间可能会根据季节和节假日有所调整。至于门票，可以选择购买包含太阳岛大门票和笨熊乐园门票的套票，价格为120元。此外，乐园还推出了动感欢乐票等不同的票务选择，以满足不同游客的需求。

在笨熊乐园，你可以尽情享受亲子时光，与家人一起度过愉快的周末。无论是与孩子一同探索新奇特的游乐设施，还是与朋友一起观看5D电影，都能在这里找到属于自己的乐趣。同时，乐园的优美环境和丰富设施也为游客提供了一个放松身心、释放压力的好去处。

（九）水阁云天

太阳岛的水阁云天是一处景色优美、文化内涵丰富的景点，被誉为太阳岛的第一景。它建于1980年，位于太阳湖上，是岛上的标志性建筑之一。主景面积1500平方米，整个建筑以白色为主，辅以灰色，优雅灵透，整体的风格是苏州园林的建筑风格，形成了水上有阁，阁下有湖，湖边有山，山上有亭，山湖相映的美景。

水阁云天的建筑风格独具特色，以明清风格为主，同时融合了现代园林造景的手法。建筑群主要由大门、前厅、后厅、中厅、偏厅、厢房、花园、池塘、亭台等组成。这些建筑物采用工笔画的装饰手法，色彩艳丽，图案细腻，充满了浓厚的艺术气息。

在水阁云天的中心位置，有一座高达9米的水塔，塔身外形独特，是太阳岛的一大标志。水塔与水阁、垂柳等景观相映成趣，为游客提供了极佳的观赏视角。此外，水阁云天还设有特色餐厅和茶室，供游客在欣赏美景的同时，品尝地道的哈尔滨美食和传统的茶饮。

水阁云天内的花园景观也极具特色。园内有荷花池、假山、小桥流水、石阶、亭台楼阁等，每一处都充满了自然与人文的和谐之美。游客在此可以尽情欣赏和拍摄美丽的自然风光，感受大自然的宁静与和谐。

值得一提的是，水阁云天在2005年的三期改造工程中，由中式改造为欧式风格。这种风格的转变使得水阁云天在保持原有韵味的基础上，更加具有国际化和现代化的特色。方阁为两层，平水而起，有54根黑色贴面大理石柱，显得庄重而典雅。

此外，水阁云天所在的太阳岛风景区是游览和避暑的疗养胜地。游客在游览水阁云天的同时，还可以欣赏到太阳岛的其他风景点，如母子鹿、长堤垂柳等。每年的哈尔滨雪雕艺术博览会也在这里举办，为游客提供了更多的文化娱乐选择。

（十）太阳湖

太阳湖是太阳岛景区内的一颗璀璨明珠，是哈尔滨市民为了纪念"五一"劳动节而挖掘的人工湖。以其迷人的自然风光和丰富的文化底蕴吸引着无数游客。

太阳湖位于太阳岛的中心地带，湖面宽阔，波光粼粼，犹如一面巨大的镜子，反射着天空的色彩。湖水清澈见底，呈现出一种深邃而宁静的美感。太阳湖的面积达到了58000平方米，为游客提供了一个广阔而舒适的休闲空间。

太阳湖的生态环境优越，湖畔绿树成荫，鲜花盛开，为游客营造了一个优美的自然环境。在湖上，游客可以看到数百只野生动物，如红头鹅、灰雁、野鸭等，它们在水中畅游、嬉戏，为太阳湖增添了一份生机与活力。

除了自然风光，太阳湖还承载着丰富的文化底蕴。在湖畔，游客可以欣赏到一些古老的建筑和文化遗迹，这些建筑和遗迹见证了太阳岛的历史变迁，也为游客提供了一个了解太阳岛历史文化的窗口。

太阳湖还是游客进行各种水上活动的绝佳场所。游客可以在湖中划船、泛舟，感受水上的宁静与惬意。此外，太阳湖周边还设有各种娱乐设施，如脚踏船、游艇等，供游客选择。这些活动不仅能让游客更加亲近大自然，还能让他们感受到户外生活的乐趣。

在太阳湖的湖畔，游客还可以找到各种餐饮和休息设施。这里有各种风味的美食和饮品，供游客在游玩之余品尝。同时，湖畔的休息区也为游客提供了一个休息和放松的好去处。

（十一）太阳山

太阳山，是由挖掘太阳湖所产生的残土堆积而成。因其形状酷似初升的太阳而得名。山势起伏，绿树成荫，四季景色各异，为游客提供了一个绝佳的观景平台。站在山顶，可以俯瞰整个太阳岛和松花江的美景，视野极为开阔。

太阳山最为引人注目的景观当属山顶的紫烟亭（别名太阳亭）。该亭的名字取于唐朝著名诗人李白的著名诗句："日照香炉生紫烟，遥看瀑布挂前川。"紫烟亭是全岛的制高点，在太阳亭上凭栏远眺，山下景色尽收眼底，湖光山色相互辉映，浑然一体。这座亭子造型别致，风格独特，是太阳山的标志性建筑。亭内设有观景台，游客可以在此欣赏到绝美的景色。无论是旭日东升还是夕阳西下，太阳亭都是观赏日出的最佳地点，让游客仿佛置身于一个美丽的神话世界。

除了太阳亭，太阳山还保留了许多珍贵的文化遗产。在山上，游客可以欣赏到一些古老的建筑和雕塑，它们见证了太阳岛的历史变迁，也为游客提供了一个了解太阳岛文化历史的机会。这些文化遗产不仅丰富了太阳山的文化内涵，也为游客提供了一个感受历史厚重感的场所。

太阳山的生态环境也非常优越。山上的植被丰富多样，绿树成荫，为游客提供了一个清凉的避暑胜地。在山中漫步，可以听到鸟儿的歌唱，感受到大自然的呼吸，让人心旷神怡。此外，太阳山还是众多野生动物的栖息地，游客在游玩的同时，还可以近距离观赏到这些野生动物的生活状态。

此外，太阳山还举办各种丰富多彩的文化活动。在特定的节日或庆典期间，游客可以在这里欣赏到精彩的文艺演出、民族舞蹈等，感受到浓郁的文化氛围。这些活动不仅丰富了游客的旅游体验,也为太阳山增添了一份独特的魅力。

(十二)听雨廊

听雨廊位于太阳岛的太阳湖边,占地面积320平方米,具有"拜占庭"建筑特色,白色基调建筑格外清丽,欧式风格中透着庄严、淡雅之气。游人可在此处避风挡雨小作休息,是岛上的一处标志性建筑。听雨廊的设计巧妙,与周围的水阁云天、湖光山色相得益彰,形成了一幅美丽的画卷。

在听雨廊内,游客可以感受到一种宁静与和谐。廊内设有舒适的座椅,供游客休息。当细雨纷飞时,游客可以坐在廊内,听着雨水敲打在屋顶和地面的声音,感受大自然的韵律。同时,透过廊内的窗户,游客还可以欣赏到湖光山色的美景,感受到大自然的宁静与美好。

听雨廊不仅是一个欣赏美景的好去处,还是一个品味文化的好地方。在廊内,游客可以了解到太阳岛的历史文化、传说故事等方面的知识。此外,听雨廊还举办过一些文化活动,如音乐会、茶艺表演等,为游客提供了一个感受文化魅力的平台。

此外,听雨廊周边的环境也十分优美。太阳湖碧波荡漾,湖光山色交相辉映,为游客提供了一个优美的自然环境。在湖边,游客还可以看到各种水生植物和鸟类,感受到大自然的生机与活力。

(十三)太阳瀑

太阳瀑位于太阳岛风景区的核心地带,占地面积约1.5万平方米,长132米,高7米。是利用太阳岛原有地势利用水泵抽取水建的仿自然的人工瀑布长廊,在瀑布前方有三个观景平台,是通过人工检测出的最佳拍照地点。在瀑布内有仿自然的溶洞,曲径通幽,灯光掩映,与仿山岩的摩崖石刻、岩画、石钟、石笋相映成趣。可以说是您避暑纳凉的好去处。

当水流从高处倾泻而下,形成一道白色的水帘,仿佛是天上的银河倾泻而下。尤其是在阳光照射下,瀑布表面会形成一道道绚丽的光影,如梦如幻,令人陶醉。瀑布的声音也十分悦耳,水流拍打在岩石上,发出阵阵清脆的声响,仿佛是大自然的乐章。

在太阳瀑附近,游客们还可以欣赏到其他的自然美景。瀑布周围的植被茂盛,绿树成荫,为游客们提供了一个清凉的避暑胜地。在瀑布的下游,还有一条清澈的小溪,溪水潺潺,为整个景区增添了一份宁静与和谐。

除了欣赏瀑布美景,游客们还可以在瀑布下方的溶洞内探险。这个溶洞是人工设计的,内部有独特的景观和通道,游客们可以在其中穿梭,感受一种别样的探险乐趣。在溶洞的出口处,游客们还可以看到一个观景洞口,从这个洞口望出去,可以看到外面的凉亭和远处的景色,仿佛身处水帘洞一般。

此外,太阳瀑还是太阳岛风景区中一条重要的游览线路上的景点之一。游客们可以沿着这条线路游览太阳岛的其他景点,如太阳石、太阳门、水阁云天、太阳湖等,感受太阳岛的独特魅力和自然风光。

(十四)天鹅湖

天鹅湖占地 1.2 万平方米,散养着白天鹅、黑天鹅。太阳岛人利用这么大的原始湿地和原生植被,为天鹅及各种野生鸟类营造了理想的栖息环境。

天鹅湖位于太阳岛的核心区域,是由松花江的一个支流——太阳岛河包围而成的一个湖泊。这个湖泊的形成源于自然和人为的共同作用。太阳岛河原本是松花江的一条支流,随着河水的冲刷,河岸逐渐塌陷,形成了一个湖泊。后来,为了保护和吸引天鹅,人们有意识地在湖中投放了天鹅喜欢的食物,使大量的天鹅来此栖息,从而形成了今天的太阳岛天鹅湖。

天鹅湖的名字源于每年 11 月,大批天鹅相约而至的壮观景象。这些天鹅包括白天鹅、灰天鹅、黑天鹅等多种品种,它们在湖面上翩翩起舞,形成了一幅美丽的画卷。此外,湖中的鱼类资源也十分丰富,包括鲤鱼、鲫鱼、草鱼等多种品种,为天鹅和其他水鸟提供了丰富的食物来源。

天鹅湖的水质清澈,湖面如镜,倒映着周围的绿树和蓝天。在丽日晴空时,墨绿色的湖面上水禽嬉戏,不时有金色鲤鱼跃出水面,增添了几分生机与活力。而在烟雨朦胧中,湖心的太阳岛上,亭台楼阁若隐若现,似海市蜃楼般,焕发出迷人的光彩。

除了欣赏天鹅和湖景,游客还可以在天鹅湖周边进行多种活动。湖区西侧建有露天游泳池和温泉浴场,游客可以在此畅游嬉戏,享受温泉浴场带来的舒适与放松。同时,湖区的北岛、太阳岛、南岛、卧佛岛等景点也值得一游,这些岛屿上绿树成荫,鸟语花香,为游客提供了一个宁静的休闲场所。

天鹅湖还是太阳岛风景区的重要生态区域,保护着丰富的鸟类和植物资源。在这里，游客可以近距离观察到各种鸟类的生活习性，感受大自然的神奇魅力。

（十五）松鼠岛

松鼠岛，是黑龙江省最大的松鼠观赏、驯养和科普基地，也是一处浪漫、温馨的绿色小岛，为游客提供了一个安静、高品位的游玩、观赏场所。

松鼠岛占地面积约2.4万平方米，位于太阳岛风景区围堤内北部，四面环水，地势起伏，由三个小岛组成，小岛之间以仿木栈桥连接。岛内树木丰茂，品种繁多，为松鼠提供了良好的生活环境。岛上还搭建了许多木质的松鼠窝，便于松鼠栖息，让游客们可以近距离地观察这些可爱的小动物。

为了防止松鼠逃逸，岛上设置了玻璃围墙，是在松鼠立定跳得最高高度的基础上增加10厘米所设的围墙，这样的设计既保证了松鼠的安全，又方便了游客的观赏。此外，岛上还有很多孔洞式园林小品和大型拟木、拟石景观，这些景观与岛上的自然环境融为一体，为游客们提供了一个充满野趣的游玩空间。

在松鼠岛，游客们不仅可以观赏到可爱的松鼠，还可以了解到关于松鼠的生活习性、繁殖方式等科普知识。同时，岛上的自然环境也为游客们提供了一个放松身心、亲近自然的好去处。

（十六）丁香园

丁香园是一处集观赏、休闲、科普于一体的特色园区。建于1996年的丁香园，占地面积达1.2万平方米，是太阳岛上的一颗璀璨明珠。丁香花是哈尔滨的市花，市民对它有一种特殊的感情。

丁香园以丁香花为主题，园内栽有12个品种上千株丁香，包括紫丁香、白丁香、暴马丁香、北京丁香、红丁香、小叶丁香、辽东丁香、什锦丁香等，品种丰富，各具特色。每年5月至7月，是丁香花的最佳赏花时间。届时，各品种丁香争相开放，香郁美丽，吸引了无数游客前来观赏。

为了让游客在赏花的同时能够更深入地了解丁香花，丁香园内还设有科普区，详细介绍了丁香花的品种、生长习性、文化内涵等知识。此外，丁香园还注重生态环境的营造，园内绿树成荫，花香四溢，为游客提供了一个清新宜人的休闲场所。

值得一提的是，为了给太阳岛上的鸟类创造良好的生活条件，丁香园中筑有鸟巢 100 多个。这些鸟巢不仅为鸟类提供了安全的栖息地，也为游客提供了一个观赏鸟类的绝佳地点。游客们在欣赏丁香的同时，还可以观鸟，感受大自然的和谐之美。

丁香园的建筑风格也独具特色，以中式风格为主，融入了现代元素，既有古朴典雅的韵味，又不失现代气息。园内的小径、亭台、假山等景观都经过精心设计，与丁香花相映成趣，构成了一幅美丽的画卷。

此外，丁香园还与其他太阳岛景点相互映衬，形成了独特的旅游线路。游客们可以在游览完丁香园后，前往太阳岛的其他景点，如新潟友谊园、水阁云天等，感受太阳岛的多样魅力。

（十七）鹿苑

鹿苑，不仅是一个观赏鹿类动物的好去处，更是一个集生态、科普、文化、休闲为一体的综合性景点。

鹿苑位于太阳岛的北部，占地 6.2 万平方米。这边还建有 2700 平方米的人工湖，构成了一幅鹿鸣山坡，饮水小溪的自然画卷。这里曾是私人投资的动物园，以动物表演和游客互动为主要特色。随着旅游业的发展和环保意识的提高，园区逐渐向生态园区转型，将重心放在了保护和研究野生动物上。鹿苑内的鹿群是其最具特色的景点之一，这里栖息着红鹿、梅花鹿、白鹿等多种鹿类动物。游客可以近距离观察和喂食这些可爱的动物，感受与大自然的亲密接触。

除了观赏鹿群，鹿苑还注重为游客提供丰富的休闲体验。园内设有专门的养护中心，对受伤或生病的动物进行治疗和康复。此外，还有儿童乐园，为小朋友们准备了各种游乐设施和互动活动，让他们在这里度过愉快的时光。风情岛则是鹿苑内最具浪漫气息的景点，美丽的花海和草坪为游客提供了一个绝佳的约会和家庭出游场所。

在鹿苑内，游客还可以欣赏到一座欧式建筑风格的宣教馆。这座宣教馆设有鹿文化、鹿科技、自然馆、鹿产品展销四个展区，为游客提供了一个深入了解鹿类动物及其相关知识的平台。

此外，太阳岛鹿苑的地理位置得天独厚，与松花江北岸隔江相望，游客在游览鹿苑的同时，还可以欣赏到江景的壮丽。同时，鹿苑周边还有太阳岛的其他著名景点，如新潟友谊园、丁香园等，游客可以在这里一次性游览多个景点，感受太阳岛的多样魅力。

（十八）冰雪艺术馆

冰雪艺术馆，是哈尔滨冬季旅游的一大亮点，以其独特的冰雪艺术魅力和深厚的文化内涵，吸引着无数游客前来观赏。2001年建成，它占地5000平方米，馆内净高7米，通过发电制冷。这座艺术馆位于风景如画的太阳岛风景区内，是哈尔滨市展示冰雪艺术的重要平台。

冰雪艺术馆的建筑风格独特，采用了大量的冰雪元素，与周围的自然环境融为一体。馆内温度维持在适宜的低温，使得冰雪作品能够保持其原有的形态和色彩。进入馆内，仿佛置身于一个冰雪的童话世界，各种精美的冰雪雕塑和冰雪建筑让人目不暇接。

馆内共分为九大主题区，包括北极风光区、欧陆文化区、国际音乐文化区、南极冰峰区、海底世界区、珠峰大本营区、精品冰雕比赛区、娱乐活动区以及祈福区。每个主题区都有其独特的冰雪景观和文化内涵，为游客呈现了一个丰富多彩的冰雪世界。

在北极风光区，游客可以欣赏到栩栩如生的北极熊、可爱的吉祥物小笨熊和嗯瑟鼠，以及俄式风情的红场建筑城堡等冰雪雕塑。这些作品不仅形态逼真，而且色彩鲜艳，让人仿佛置身于北极的冰雪天地之中。

欧陆文化区则展现了欧洲冰雪文化的魅力，游客可以欣赏到以欧洲著名建筑和文化元素为题材的冰雪雕塑，感受欧洲冰雪艺术的独特韵味。

此外，冰雪艺术馆还有以索菲亚教堂、太阳岛小教堂、八角亭、米尼阿久尔餐厅等为题材的雪塑群，这些作品不仅具有极高的艺术价值，也体现了哈尔滨独特的历史和文化特色。

除了观赏冰雪雕塑，冰雪艺术馆还为游客提供了丰富的冰雪互动体验项目。游客可以参与奥运五环冰滑梯、雪花大迷宫、俄罗斯冰堡、俄罗斯冰桥等冰雪活动，亲身感受冰雪带来的乐趣。

太阳岛的冰雪艺术馆是一个集观赏、互动、体验于一体的冰雪艺术殿堂。无论是冰雪爱好者还是普通游客，都能在这里找到属于自己的乐趣和惊喜。

（十九）雪雕艺术园

雪雕艺术园是哈尔滨冰雪文化的一张亮丽名片，占地3000平方米，落成于2004年，仿汉白玉白色建筑材料做成的雕塑，每年冬季都吸引着无数游客前来观赏。以雪雕艺术为主题，为游客呈现了一个如梦如幻的冰雪世界。

雪雕艺术园内的雪雕作品丰富多样，既有以传统文化、历史故事为题材的大型雪雕，也有以现代艺术、创意设计为灵感的精致小品。这些雪雕作品形态各异，栩栩如生，充分展示了雪雕艺术的无穷魅力。

在雪雕艺术园，游客可以欣赏到各种规模的雪雕作品。其中，巨型雪雕尤为引人注目，它们高达数十米，气势磅礴，令人震撼。这些巨型雪雕不仅体现了雪雕艺术家们的精湛技艺，也展示了他们对冰雪文化的深厚情感。

此外，雪雕艺术园还注重与游客的互动体验。园内设有专门的雪雕体验区，游客可以在专业指导下尝试制作自己的雪雕作品，感受雪雕艺术的乐趣。同时，艺术园还举办各种冰雪文化活动，如雪雕比赛、冰雪摄影展等，让游客在欣赏雪雕的同时，也能参与到冰雪文化的传播和交流中。

值得一提的是，太阳岛的雪雕艺术园在夜晚更是别有一番风味。当夜幕降临，艺术园内的灯光璀璨夺目，将雪雕作品映照得如梦如幻。游客在欣赏雪雕的同时，还能感受到灯光与冰雪交织出的独特魅力。

在太阳岛的雪雕艺术园游览，游客不仅可以领略到冰雪艺术的独特魅力，还能深入了解哈尔滨的冰雪文化。这里不仅是一个观赏雪雕的好去处，更是一个感受冰雪文化、体验冰雪乐趣的绝佳场所。无论是与家人、朋友还是恋人一同前来，都能在这里留下美好的回忆。

（二十）花卉园

花卉园，位于风景如画的太阳岛风景区内，是东北地区最具规模的花卉基地之一。花卉园占地7.6万平方米，种植了共计90个品种的花卉，总量达到了惊人的45万余株。这里不仅是花卉的海洋，更是四季变换中不同花卉竞相开放的舞台，为游客提供了欣赏花卉的绝佳去处。

花卉园是借鉴加拿大的布查德花园设计的，以梯田形式为主，从侧面有3D立体效果，结合了西式传统与现代造园理念，使花卉的造景功能得到充分的发挥，采用混种套栽的方法。园中有一个木质的亭子——路易斯亭，以纪念一位叫路易斯·特伦布莱的加拿大景观设计师，为了这个项目他倾尽全力。此后，又由加拿大的马拉卡进行重新设计。

值得一提的是，花卉园还注重与游客的互动体验。游客在欣赏花卉的同时，还可以参与到各种花卉相关的活动中，如园艺讲座、花卉摄影比赛等。这些活动不仅增加了游客的参与感，也让他们更深入地了解了花卉的魅力和养护知识。

此外，花卉园还配备了完善的设施和服务，如游客休息区、洗手间、导览标识等，为游客提供了便捷和舒适的游览体验。同时，为了维护花卉园的生态环境和游客的安全，园区内还设置了相应的管理和保护措施。

太阳岛的花卉园是一个集观赏、学习、互动于一体的综合性花卉园区。无论是花卉爱好者还是普通游客，都能在这里找到属于自己的乐趣和收获。

第三节　中央大街旅游景区

一、导游词

游客朋友们：

大家好！欢迎各位到哈尔滨久负盛名的中央大街观光游览！下面请允许我从一首词开始，帮您认识中央大街的神秘与沧桑。这首词的名字叫《清平乐·中央大街》："风光无限，浪漫多娇艳，百年名街新颜换，车水临前骤断。畅行悠览其中，陶然醉享从容，一路方石踏韵，流连客忘西东。"

这首词就是中央大街的形象写照。具有 100 多年历史的中央大街，是哈尔滨市区最繁华的商业街，相当于北京的王府井大街和上海的南京路。中央大街南起经纬街，北至松花江畔的哈尔滨市防洪纪念塔，全长 1450 米，宽 21.34 米。早在 1997 年，哈尔滨市人民政府就在中央大街的黄金地段，改造出一段 860 米长的商业步行街。2002 年以后，哈尔滨市又对街区内的 25 条辅街进行了整治，对历史街区内的保护建筑全面修缮，增加了休闲空间。新增设了 10 条休闲街区，逐步形成了包括中央大街在内，西至通江街、东至尚志大街，占地 94.05 万平方米的历史风貌商业街区。步行街区环境优美，秩序井然，以独特的欧式建筑、鳞次栉比的精品商厦、花团锦簇的休闲小区以及异彩纷呈的文化生活，成为哈尔滨市一道亮丽的风景线。

中央大街是哈尔滨的一条百年老街，它形成于1898年，是随着中东铁路工程的开始而出现的。这条街道明明不在哈尔滨市中心，为什么叫中央大街呢？原来这"中央大街"的称呼是从"中国大街"演变而来的，"中国大街"是当年把持着哈尔滨市政管理权的俄国人最初对这条大街的称谓。哈尔滨开埠之初，只有通过松花江水运才能从俄国把各种筑路材料和生活物资运过来，当时的码头就设在现今中央大街北端的松花江边，运抵哈尔滨的各种货物都要从这里再运到各筑路工地。所以，来自山东、河北等地的大批中国农民会集到这里，当上了筑路工人和码头工人。俄国人把沿江荒地划拨给散居哈尔滨的中国人开设店铺，于是中国人经营的各类商家店铺也都集中到了这里。俄国人就根据这一特点，把这条形成不久的土路称为"中国大街"。1928年，北平政府下令收回哈尔滨的市政管理权以后，觉得再沿用"中国大街"的名称委实不妥，于是改称为"中央大街"。

当年的"中国大街"随着市政建设的进展，完全演化成了一条洋味十足的商业街，沿街两侧商贾云集，建筑精美，其中沿用至今的欧式保护建筑有17幢。常见的有欧洲16世纪文艺复兴式建筑、17世纪巴洛克建筑、18世纪折中主义建筑、19世纪新艺术运动建筑等，在欧洲经过300多年才形成的各种建筑风格的经典之作，一下子都汇集到了这里，使这条大街成为一首深厚凝重的建筑交响乐。建筑是凝固的音乐，中央大街从南端红色穹隆、黄色楼房的道里区牙病防治所到马迭尔宾馆、跃然耸起的巴洛克经典建筑原松浦洋行，这些建筑都体现了西方建筑艺术的精华，把中央大街变成了一条建筑艺术长廊。正因如此，人们才将中央大街同伦敦的摄政大街、巴黎的香榭丽舍大街、柏林的菩提树大街、上海的外滩和天津的维多利亚大街相提并论，中央大街也因此成为远东的欧美文化中心。曾经有人这样赞美它："一条精雕细琢的建筑艺术长廊、浓缩了西方建筑历史的教科书、一部凝固交响乐的华丽乐章。"所以，今天的中央大街南端入口处又出现了"中央大街建筑艺术博物馆"的字样。

中央大街东西两侧与其相交叉的街道被称为中央大街的辅街，在19世纪末哈尔滨开埠之初，自北向南，西侧依次为商务街、药铺街、商市街、面包街、马街、大安街、沙曼街、端街、自治会街。自1925年起，西侧的辅街依次被改称外国头道街、二道街、三道街一直到外国九道街。东侧的辅街依次为中国头道街、二道街、三道街一直到中国十六道街。中华人民共和国成立后，东侧的辅街被改称为东头道街、二道街、三道街一直到东十六道街。西侧的辅街被改称为上游街、中医街、红霞街、红专街、东风街、大安街、霞曼街、端街、红星街等。

1924年5月，"中国大街"又发生了一大变化，那就是地面铺上了整齐划一的花岗石块，活脱脱得像把一条华贵的商业街从欧洲搬进了哈尔滨。当年铺设方块石路的设计监工是俄籍工程师科姆特拉肖克。改造后的中国大街宽度为10沙绳（俄国长度单位：1沙绳等于2.134米），也就是21.34米，其中车行方块石路的宽度为10.8米。有趣的是，铺在路上的花岗岩方块石的尺寸都是长18厘米、宽10厘米，形状大小和俄式面包一模一样，坚毅、细腻，光滑微凸，严丝合缝，极富韵律感。初来参观的人们怎么也不会想到，这是一项浩大的工程。因为这一带都是古松花江河床，地下水位高，沙土疏松，为了保证方石块路不会因为冬冻春融而翻浆变形，施工时不得不掘地3米，挖出疏松的沙土，放入许多大石块垫起厚厚的路基，再敷以碎石充填后夯实，最后，才在上面整齐划一地铺上了从帽儿山和玉泉一带开采来的花岗石块。看似平铺的方石块，其实是矗立在地下的一排排好似石碑一样的花岗岩石桩之上的。虽然它在地上露出的俯视平面尺寸是长18厘米、宽12厘米，实际立在地下的高度却长达20~30厘米不等。这就是一百年以来，这条方石路不凹不凸、不变形的秘密。由此我们也可以看出这条马路的造价有多高，据说，整条大街的造价费贵得惊人，每一块面包石的成本都要超过1块大洋（银圆），当时1块大洋足以买来一个成年人1个多月的口粮。由此可见，这条方块石路简直就是用黄金铺就的。

长期以来，哈尔滨人民十分珍爱自己身边这条具有异国情调的商业街，地方政府更是重视对它的保护。早期欧式建筑的经典之作均被列为保护类建筑，沿街两侧修建的新建筑，大多是高不过3层的仿欧式建筑，与原有的风格相吻合。所以虽然是一条百年老街，但丝毫没有衰败的容颜，反而更呈现出一片勃勃生机。而居住在这里的哈尔滨市民仍然生活在周末舞会、伏特加、大列巴、啤酒香肠、《喀秋莎》的诗歌般的氛围中，市民常常在休息时到步行街上享受休闲放松的气氛。2006年3月，中央大街历史街区复兴项目获得了国家建设部颁发的"2005年中国人居环境范例奖"，成为哈尔滨首个获奖项目。中央大街历史街区已经成为哈尔滨这座国家级历史文化名城的名片，如今这张名片的示范作用更让哈尔滨人为之骄傲。下面就请大家在中央大街上尽情感受它的魅力吧，我们的车辆停放在西七道街马迭尔宾馆停车场，半小时以后我们在那里集合。

二、中央大街景区介绍

哈尔滨是一座北国名城，1994年被确定为国家级历史文化名城。中央大街则是哈尔滨的突出代表和显著标志。1986年，哈尔滨市人民政府将中央大街确定为保护街路，1997年6月1日将其改造成步行街，成为亚洲最长、中国最早的步行街。1998年，中央大街步行街获得了"全国百城万店无假货示范街""全国青年文明号"示范基地等荣誉称号。2006年，获得国家建设部"中国人居环境范例奖"。2006年，在首届哈尔滨十大城市名片评选活动中，中央大街被评为哈尔滨的城市名片。2008年，在广大市民及游客的积极参与下，评为"哈尔滨十佳名景"。2009年，中央大街成为首批十条"中国历史文化名街"之一。2010年，中央大街又被评为"黑龙江100个最值得去的地方"。2012年年初，中央大街被全国旅游景区质量等级评定委员会批准为国家AAAA级旅游景区。2021年10月，哈尔滨市中央大街步行街区拟入选第一批国家级夜间文化和旅游消费集聚区名单。2022年1月10日，黑龙江省哈尔滨市道里区中央大街步行街入选为首批国家级旅游度假区。2023年11月21日，哈尔滨中央大街确认为第三批"全国示范步行街"。

（一）百年历史

中央大街全长1450米，宽21.34米，其中马路方石路宽10.8米。中央大街始建于1898年，与哈尔滨建城几乎同步，距今已有百余年历史。当时清政府被迫同沙皇俄国签订了《中俄密约》，提出了横跨吉林、黑龙江两省建设直达欧洲大陆的中东铁路计划。同年6月，中东铁路在哈尔滨破土动工，因为有数千名中国筑路劳工在这一带落脚，称之为"中国大街"。

这条街的形成也是因为在中东铁路通车之前，哈尔滨所需的货物都是从松花江水路运送过来的，而停靠的码头就是今天中央大街北端起点防洪纪念塔所在的位置。所以，这条街最初是运送货物的。中国的筑路工人就在这条街的两侧垒泥为墙，束草为棚。当年这条街有些路段翻浆严重，每逢春夏之交路面就像海绵一样，年年修路，年年翻浆，运输货物就非常的不方便。在1924年5月的时候，由俄国的工程师科姆特拉肖克设计并监工，为中国大街铺上了花岗岩方石块。

1904—1905年，日俄战争开始。哈尔滨很快就成了俄军的后方基地。一时间，大批俄国人先后涌入哈尔滨，在"中国大街"两侧大兴土木，开商店，建舞厅，盖酒吧，设餐馆、银行、药铺……英国的呢绒、俄国的毛皮、日本的棉布、德国的药品、美国的食品和罐头、瑞士的钟表等洋货云集。

1925年，中国政府收回了哈尔滨的市政政权，于1928年7月将"中国大街"改称"中央大街"。

1986年，哈尔滨市政府将中央大街确定为保护街路，1997年6月1日，将其改造成为全国第一条商业步行街。

中央大街曾获全国"百城万店无假货"示范街，"全国青年文明号"，建设部颁发的"中国人居环境范例奖"。2006年哈尔滨市评选十大城市名片的时候，被评为城市名片。

2009年6月，成为中国首批十条"中国历史文化名街"之一。

2012年，被评为国家AAAA级旅游景区。

（二）建筑艺术

整个步行街区就是全国第一个开放式、公益型建筑艺术博物馆——被称作"汇百年建筑风格、聚世界艺术精华"的中央大街建筑艺术博物馆。总占地面积94.05万平方米。中央大街及辅街的保护建筑、历史建筑和特色建筑为天然展品，对游人开放。中央大街建筑艺术博物馆现有各类历史建筑61栋，其中中央大街25栋。汇集了欧洲15~16世纪的文艺复兴风格，17世纪的巴洛克风格，18世纪的折中主义风格和19世纪的新艺术运动风格等在西方建筑史上最具影响力的建筑流派。这些流派集中涵盖了西方建筑艺术的百年精华，从历史和发展的角度看，是在西方也需要数百年才能形成的建筑风格，在中央大街却仅仅用了短短二三十年的时间就形成了，堪称世界建筑史上的奇迹。

（三）旅游胜地

"没有到过中央大街，就不能说来过哈尔滨"。这就是中外游客对哈尔滨中央大街的评价。中央大街是来哈尔滨旅游观光者必到之地。百年积淀的文化底蕴、独具特色的欧陆风情、经久不衰的传奇故事、流光溢彩的迷人夜色，构成人们心中浪漫、时尚、典雅、高贵的中央大街，也成了哈尔滨人心中永远迷恋的情结。

各具特色的中央大街旅游文化品牌活动，老街音乐汇、西餐节、圣诞老人大巡游、新年倒计时……吸引着来自世界各地的宾朋。目前的中央大街已经成为享誉海外的、全国一流的、独具文化魅力的，集商业、旅游、休闲、娱乐为一体的步行街，为素有"东方小巴黎""东方莫斯科"美誉的哈尔滨增添了一抹新的神韵。全年高峰时期日均客流量可达80万人次的中央大街，以她独特的魅力展示着哈尔滨的迷人风采。

（四）金融、商业中心

中央大街不仅享有建筑艺术博物馆的美誉，更是哈尔滨商业最繁华的区域。中央大街步行街区坐落在哈尔滨市道里区的东部，是道里区经济文化战略发展的主要承载者，是哈尔滨最繁华的商业中心和金融中心。全国知名的中央商城、百盛购物中心、松雷国际商厦、苏宁电器、沃尔玛等大型购物商场坐落其中。黑龙江省工商银行办公大楼屹立在街头，各大国有股份银行也均在街区内设有办事机构和营业网点。

中央大街街区有各类商户1127家，其中主街百余家，街内精品店铺林立，入驻众多世界知名品牌。综合商场、百货超市、婚纱摄影店、金店、服装店、鞋店、书店、药店、眼镜店、宾馆、饭店、西餐厅、KTV歌厅、酒吧、电影院、银行、邮局、医院等门类齐全。

（五）重点建筑部分介绍

1. 中央大街58号（原哈尔滨摄影社）

该建筑原为犹太人 Э. А. 卡茨开办的"米尼阿久尔"餐厅。始建于1926年，1927年落成，砖木结构，新艺术运动建筑风格。新艺术运动最早是在法国兴起的，法国的新艺术运动建筑主要集中在两个城市——巴黎和南希。哈尔滨新艺术运动建筑数量多、规模大，在世界上可以排到第三位；持续时间长，延续到1927年。据考证，这栋建筑极可能是整个新艺术运动建筑的终结。果真如此，那么从19世纪末到20世纪初，一场影响了世界建筑的新艺术运动，便在中央大街这栋建筑上画上句号，成为绝唱。中央大街也成为新艺术运动谢幕的舞台，是哈尔滨Ⅰ类历史保护建筑。

2. 中央大街89号（马迭尔宾馆）

该建筑原为俄籍犹太退伍军人卡斯普用其毕生积蓄建造的，是当时远东地区最豪华的宾馆。始建于1906年，经两期建设，1913年全面竣工。砖混结构，新艺术运动建筑风格，被誉为"东方凡尔赛宫"。该建筑是哈尔滨Ⅰ类历史保护建筑。

1948年，中华人民共和国第一次政协会议的筹备会在这里召开。其间，著名爱国民主人士沈钧儒、章伯钧等人下榻马迭尔宾馆，参与了政协筹备会议。现马迭尔宾馆已成为全国政协爱国主义教育基地。

马迭尔宾馆旁边的建筑就是马迭尔冷饮厅，与主楼建筑风格浑然一体，一百多年来始终门庭若市，当年卡斯普在这里开了西式冷餐厅，经营各种冷盘。民国时期以前，马迭尔的饮品主要为上层资产阶级享用，价格昂贵。现在出售的马迭尔冰糕和冰棍，驰名中外，冰棍选料严格、细致，成为中央大街的又一特色。

在这座宾馆内还发生过一件暴露日本恶行的绑架案。九一八事变后，日军占领了中国东北三省，为了获取更多的钱财，东三省几乎到处都是赌场、妓院和鸦片馆，很多农民甚至被逼迫铲掉地里的粮食作物，改种鸦片，更令人发指的是，日本宪兵会勾结土匪和流亡于东北的白俄恶棍，以绑架的形式勒索钱财，造成很多家庭家破人亡，本书所讲述的这起绑架案，就是在这样的大背景下发生的。绑架案的受害者本来应该是马迭尔宾馆的老板约瑟·开斯普。1932年时，他是哈尔滨马迭尔宾馆的独资老板，还拥有一家大珠宝公司和一个戏院，跟法国驻哈尔滨领事也有不错的私人交情，两个儿子在法国知名学府学习，因此顺理成章地成为法国公民。在哈尔滨有越来越多针对有钱人的绑架案发生后，约瑟意识到日本人盯上自己是早晚的事，所以，他把自己名下的大部分财产都转到了两个儿子名下，马迭尔宾馆也升起了法国国旗，在约瑟·开斯普看来，这样就明摆着告诉日本人，他现在是法国公民，不再是那个谁都可以欺负的沙俄犹太难民。日本人是不是已经开始打他的主意了？答案是肯定的，连哈尔滨开药铺的小商人都难逃一劫，日本人又怎么可能放过这么肥的一只羊呢？1933年5月，日本驻哈尔滨的情报部门就已经在策划此事，只不过约瑟·开斯普大多数时间都待在马迭尔宾馆，又有很多保镖，实在不好下手，于是，他们把主意打到了约瑟的小儿子身上。小开斯普此时刚从巴黎音乐学院毕业，他打算按照他老爸的安排，在哈尔滨先住一段时间，然后去上海和东京，办几场自己的钢琴独奏会。作为从浪漫之都学成归来的青年才俊，小开斯普免不了沾上些拈花惹草的坏习惯，经常跟几名犹太女人半夜出去玩乐，日本宪兵队为了避免此事跟自己扯上关系，专门从哈尔滨法西斯俱乐部挑选了15名白俄人，把小开斯普的出入时间和路线都摸清楚，约瑟·开斯普以为自己一家都是法国人了，日本人应该不会打他们的主意，可他想错了。1933年8月24日午夜，小开斯普在一个犹太女人家门口被轻而易举地绑架，日本宪兵队要价30万日元。本来以为约瑟·开斯普会很痛快地付钱，可这个固执的老头做出了谁都没有想到的事，他干脆地拒绝了，只答应给几千元，而且要在小儿子平安到家后再付款，哪怕"绑匪"威胁要撕票也没能让他改变主意。其实，虽然日本方面没有这方面的记载，但不难推测出约瑟的想法，他多半已经猜出了此次事件的幕后主使是日本人。根据哈尔滨当时发生的数起绑架案看来，不把当事人敲诈得油尽灯枯，他们是不会罢休的，所以，并不是老开斯普不心疼自己的儿子，而是他心里清楚，交了钱也要不回人，不如索性死扛到底，硬逼着日本人先妥协，那样也许还有破财免灾的机会。僵持了一个月后，日本宪兵队失去了耐性，他们把小开斯普的手指和耳朵切下来，陆续寄给了老开斯普，可老开斯普除了把赎金提高到35000元，还是不肯付全款，而且坚持要先看到小儿子回来。与此同时，法国领事馆开始向日本当地政府施压，但是日本宪兵队不仅没有妥协，反而恶意诽谤开斯普一家是犹太间谍。这件事迅速引起了英、美等多个国家的关注，很多媒体开始聚焦此次绑架事件，日本东京方面督促驻中国东北的日军司令部尽快解决此事，可他们也只能是督促，日本宪兵队在当时拥有极特殊的地位，他们在东北形成的腐败体系外人极难渗透，连日军司令部也不敢干涉太多，更让人想不到的是，意外发生了。时间一直拖到12月初，双方一直在赎金上计较不休，终于让日本宪兵队失去了耐性。这时，看守小开斯普的白俄看守出现内讧，其中一个人想要独自拿走1万元赎金，私自释放小开斯普后跑路，结果被来查看情况的宪兵队特务发觉，宪兵队索性一不做二不休，杀掉了小开斯普和那个有异心的白俄绑匪，对外谎称小开斯普被撕票，凶手已伏法。有人在哈尔滨郊区发现了小开斯普的尸体，这时，固执的老开斯普执意要见自己小儿子最后一面，可因为小开斯普生前受尽折磨，死状较惨，当他的父亲看到那一刻，发出了痛苦的哀嚎。国际舆论一致谴责日军督办不力，日本则竭力突出开斯普一家犹太人的身份，诬陷他们都是间谍，直到日本宪兵队不得不极不情愿地逮捕了几名白俄绑匪，事情才算勉强告一段落。但其实绑匪们并没有受到什么真正的惩罚，哪怕被关在监狱里，他们每天吃的饭菜也都是从附近饭馆送去的，还能随时会见亲友，另外，他们仍然时不时受日本宪兵队委派，出去绑架人质，勒索赎金。最终不了了之。

3. 中央大街120号

该建筑原为日本商人水上俊比左开办的松浦洋行。始建于1916年，1918年竣工。日本人在俄国统治区需要建造仿欧式建筑配合整体规划，所以请了著名的俄国设计师米亚科夫斯基为建筑进行设计。

建筑共有五层（如果算上顶部的阁楼层的话），立面可以划分为四个层次：底层采用深色调墙面、大面积橱窗的构图，二层以上为浅灰色调；建筑二层以简洁的圆额矩形窗为主要特征，窗上刻画精致的线脚；转角处主入口上方饰以大理石人像柱，姿态优美，这一典型的巴洛克象征手法为建筑增添了浪漫的气息；而建筑沿中央大街方向一翼，采用通长的大面积玻璃窗，折射出现代建筑的某些特征；建筑的三至四层饰以贯通的科林斯壁柱，每两个圆额矩形窗作为一组，窗上饰以丰富的装饰。三、四层的窗饰又不相同，三层的窗饰乍看起来似一只蹲踞在花叶上的大肚皮青蛙，浅浮雕精致细腻，而四层的窗子则饰以简洁的线脚。这两层窗尺度一致，因而既富于变化又十分统一。转角处也同样做重点处理。转角中央四层的半圆窗上饰以曲线涡卷状断折山花，山花中央饰以精美的花叶状浮雕，窄小的壁柱柱头饰以自由的螺旋曲线，带有"新艺术"特征。最精致的要数窗下圆弧形花萼状阳台，奇异而优美，正如盛放的花蕾。而外凸的铸铁曲线栏杆，呈盛开的花朵主题同样含有"新艺术"因素；建筑顶层有半层阁楼层，覆以红色铁皮的孟莎屋顶开有老虎窗，与同样红色调的房融为一体。半球形的文艺复兴式穹顶，端部却以类似俄罗斯式"洋葱头"顶作为结束，成为复合式穹顶。作为一种重要的构图要素，穹顶成为中央大街建筑必不可少的谐调构件，不同形式与风格的穹顶相互呼应，形成独特的景观。

今天，人们踏着古老的石头路走在中央大街上，它古朴而又年轻的风姿依然吸引着人们的视线，它是中央大街历史变迁的见证，也将继续注视中央大街的发展变化。

整个建筑为砖混结构，仿巴洛克式建筑风格。值得一提的是该建筑是中央大街建筑艺术博物馆中唯一的巴洛克式建筑，也可以说它是中央大街的标志性建筑。该建筑是哈尔滨Ⅰ类历史保护建筑，为现存中国单体量最大的巴洛克式建筑。据说是1920年以前，哈尔滨最高的建筑，摄影师们都喜欢在其顶楼拍照。建筑内还保留着一百年前的电梯和保险柜。

任何人观赏了建筑之后，都会对其优美的造型难以释怀。从外观上看，建筑带有明显的巴洛克特征：主入口上方的大理石人像柱、巨大的贯通三至四层的悬空科林斯壁柱、自由涡卷状曲线的断折山花、窗洞上方精致的浮雕装饰以及出挑的半圆形花萼状阳台，建筑通体洋溢着巴洛克奇异生动的效果以及变幻的光影。

4. 中央大街107号（原道里秋林公司）

该建筑原为犹太人萨姆索诺维奇兄弟商会。建于20世纪初，1915年转卖给秋林公司，成为秋林洋行道里分行。砖混结构，新艺术运动建筑风格。该建筑也是哈尔滨Ⅰ类历史保护建筑。

5. 哈尔滨市人民防洪胜利纪念塔

该建筑建于1958年，是为纪念1957年哈尔滨人民战胜特大洪水和修筑永久性江堤而建造，是哈尔滨的象征。设计师为前南斯拉夫建筑师巴吉斯先生、中国建筑师李光耀先生和苏联建筑师兹耶列夫先生。整体由基座塔身、水池喷泉、柱廊和广场四部分组成。整座塔高22.5米，由20根7米高科林斯式圆柱连接在一起的半圆形罗马式回廊围绕。塔基前有两层水池，上层标志1957年洪水最高水位120.30米，下层标志1932年洪水最高水位119.72米。水池之上的水位标注线则标志着1998年洪水最高水位120.89米。塔的顶端是防洪筑堤英雄们高举红旗的立体塑像，象征着哈尔滨人民在党的领导下一次次战胜洪水的英勇与团结。该建筑是哈尔滨Ⅰ类历史保护建筑。

（六）建筑风格

1. 中央大街57号，文艺复兴建筑风格代表

以文艺复兴思潮为基础，造型上排斥象征神权至上的哥特式建筑风格

（哈尔滨市呼兰区天主教堂），提倡复兴古罗马时期的建筑形式，特别是古典柱式比例。

2. 中央大街120号，巴洛克建筑风格代表

原意是奇异古怪的意思，被古典主义认为是离经叛道的建筑风格。反对僵化的古典形式，追求自由奔放的格调，建筑追求动态，喜好富丽的装饰和雕刻。

3. 中央大街92号，折中主义建筑风格代表

折中主义建筑风格，模仿历史上各种建筑风格，或自由组合各种建筑形式，折中主义建筑师不讲求固定的法式，只讲求比例的均衡，注重纯形式美。以法国最为典型，代表建筑有巴黎歌剧院。（金安欧罗巴商场）

4. 中央大街89号，新艺术运动建筑风格代表

强调了建筑的装饰、构图、质感。是为突破"折中主义"而出现的新的建筑艺术风格。新艺术运动最早是在法国兴起的，法国新艺术运动建筑主要集中在两个城市——巴黎和南希。表达了追求新奇与不受传统束缚的观念。（马迭尔宾馆、雅戈尔）

（七）中央大街的西餐文化

俄式西餐是哈尔滨饮食文化的特色，哈尔滨俄式西餐主要集中在中央大街上，据不完全统计，在1000多米的大街上分布着33家西餐厅，这在国内是极为罕见的，也反映出西餐之于哈尔滨的不可或缺。有人把哈尔滨西餐比作"北京的烤鸭""西湖的龙井"，一点不为过。华梅西餐厅的名气、马迭尔西餐厅的辉煌、波特曼西餐厅的现代、塔道斯西餐厅的地道、欧罗巴西餐厅的高雅、路西亚西餐厅的故事，各有特色，异彩纷呈，不一而足。而作为北方寒地城市、满族故里、满族文化发祥地的哈尔滨，同样受地理区位，民族民俗的影响，刻上了龙江饮食和满族文化的烙印。著名的老字号饮食集中在道外区，如老独一处、张包铺、三八饭店、老仁义、宴宾楼等特色小馆，代表官府餐饮文化的老厨家、传承满族文化和京旗文化的赵记老铺，为哈尔滨留下了独有的锅包肉、熏酱制品等，成为老百姓的舌尖享受。中餐和西餐美食是哈尔滨为中外游客奉上的珍贵礼物。

1. 华梅西餐厅

华梅西餐厅是始建于1925年的老店，位于中央大街112号，原名"马

尔斯茶食店"，主要经营俄式大菜。华梅西餐厅具有很高的名气，在中国，它与北京马克西姆西餐厅、上海红房子西餐厅和天津起士林大饭店并称为中国四大西餐厅。原址在道里西八道街，创始人是俄国犹太人，名叫"楚几尔曼"。华梅西餐厅原名"马尔斯"，当时只有70多平方米的营业面积，主要经营俄式西餐茶食小吃。

1925—1956年，餐厅几易主人，有俄国人、德国人、波兰人、捷克人和中国人，1959年公私合营后改制为国有企业，迁至现在新址，改名为华梅西餐厅。营业面积为1500平方米。华梅西餐厅以经营俄式大菜为主，兼营法意式菜系，建筑和饮食风格被认为是富有浓郁特色的哈尔滨文化的主要标志之一。

现在华梅西餐厅正以一流的设备、一流的饭菜质量成为全国俄式西餐的中心。走进内部，一楼是欧洲园林式风格，大厅两侧围有黄铜护栏，内设高级餐座。装饰既保持了传统的俄式西餐馆格局，又增添了欧美现代派的色彩。二楼为豪华餐厅，具有浓郁的古典俄罗斯风格，天棚饰以俄罗斯浮雕，四壁挂俄罗斯风光油画，典雅气派，充满异国情调。还有"勇士宫""彼得宫""多林宫"三个高档餐厅，可以接待海内外嘉宾。

餐厅有名师掌厨，其奶油鸡脯、烤乳猪、奶油鳜鱼、鱼子酱是其独特名菜。著名俄式大菜有火锅里脊、奶油鸡脯、烤奶汁鳜鱼、炸板虾、铁扒鸡、苏波汤等，色香味形俱佳。俄式主食槽子面包，采用俄式工艺酒花发酵，柞木炭烘烤，入口清香浓郁，素有盛名。华梅西餐厅面包是哈尔滨人的最爱，经常有人排队购买，成为中央大街的一道风景，甚至来中央大街游览的游客也纷纷加入购买的行列中。

2. 露西亚咖啡西餐厅

在哈尔滨中央大街的露西亚西餐厅，是由一位旅日华侨私人办的哈尔滨俄侨纪念馆，也是为了纪念一个叫妮娜的俄罗斯女人。据说，这位妮娜是在20世纪初出生在横道河子的老俄侨，是餐馆主人母亲的朋友和邻居，他亲切地叫她妮娜阿姨。

在餐馆中摆放着妮娜生前用过的家具，包括钢琴和壁炉等。钢琴旁的一张卡片上写着妮娜的生平。她的全名叫达维坚果·妮娜·阿法纳西耶夫娜，生于1910年，3岁来到哈尔滨，一直在这里生活了91年直到去世。当过秋林公司的会计,哈工大的俄籍图书管理员,也曾在苏联侨民会任职。"文化大革命"中也有不少悲惨的境遇。但其对生活的乐观平和让她在哈尔滨如此坚强地活下来。西餐厅的主人遵照她的遗嘱,买下了她的部分衣物、家具和饰物,于是今天才有了这个纪念馆。这个纪念馆不仅是为了纪念尼娜,更是为了纪念在哈尔滨曾经生活过的20多万俄国侨民。

这个纪念馆式餐馆存在于哈尔滨,与这个城市的历史密切相关,与生活在这片土地上哈尔滨人的无限包容性和极大的慈悲有关,更与哈尔滨人的善良密不可分。所以只有你到露西亚西餐厅坐过、品过、赏过,你才会真正了解哈尔滨的历史、哈尔滨的时尚、哈尔滨的饮食、哈尔滨的人文、哈尔滨的精神,你才能算是了解了一点有故事的哈尔滨。当露西亚西餐厅的侍者穿着一件墨绿色的围裙,送来红菜汤、俄罗斯小面包、水果沙拉、冰激凌等,配上精致的餐具,侍者言语温和,动作轻巧,还有柔和的音乐相伴时,仿佛时光倒流几十年。喝着咖啡,听着音乐,品着西餐……慢慢享受在哈尔滨的时光。

3. 塔道斯西餐厅

塔道斯西餐厅创业于1901年。"塔道斯"是哈尔滨餐饮业的先驱,早在20世纪初,"塔道斯"就来到哈尔滨,开办了以自己名字命名的"塔道斯"饭店,以独特的高加索风味而驰名。

塔道斯西餐厅(TATOC)的创始人是沙皇俄国时期亚美尼亚人塔道斯·戈里高利耶维厅·捷尔阿科诺夫,1900年来到哈尔滨,开办了以自己名字命名的餐厅,以独特的高加索风味而驰名,但最初只是西香坊嘎玛利捷利旅馆开的一个小餐馆。

塔道斯是哈尔滨早期餐饮业的先驱。是哈尔滨最早的俄式西餐,传承百年历史,著名的高加索风味餐厅。1907—1920年,先后在当时的埠头区炮队街(现通江街)与沙曼街,中国大街与商市街(现中央大街与红霞街)分别开办"塔道斯"西餐厅。因独特高加索风味而成为当时到中国远东淘金的各国商人们最喜欢的就餐场所。

1936年3月,世界著名歌王、俄罗斯男低音歌唱家夏利亚宾来哈巡回演出,多次光顾这里,并提名留念,盛赞塔道斯风味独特,服务一流。塔道斯愈加闻名遐迩、顾客盈门。

4. 哈尔滨名典西餐厅

名典西餐厅毗邻风情别具、景色宜人的兆麟公园，是台湾国际餐饮连锁机构在黑龙江省的第一家连锁店。

5. 马迭尔西餐厅

坐落在中央大街 89 号马迭尔宾馆 2 楼的是 1906 年建立的马迭尔西餐厅，有着百年的历史。马迭尔宾馆不仅是中央大街上最著名的建筑，更是著名的西餐厅。建筑加美食使马迭尔成为哈尔滨西餐里的奇葩，20 世纪初，随着中东铁路的建设，中央大街一带居住着来自各国的欧洲侨民：法籍犹太人约瑟·开斯普抓住商机，创建了豪华气派的马迭尔旅馆兼西餐饭店。关于"马迭尔"一词的原意曾经在哈尔滨引起一场争论。有人说马迭尔来自英语"MODERN"，表示"摩登"现代之意。由此可见，当时马迭尔就是引领风尚之处，不仅表现在娱乐、居住方面，而且也表现在餐饮方面。

马迭尔宾馆室内设备齐全，装修华丽，还设有欧洲宫廷式中小型会议室。具有传奇色彩的是挂在一楼楼梯缓台间墙上的一幅画。它是俄国宫廷画家"老巴代夫"的作品，取材于文艺复兴时期诗人但丁的《神曲》。几十年来，马迭尔宾馆曾经接待过许多名人，著名作家郭沫若、丁玲，著名画家徐悲鸿。中国人民的好朋友美国名人斯特朗、斯诺，靳羽西也曾下榻于此。影视界也以马迭尔宾馆为景多次拍片，《夜幕下的哈尔滨》《伦敦启示录》《开往莫斯科的东方列车》等电影都给观众留下了美好的回忆。由此可见它的非凡典雅与别具一格。

同样，在餐饮方面，马迭尔餐饮也表现出欧洲的气度和格调。这里经营的传统俄式大菜、英法大菜取料考究、味道浓郁，咖啡馆、酒吧间独具特色与魅力。

6. 波特曼西餐厅

浓郁的欧陆文化氛围、国际餐饮名店的品牌、不同包房的历史时期的韵味使"波特曼"成为哈埠餐饮业的典范。备受观众喜爱的电视剧《夜幕下的哈尔滨》《红色追击令》都选择波特曼西餐厅为实景拍摄地，更有许多国内外政界、商界、演艺界明星前来助阵。"波特曼"已然成为哈尔滨这座著名都市一张不可或缺的城市名片。

波特曼西餐厅，成立于 1997 年。波特曼是 PORTMAN 的音译，其意为

"共享空间"。以纯正的俄式菜肴为主打产品,兼容吸纳了法国餐、意大利餐等优点,形成了自己独特的风格,是现代俄餐在中国一个外延的体现。

波特曼西餐厅是目前国内经营规模最大的专业化俄式西餐厅,特色的西式服务包括生日宴、婚宴、旅游团队套餐、自助西式冷餐会,在哈尔滨市有两家分店,总经营面积达到5600余万平方米,是哈尔滨市西餐业的一张主打品牌。

波特曼承载了很多声誉,名扬海内外。2000年,波特曼西餐厅被评为哈市餐饮业唯一一家"十佳旅游窗口单位"。2001年,"波特曼"注册商标被正式认定为哈尔滨市著名商标;在"首届中国西餐文化节"上获得了集体表演"银盘奖"的特殊荣誉。2002年,被评为哈尔滨市"精神文明窗口示范单位";获得五钻级"国家特级酒店"称号;被国际饭店与餐馆协会授予"国际餐饮名店"称号。2007年,再次荣获五钻级"国家特级酒店"称号。2008年,获得改革开放30年功勋企业。此外,波特曼西餐厅还曾荣获"中国绿色饭店""全国绿色餐饮企业"等称号,名列"黑龙江省餐饮经营企业50强"。

7. 欧罗巴西餐厅

欧罗巴西餐厅建成于2003年1月,位于哈尔滨道里区西十道街18号,餐厅地处哈市黄金地段,是哈尔滨市最大、最高雅的俄式西餐厅之一,以哈尔滨悠久的历史文化氛围与雍容典雅的欧洲建筑设计相融汇,承袭了历史、文化、地域的优势,为宾客营造了具有浓郁欧洲风情的浪漫港湾。

欧罗巴西餐厅拥有高雅华贵的品质,追求精益求精的服务精神,在2200余平方米的营业空间里,用每一个认真而完美的细节,诠释名流、名家、名品、名菜的品质含义。一楼大厅180个餐位,墙壁两侧古朴典雅的艺术作品,遥相呼应,轻柔的音乐自然流畅,步入二层包房,富丽堂皇,风格迥异,是宾客轻谈、慢品的佳处。餐厅共可容纳500余人同时进餐。

2005年,在哈尔滨国际啤酒节组委会、哈尔滨市旅游局、哈尔滨市餐饮商会联合举办的首届哈尔滨"特色俄式西餐厅"评选活动中,经市民投票推荐评选,专家评审,荣获"特色俄式西餐厅"称号。

被指定为国际小姐世界大赛中国黑龙江赛区的唯一西餐厅。还多次荣获国家特级酒家、黑龙江省特级酒家、绿色饭店等称号。餐厅还成功地举办过中俄青年友好论坛会的接待、台湾同胞联谊会、东南亚风味美食节、意大利美食节、法国美食节等活动。

第四节　东北虎林园

一、导游词

各位游客：

　　大家好！欢迎来到东北虎林园，您的到来无疑为濒危物种的保护献上了宝贵的爱心。我是这里的导游，非常荣幸能与您一同探索、了解这些壮丽、威猛且神秘的猫科动物——东北虎。希望我的解说及您的参观，能为您留下难忘的记忆。

　　东北虎林园，这片占地144万平方米的土地，坐落于风景如画的松花江北岸，与著名的太阳岛相邻。这里不仅是一个综合性的饲养、繁育、科研、保护、野化训练以及观赏基地，更是哈尔滨市的一大旅游亮点。值得一提的是，这里还是全球最大的东北虎种源繁育基地。在接下来的游览中，您将有机会近距离观赏到各种年龄的纯种东北虎，以及非洲狮、白虎、白色非洲狮、黑虎、狮虎兽等珍稀大型猫科动物。

　　我们现在所在的区域是一号园区——野化训练区。顾名思义，这里主要负责对虎进行初步的野化训练。东北虎，被誉为"百兽之王"，其威猛的形象和象征的勇者精神，在世界文化中都有着深厚的根基。但随着人类活动的增加，适合老虎生存的森林面积逐渐减少，加上食物短缺，野生东北虎的数量急剧下降。为了挽救这一濒危物种，1986年在国家相关部门的支持下，成立了中国横道河子猫科动物饲养繁育中心，从而开启了我国大规模人工饲养繁育东北虎的历程。

　　接下来，我们来到了三号园区，也就是幼虎区。在这里，您可以看到2岁以下的小虎。看，那只小虎正在追逐小牛，这是饲养员为它精心准备的营养餐。旁边穿着黑白工作服的饲养员正全神贯注地观察着，以确保小虎在进食过程中不会发生意外。

　　我们继续前行，便会进入四号园区——成虎区。这里居住着年龄在三岁以上的老虎。这些虎虽然威风凛凛，但还未到交配年龄，只有到了5岁半，它们才会开始繁衍后代。东北虎的孕期105~110天，每胎可产2~4只幼崽。刚出生的小虎体重约1千克，几天后便能开始活动。由于天生的狩猎本能，小虎经常被母虎搬动，以促进其成长和骨骼发育。

在继续深入探索之前，我想先与大家分享一个小故事。很久以前，老虎和人原本是好朋友，他们经常一起狩猎。有一天，他们在森林里追捕猎物时，突然遭到一只恶狼的袭击。老虎勇敢地站在人的面前与狼搏斗，最终成功击退了狼。为了感谢老虎，人对它说："如果你以后有什么困难，尽管来找我。"然而不久后，老虎却突然攻击了人类。当被问及原因时，老虎回答："因为你已经教会了我所有的本领，我已经没有敌人了。现在你比我大，将来也会比我大，你的寿命也比我长。当我需要你帮助的时候，你可能不会真心帮我，所以我必须把你吃掉。"这个故事让我们不得不重新审视人与动物之间的关系。

现在，我们来到了表演区。在这里，每天都会有4场精彩的驯虎表演，包括老虎钻火圈、走平衡木和360度旋转等。如果天气晴好，表演将在露天的圆形表演场进行；如果天气不佳，则会转移到旁边的室内表演场。请大家尽情欣赏这些精彩绝伦的表演。

接下来我们进入五号园区——狮虎兽区。狮虎兽是雄性狮子和雌性老虎交配产生的后代，它们体型巨大，同时具备狮子和老虎的外貌特征。然而，狮虎兽并不具备生殖能力，这也是它们如此稀少的原因之一。

最后，我们来到了非洲狮园。这里的狮子都是来自非洲。看着它们魁梧的身姿和强健的体魄，我们不难理解为什么狮子会被称为"丛林之王"。在非洲大草原上，狮群通常以家族形式生活，由成年雄狮、多只母狮和幼崽组成。幼狮的成活率并不高，只有三分之一左右的幼狮能够成功长大成狮。当幼狮长到3岁左右时，它们会离开狮群开始独立生活，挑战流浪的雄狮并争夺领地与配偶以组建自己的新家族。

时间总是过得飞快，我们也不得不说再见了。非常感谢大家在整个游览过程中对我的支持和配合。希望我的讲解能让您满意，并祝愿您的旅程愉快且平安顺利！

二、东北虎林园景区介绍

中国横道河子猫科动物饲养繁育中心包括其下属的黑龙江东北虎林园、横道河子东北虎林园以及沈阳怪坡东北虎园。虎,这一地球上体型最大的猫科动物,以其特有的威猛和神秘气质,在人类心中占据了举足轻重的地位。作为全球仅存的约4500只野生虎中的一员,东北虎更是珍稀至极,其中在中国境内野生的数量仅50余只。生态环境的恶化、猎物的减少、非法盗猎以及人类活动的干扰,都使这一昔日的森林之王面临濒危的境地。为了拯救这一珍稀物种,1986年在黑龙江省海林市横道河子镇建立了中国首家迁地保护东北虎的人工饲养基地——中国横道河子猫科动物饲养繁育中心。致力于通过人工饲养和繁育,保护一个具有高遗传多样性、基因纯正、安全稳定的东北虎种群,以期最终实现放虎归山,增加野生东北虎的数量。

猫科中心作为全球最大的东北虎人工饲养繁育基地,同时也是我国东北虎的国家级种源繁育基地。目前拥有近千只活体东北虎,分布在哈尔滨、横道河子和沈阳的虎园。30多年来,中心一直致力于东北虎的种源繁育、野化训练,并与国内外的野生动物保护组织开展广泛的科技交流和科普教育活动。

(一)黑龙江东北虎林园

这座成立于1996年的国家AAAA级旅游景区,坐落在风景秀丽的松花江北岸,与太阳岛、哈尔滨大剧院和冰雪大世界等著名景区相邻。这里四季景色各异,尤以冬夏两季最为迷人。在这里,可以近距离感受老虎的威武与勇猛,领略它们的风采。

东北虎的散放区,占地广阔,达80万平方米,并细分为8个车行区及1个步行区。特别的是,每个散放区内的虎都属同一年龄段,它们自幼与母亲分离后便共同生活,通过相互间的熟悉与信任,构建了稳定友好的群体关系,这与野生虎的独居习性截然不同。车行游览结束后,可步行穿越长廊,登上观虎台,一览全园美景。此外,还有机会在步行区内近距离观赏到不同年龄段的东北虎,以及白虎、雪虎、白色非洲狮、黑虎、狮虎兽等珍稀大型猫科动物。

野化训练区。这里主要负责东北虎的初级野化训练任务,通过科学的训练方法提升它们的捕食和生存能力。经过持续的探索和实践,园区人工饲养的东北虎在生存能力、野外适应性、奔跑速度和捕食能力等方面均取得了显著进步,成功完成了初级野化训练,为未来更高级别的野化放归项目奠定了坚实的基础。

东北虎,又称西伯利亚虎,是现存6个亚种中适应最寒冷环境的虎种。它们在野外主要分布在俄罗斯远东地区、中国的吉林和黑龙江两省,以及朝鲜的部分地区。目前,中国境内的野生东北虎数量已超过50只。自20世纪80年代初期起,我国便将虎列为一级保护动物,予以严格保护。

成虎散放区。这里展示的是6~7岁的壮年东北虎。东北虎的寿命大约有20年,而4岁以上的虎便被视为成年,具备了繁衍后代的能力。东北虎,这种生物,机警、孤傲且多疑,它们体魄强健,动作迅捷如风。一只东北虎一昼夜能行走80~90公里,即使在厚厚的雪层中,也能跋涉20~50公里。它们的跳跃能力同样惊人,一跃之间,便能跳过5~7米的距离,高度则能达到3米。这些独行侠没有固定的家,四处游荡是它们的常态。但每只虎都有自己的领地,领地的大小受猎物密度和配偶选择的影响,通常雌虎的领地约500平方公里,而雄虎的则能达到1000平方公里。它们的皮毛是淡黄色的,布满了棕黑色的条纹,腰腹至腰窝的毛发洁白如雪。虎头上的黑色条纹紧密,吻部短小而宽阔,额骨中央凹陷,两侧隆起,形成了一个独特的圆拱形。有趣的是,它们额头上的3~5条黑色横纹在中部加粗相连,仿佛形成了一个"王"字,这或许就是它们被称为"百兽之王"的由来吧。每只虎的脸谱都是独一无二的,就像人类的指纹一样,没有两只虎的脸谱是完全相同的。

在人们的心目中,老虎常常是凶猛和危险的象征。但事实上,野生的老虎通常不会轻易攻击人类,除非它们极度饥饿或感觉受到威胁。成年东北虎的体长可达2~3米,雄虎在体型上远大于雌虎,重达250~300千克,而雌虎则轻约150千克。

作为猫科动物的一员,东北虎的前足有5趾,后足有4趾,趾端都配备了锐利坚硬的虎爪。这些虎爪是它们捕猎的得力助手,一爪下去就能将猎物撕裂。而虎爪还能自由伸缩,行走时收回爪鞘,避免与地面摩擦。为了保持爪子的锋利和行动的敏捷,老虎常有磨爪的习惯。厚实的掌垫让它们在行走时几乎无声无息,使得猎物很难察觉到它们的靠近。

此外，东北虎的牙齿也是它们的秘密武器。它们共有 30 颗牙齿，其中 4 颗犬齿特别粗壮，能够轻易咬断野猪等大型动物的颈椎骨或切开猎物的气管。而且它们的咬合力极强，可达 400 千克以上，足以咬断猎物的大腿骨。这些特征，再加上它们强健的四肢和发达的肌肉群，使得东北虎成为真正的"百兽之王"。

三号野化训练区。这里有经过多年科学野化训练的东北虎，它们已经拥有了不俗的野外生存本领。是东北虎野化训练成果的初步展示舞台。东北虎，这一大自然的鬼斧神工，展现着无与伦比的力量与美感。它们那厚实而和谐的身体，背部和前肢上随着每一步跃动而起伏的强健肌肉，巨大的四肢平稳而静谧地推动着它们前行，宛如丛林中滑翔的精灵。优雅与野性在它们身上交织，力与美在这里达到了最佳的和谐。

或许人们普遍认为，虎并不擅长爬树，因为传说中，它们的师父——猫，并未传授这一绝技。然而，这仅仅是个误解。年幼的东北虎其实非常喜欢攀爬树木，而且身手敏捷。只是随着年岁的增长，体重的增加，让它们爬树显得有些吃力。但在某些特殊场合，如面临攻击、惊吓，或是捕捉树上的猎物，甚至是为了做领地标记，成年的东北虎依然能够应急爬到 6~8 米的高度。

东北虎还是水中的佼佼者，它们善于游泳，一口气能游上 10~15 公里，宽阔的江河也无法阻挡它们的脚步。为了觅食，它们甚至能短暂潜水。在炎热的天气里，东北虎还会在水中纳凉，以降低体温。对于它们来说，野外有水源的地方也是最佳的捕猎场所。

为了让游客近距离地感受这王者之风，园区特别设计了"惊险一号"观光车。车体外围有钢筋网作为防护，您可以在安全的环境下，隔网观察老虎，甚至亲手喂食（肉条），感受那种"零距离"的震撼。这将是一次"人在笼中，虎在笼外""虎视眈眈"的非凡体验。

非洲狮园，这里的主角——非洲狮，它们原生于热带与亚热带的辽阔草原，偏好群居，展现出强烈的群体归属感，和谐共处。值得一提的是，非洲狮是猫科动物中唯一的群居者。

目前，本园展出的非洲狮，都是从国外引进优质种源后繁衍的后代。这些狮子展现了出色的环境适应能力。尽管它们原本来自热带地区，但在我国北方的环境中生活后，经过几代繁衍，它们的体毛已经逐渐根据气候进行了调整。每当冬季来临，非洲狮的被毛会自然增厚，以适应这里的寒冷天气。但在极端寒冷，如 –20℃ 或更低的气温下，它们便需要在温暖的舍内过夜，以确保它们的舒适与安全。

亚成年虎野化训练区。这里主要展出的是 2~3 岁的东北虎，这个年龄段相当于人类的 10~15 岁，因此它们被称为亚成年虎，虽然还未完全成年，但已经展现出独特的魅力。

这些亚成年虎充满活力和好奇心，正处于接受野化训练的最佳时期。它们将在这里学习猎取食物、躲避危险等关键的生存技能。

值得一提的是，东北虎是典型的独居动物。在野生环境中，除了母虎与其同胎的幼虎外，它们通常不会与其他虎共同生活。然而，在人工饲养的条件下，由于虎群密度较大且散放区域有限，园区采取了特殊的饲养策略。将同一年龄段的幼虎从小散放在一起，让它们培养感情、相互了解并建立信任。这样一来，它们成年后能够更和谐地共同生活。

东北虎林园的育成虎区是一个专为处于成长阶段的东北虎设立的特殊区域，这些年轻的虎正处于从幼年到成年的过渡期，因此这个区域的设计和管理都显得尤为重要。育成园区不仅为这些未来的"丛林之王"提供了一个安全舒适的生活环境，还是园区进行科学研究、保护工作和教育普及的重要场所。

进入育成虎区，首先映入眼帘的是一片宽广的自然环境，这里有起伏的山丘、浓密的林木以及清澈的溪流，为成长中的东北虎提供了一个近似野外的生存空间。这样的环境有助于保持虎的自然本能，同时也让它们在日常生活中得到锻炼，增强生存技能。

在育成虎区，年轻的东北虎们会在专业人员的精心照料下茁壮成长。园区为它们提供了营养均衡的食物，确保它们在成长过程中获得足够的能量和营养。此外，为了防止近亲繁殖导致的遗传问题，园区还会与其他机构交换遗传材料，以保持种群的遗传多样性。

除了日常照料，育成园区还承担着重要的科研任务。园区的研究人员会定期对这些成长中的东北虎进行健康检查，监测它们的生长情况，并记录各种数据以供分析。这些研究不仅有助于了解东北虎的生长发育规律，还能为保护工作提供科学依据。

同时，育成虎区也是进行教育普及的重要平台。园区会定期组织学生和游客参观，让他们近距离观察这些年轻的东北虎，了解它们的生活习性和保护意义。通过这样的活动，人们可以更加直观地认识到保护野生动物的重要性，从而增强保护意识。

在育成虎区，游客还有机会参与到一些互动项目中，如观看饲养员喂食、参与虎崽命名等，这些活动不仅增加了游客的参与感和体验感，也让他们更加深入地了解东北虎的生活和成长过程。

此外，育成虎区还非常注重环境保护和可持续发展。园区内采用了先进的环保设施和技术，确保在保护东北虎的同时，也最大限度地减少对环境的负面影响。同时，园区还积极开展生态恢复和植被保护工作，为东北虎提供更加宜居的生态环境。

步行区。这是一片专为游客打造的自由观赏区域，绵延近1公里。在这里，有机会近距离观赏到不到1岁的东北虎幼崽，以及其他珍稀的大型猫科动物，如白虎、白狮子、美洲虎、狮虎兽和金钱豹等。

1岁左右的东北虎，正处于它们生命中的儿童期。这个阶段的小虎们最为活泼好动，对世界充满无尽的好奇。在野外，小虎通常会在母亲的庇护下成长到2岁多。但在这里，这里的小虎们已经开始独立生活，彼此间的嬉戏打闹不仅锻炼了它们的体能，还教会了它们捕食和争斗的技巧。

而白虎，这一神秘的白色猛兽，其实并非纯粹的白色动物，而是由于基因突变导致的孟加拉虎的一种变异。它们的眼睛呈淡蓝色，在夜晚会反射出绿色的光芒，与众不同。园区的白虎是自2000年从瑞典和意大利引进的，已经在这里安家并成功繁衍了后代。

白狮子，这些来自阿根廷的珍稀动物，以它们雪白的毛色而著称。这种毛色是由于基因突变而产生的，使它们在南非的野生动物保护区中显得格外引人注目。目前，全球仅存约500头白狮子，比大熊猫还要稀少。

美洲豹，又称美洲虎，是一种身手敏捷的猛兽，身上带有明显的豹纹。它们擅长攀爬和游泳，是猫科动物中的全能冠军。为了防止它们爬入相邻的笼舍，特意在它们的笼舍上方安装了铁网。

狮虎兽，这一人造奇迹是雄狮与母虎爱情的结晶。虽然这种动物在自然界中并不存在,但它们却融合了狮子和老虎的特点,展现出独特的魅力。然而,由于种间隔离的存在,狮虎兽并不具备生殖能力。

(二)横道河子东北虎林园

成立于1998年,位于历史悠久的牡丹江市海林市横道河子镇。这里不仅是国家AAAA级旅游景区,更是一个集繁育保护、科学研究、教育宣传、旅游观光以及休闲娱乐为一体的综合性园区。每年,这里都会接待来自四面八方的20万名游客。值得一提的是,其下辖的威虎影视城,占地24万平方米,拥有107栋单体建筑,同样是国家AAAA级旅游景区。它以《林海雪原》为文化底蕴,再现了20世纪二三十年代林海山城的历史风貌和英雄剿匪的传奇故事,让游客在游览中深切感受到旧东北的民俗风情和林海雪原的壮美。

横道河子虎园自1998年11月起正式对公众开放。它坐落于长白山余脉完达山山麓,张广才岭南坡的开阔平地上,占地广阔,森林茂密。这里是猫科中心三大饲养基地之一,2007年荣获"中国虎乡"之美誉,更被认定为全国青少年科普教育基地。2009年12月,横道河子虎园进一步荣升为国家AAAA级旅游景区。

步行观光区。这也是下山的必经之路。为了让游客朋友们的参观更加顺畅,园区将各个景点巧妙地串联起来,形成了一条连贯的参观线路。这里有观虎长廊、森林童话和谐园、虎文化广场以及别具一格的虎字丁香迷宫等景点。特别是我们的虎字丁香迷宫,于2021年全新打造,占地广袤。从空中俯瞰,迷宫呈现出一个生动的"虎"字形状,黄黑相间的小道错综复杂,如同猛虎在咆哮。园区内种满了各种丁香,包括红丁香、紫丁香、爆马丁香和小叶丁香,总计超过2万株,这个迷宫也因此被称为"丁香迷宫"。

东北虎野化训练区。在进入野化训练区之前,游客需要依次通过三道安全电动门(这些门不能同时打开),这是为了防止老虎窜入或随车窜出而设置的重要安全措施。四周高达4.5米的围栏,其下部和顶端都装有高压脉冲电网,以确保老虎无法靠近。鉴于东北虎的弹跳高度为2.5~3米,而我们的护栏高度为4.5米,因此安全性得到了充分保障。电动门的开关由我们工作人员在上方操控,只有当上一道门关闭后,下一道门才会开启。

这个区域是园区最大的虎散放区,主要用于对东北虎进行野化训练,旨在提升它们的野外生存能力和适应性,为最终的放虎归山奠定坚实的基础。

每年都会精心挑选出几十只2~3岁的亚成体东北虎,在此进行野化训练。这些幼虎都是在同一年份由不同母虎繁育或人工喂养长大的。在离开母虎后,它们会进行合群饲养,从小培养相互之间的熟悉感和信任,长大后如同兄弟姐妹一般,这样能有效减少因争斗而造成的伤害。这种群居行为与野生老虎的独居习性有所不同。在野外,老虎通常各自占据一片领地生活,一只雌虎的领地范围在400~500平方公里,而雄虎的领地则可能达到1000平方公里。只有在繁殖季节,我们才能看到雄虎与雌虎或雌虎带领幼虎一起生活的场景。老虎的领地通常通过标记来划分,如唾液、尿液以及树干上的抓痕等,这些都会长时间留下气味,以宣示领地的主权。

东北虎的虎舍。每天下午4:00至4:30,专业的饲养员会对它们进行喂食,每次喂食包括10多斤的猪肉和鸡肉。值得一提的是,这里的东北虎对食物相当挑剔,它们只吃新鲜、活的食物,对于冷冻、死亡、腐烂或肥腻的食物都避而远之。为它们提供的食物都经过了严格的检验和检测,确保与人类食用的标准相媲美。

水池是为东北虎提供水中捕猎、饮水以及泡澡降温的场所。老虎是最喜欢水的猫科动物之一。尽管东北虎在陆地上是捕食的佼佼者,但水中捕猎并非它们的强项。这个区域正是为了训练它们在这方面的能力。作为一种怕热不怕冷的动物,东北虎在寒冷天气下会更加活跃,而在炎热天气里,如果没有食物的引诱,它们通常会趴在地上休息。

东北虎的前掌力量惊人,能够轻易地将一头牛的头颅骨拍碎。它们的夜间视力是人类的6倍,当用手电筒照射它们的眼睛时,会呈现蓝绿色的反光。此外,它们的听力也非常敏锐,可以捕捉到2公里以内猎物发出的声音,甚至是一些细微的声响。至于它们的咬合力,更是达到了惊人的400千克以上。在这个水池里,我们会投放鸭子供老虎捕猎。鸭子会潜水,而东北虎则是游泳的高手。观看老虎在水中抓鸭子别有一番趣味,有时它们甚至好几天都捕不到一只鸭子。对于单独的鸡鸭等猎物,老虎会遵循"谁抢到就是谁的"原则,不会再进行分享。只有当捕获到大型猎物如牛时,它们才会进行分享。这种分享行为在事后也不会引发争抢。老虎通常会将猎物叼到安全的地方后再进食,而在吃鸡鸭时,它们会先拔掉羽毛再吃。

在这里东北虎的耳朵上贴有黄色标签。这是虎个体的一种标记方式,标签上印有虎的编号，若标签在左耳，则代表这是一只雄虎，反之则为雌虎。当然，我们还可以通过观察体型和头部大小来区分性别：体型较小、头部稍小的通常是雌虎，而体型强壮、头部较大的则是雄虎。雌虎的体重一般约150千克，而雄虎的体重可达250~300千克，体格差异相当明显，使得性别辨识变得十分便捷。

园区四周的树木都被原木围了起来。这么做的主要原因在于东北虎有杠爪的习性，即它们会用爪子抓挠树木以标记领地。由于虎的爪勾会像人类的指甲一样持续生长，为了防止它们刺破虎的爪垫，同时保护我们的树木，因此采取了这种双重保护的措施。这样既方便了东北虎挠树磨爪，又能更好地保护园区的树木。

老虎在吃草，这并非因为它们变成了素食者，而是出于一种自然的生理需求。东北虎在梳理毛发或猎食过程中，会不可避免地吞入一些毛发或纤维。这些物质在虎体内既无法消化也无法吸收，因此虎会有意识地吃些草或纤维类植物，以促进胃肠蠕动，帮助排出这些异物。此外，这也是它们在进食鸡鸭时拔毛吃的一个主要原因。成年东北虎的舌头长达25~30厘米，上面布满了角质化的倒刺。这不仅是它们舔食猎物骨骼上残肉的工具，还是饮水、梳理毛发的重要器官。

说到东北虎的保护与救助，不得不提2021年4月那次著名的救援行动。当时，一只年仅3岁的雄性野生东北虎——"完达山1号"，误入黑龙江省密山市的一个村庄。在受到惊吓并被困后，园区基地迅速派出专业兽医前往现场实施麻醉并成功捕获。随后，这只小虎被运送到我们的基地进行隔离检疫和康复治疗。经过20多天的精心照料，"完达山1号"恢复了健康。园区为它佩戴了卫星定位项圈后，将它重新放归野外。这是我国第一只成功救助并重返山林的野生东北虎。放归后，通过专业监测团队的持续跟踪，"完达山1号"已经完全适应了野外生活，建立了自己的领地，并且体况较之前更为强壮。一个山林之王，再次在丛林中崭露头角。

步行参观区。它分不同的区块，全方位展示了各种猫科动物的风采。这里有不同年龄段的东北虎、神秘的黑虎、稀有的白虎、威武的非洲狮、矫健的美洲豹，以及珍稀的狮虎兽等。东北虎的被毛是橘黄色的，身上镶嵌着黑色和暗棕色的条纹。有趣的是，老虎的条纹和脸谱就像人类的指纹一样，独一无二，这也是虎之间个体识别的标志。老虎的尾巴具有多种功能：奔跑时，它是平衡器；受到攻击时，它是自卫的武器。当老虎进入戒备状态时，它会俯下身体，尾巴微微翘起并持续抖动，同时发出低沉的吼声。而当它表示亲昵友好时，尾巴也会翘起并抖动，但会伴随温和的鼻音。甚至在休息时，老虎的尾巴还能有效地拍打蚊虫，防止叮咬。

狮虎兽展区。这里展示的是园区繁育的狮虎兽，这种动物是由公狮和母虎交配繁殖出来的后代。虽然老虎和非洲狮都属于猫科、豹属，血缘关系非常近，可以自然交配，但繁育成功的概率却非常低。而且，繁育出的狮虎兽本身不具备繁殖能力，就像驴和马繁殖出的后代——骡子一样。狮虎兽融合了狮子和老虎的特点，外形与狮子相似，但身上却有虎纹。值得一提的是，它的体形比狮子和老虎都要大，身上还有狮子和老虎都不具有的网状花纹。这种生物在自然界中是不存在的，完全是人为繁育的结果。由于自然交配繁殖出的比例极低，世界上仅存的狮虎兽也只有几十只。

二楼的幼虎生态馆。这是幼崽的主要繁育区域。该馆于 2017 年 12 月建成，占地 2000 平方米，建筑面积达 1000 平方米。这个生态馆分为三个主题区：夏、秋和冬。进入馆内，您会看到左侧的百米画卷千虎图。2021 年 9 月，为献礼黑龙江省第四届旅游产业发展大会，横道河子东北虎林园特别推出了萌虎主题，并举办了百米画卷千虎图和国际青少年绘画展。在右侧是馆内的小老虎。野生东北虎每隔 3~4 年会繁殖一次，每次可生产 2~4 只幼崽，孕期为 105 天。刚出生的东北虎体重非常轻，只有 2~3 斤，它们每天需要近 20 小时的哺乳。两个多月大的虎宝宝可以开始吃肉馅了。幼虎的生长速度非常快，每天体重能增加半斤多。1 岁的幼虎体重可以达到 50 千克，接近成年人的体重了。两岁以上的东北虎每天需要进食 6~8 千克的肉类饲料，同时还需要补充各种奶、蛋、钙和其他维生素。小老虎既聪明又可爱，它们胖嘟嘟的头上长着一对小小的耳朵，仿佛对这个世界和前来参观的人都充满了好奇心。因此，它们平时最喜欢的活动就是相互打闹和玩耍，有时也会与游客互动。右侧的老虎笼里有 4 只东北虎和睦地生活在一起。虽然东北虎通常是独居动物，但这 4 只虎能够和睦相处是因为它们都是由同一个虎妈妈繁育出来的兄弟姐妹。

第五节　哈尔滨极地公园

一、导游词

各位游客好：

　　大家好！欢迎来到哈尔滨极地公园，我是此次旅程的导游，很荣幸陪同大家游览参观。来到黑龙江哈尔滨，一个必打卡景区便是哈尔滨极地公园，这里提供了丰富的互动体验项目，近距离观赏珍稀南北极动物，走近壮观的极地冰川，看到罕见的奇幻北极光，公园还设有全球首个北极熊酒店，提供独特的住宿体验。其独特设计和创新体验使其成为中国首家以极地主题表演秀与极地科普互动体验为核心的主题公园，也是黑龙江打造的一张世界级旅游名片。

　　今天，就让我们一同来感受它的无限魅力。

　　哈尔滨极地公园是中国为数不多的原创型文旅度假区，位于国家级风景区太阳岛，总投资额 10 亿元，是中国首家以极地主题表演秀与科普互动体验为核心的文旅度假区，是中国极地海洋馆业著名品牌，是黑龙江打造的一张世界级旅游名片。园区场馆建筑设计、总体规划、产品创意等均由公司自有团队创意设计并研发，原创打造出"淘学企鹅""海洋之心"等极地文旅 IP；与北京环球影城共同入选"中国旅游奥斯卡"艾蒂亚最佳主题公园奖；入选全球最大旅游网站猫途鹰全球杰出景区。荣获教育部授予的全国中小学生研学实践教育基地；文化和旅游部授予的全国旅游宣传推广优秀案例、全国第一批文明旅游宣传引导优秀案例。

　　园区包含极地馆、海洋馆、淘学企鹅馆、北极熊体验馆、恐龙馆五大场馆；打造白鲸秀、海豚秀、冰川极光秀、海象脱口秀、企鹅表演、水舞、鳄鱼表演七大主题表演。

　　接下来，我们将一同游览哈尔滨极地公园的极地馆。极地馆是由白鲸秀场、海豚剧场、火星动物城等多个体验区组成。

　　穿过北欧小镇步入园区的第一刻，你将被 360 度极地冰川环抱，一秒带你步入遥远的冰河时代！快抬头看，神秘、梦幻的北极光！在极地冰川每天可以准时看到北极光。

第四章 黑龙江省现场考试讲解内容

　　穿过极地冰川，前面是世界首例克隆北极狼玛雅和哈尔的家。克隆北极狼的诞生对中国乃至世界的野生动物保护和濒危物种拯救具有划时代意义。世界首例克隆成功的北极狼供体细胞来自北极狼玛雅和哈尔的皮肤样本，代孕母体是两只比格犬。目前，克隆北极狼玛雅和哈尔各项指标非常健康，现在它们和比格犬妈妈就生活在极地馆的北极狼馆中。

　　我们继续前往一层极地海洋展区。企鹅岛是国内第一个开放的企鹅展区，让游客更近距离地观看企鹅。您现在看到的是来自非洲好望角的企鹅——斑嘴环企鹅。

　　前面是极地馆的网红打卡地之一——水母墙，以水母墙为背景拍照超梦幻。水母墙里饲养的都是海月水母，顾名思义就是生长在海中，外形长得像月亮的水母。

　　水母墙对面是为小朋友们打造的海洋生物科普区，这里有奇妙的海洋生物和景观，大家将会看到世界上最大的水母、最小的鲨鱼、最毒的鱼儿、最漂亮的"珊瑚"等。

　　前面就是世界最大的白鲸水下秀场。世界首创极地白鲸水下表演将在这里上演，稍后我们将看到一场无与伦比、前所未有的极地白鲸秀。

　　欣赏过精彩的白鲸秀后，接下来我们将离开极地世界，来一场通往火星世界的穿越之旅。

　　在我们的右手边两种象征忠贞不渝爱情的鸟类和谐地生活在一起。火烈鸟是高度社会化的动物，它们自觉地实行一夫一妻制；这里饲养的火烈鸟毛色特别鲜艳，因为它们吃的是磷虾，和园内的企鹅享受了同等待遇，而鸳鸯自古被人们当作爱情的象征，因此这里也叫做爱情打卡地。

　　我们眼前这个动物叫做细尾獴，又叫狐獴，它是生活在非洲干旱地带的一种獴科动物。狮子王中的丁满就是一只细尾獴。它是捕蛇能手，会捕捉一些小蛇和昆虫当作食物。喜欢打洞，警惕性也非常强，我们经常看到它在站立放哨，这也成了它们一个有趣的特征。

　　在火星动物城里还有性情温和的水豚、活泼的水獭、爱逃跑的浣熊、大型猛兽狮子、海龟、鳄鱼和各种各样的鸟类。

　　继续往前，我们即将到达海豚剧场，这里有极地馆另一场大型表演秀，这场秀有海豚、海狮和淘学企鹅共同参演，还有来自世界各地的顶级演艺团队,在水、陆、空三重空间,体操、吊环、高空跳水、喷火样样都能在这场秀中看到,异常精彩。

我们回到负一层,去全球首个北极熊体验馆参观。该馆由北极熊展示区、科普区、北极熊酒店三部分构成。真正实现"看熊自由",空间设计巧妙独特,从多个视角全方位展现北极熊的日常,公园还设有全球首个北极熊酒店,大家可以体验与熊同眠的独特感受。

现在我们来到的是侏罗纪·恐龙馆,360度沉浸式远古体验空间,通过时空隧道穿越地心,抵达侏罗纪的热带雨林,几十种恐龙相继"袭来",冲出雨林的霸王龙,俯冲而下的迅猛龙,撕扯争食的永川龙,陆地上最大的动物腕龙,还有光怪陆离的动感镜宫,科考互动通过显微镜观察恐龙化石,亲自动手挖掘恐龙化石。

现在我们来到的是哈尔滨极地公园的海洋馆。

首先,我们看到的是"锦鲤",这里的锦鲤还有一个特别的名字,叫作"吃奶鱼",因为它可以像婴儿一样去吸食奶瓶中的食物而得名。

这里是爱笑的鳐鱼。鳐鱼在1亿年前和鲨鱼是亲戚,但是鳐鱼的祖先很懒惰,总是趴在海底,很少在水层中活动,慢慢地进化成了现在的样子。

现在我们所处的位置是太阳岛号游船,跟随着游船渐渐驶入深海,深海中的鱼类更加的美丽珍贵,在这里,我们可以寻找一下海洋明星小丑鱼Nemo,它会在有毒的海葵中来回穿梭,却从不受伤,还会为海葵带来食物。

现在我们所处的位置是1911年挪威探险家阿蒙森登陆的鲸鱼湾。在这里我们认识了阿蒙森,他是世界上征服南极的第一人。

转过身,我们可以看到海狗,它是生活在海洋里的哺乳动物,因为体型像狗而得名,又因为海狗形似海狮,体表多毛,也被称为"毛皮海狮",它们十分擅长游泳,但在陆地上行动会相对笨拙一些。

现在我们所处的位置是鳐鱼秀场,在这里将会欣赏到世界首创的冰海鳐鱼秀。鳐鱼智商很低,尾巴上带有毒刺,带它一起表演是非常有难度的,但是极地公园的勇士们克服了重重困难,带领这些鳐鱼和海底卫士、梦幻的鱼群,还有憨态可掬的大海龟,共同演绎《海的女儿》经典剧目,唯美又梦幻。

海洋馆的最后一站是欢乐海狮王国，这里会聚了欢乐海狮家族和来自俄罗斯的憨逗海象，它们是世界顶级的演艺明星，还是网络上的流量巨星，大明星海象伊诺拥有超百万粉丝，它能听懂驯养师姐姐的每句话，卖萌、搞怪、耍宝，样样精通；和帅气聪明的"海狮"家族一起带来海狮海象总动员，每30秒就会逗得你捧腹大笑，好，那就让我们等待它们的表演吧。

接下来我们前往参观的是全国首家极地海洋研学教育基地——淘学企鹅馆。

三楼的淘学企鹅馆打造三大研学互动体验教室，分别是VR体验教室、全息互动教室和海洋实验室。

二楼是海洋展区。展出的山东舰，是我国自主研制的首艘航母。学生可以看到战机从航母甲板上呼啸而起，翱翔于蓝天白云之间。

一楼，展出的是模拟"蛟龙"号模型，"蛟龙"号载人潜水器是一艘由中国自行设计、自主集成研制的载人潜水器，是当之无愧的国之重器。

这里还有海洋实验室，孩子们可以亲手触摸水母、海星、鲨鱼、微观海洋世界。

汪洋浩瀚辽阔，乘风破浪再扬帆。哈尔滨极地公园的旅程即将在这里画上圆满的句号，这一天我们感受到了欢乐、震撼、美好与感动。让我们带着这段奇妙的回忆，满载而归吧。

二、哈尔滨极地公园景区介绍

哈尔滨极地公园是中国为数不多的原创型文旅度假区，位于国家级旅游风景区太阳岛，总投资额10亿元，是中国首家以极地主题表演秀与科普互动体验为核心的文旅度假区，是中国极地海洋馆业著名品牌，是黑龙江打造的一张世界级旅游名片。

园区场馆建筑设计、总体规划、产品创意等均由公司自有团队创意设计并研发，原创打造出"淘学企鹅""海洋之心"等极地文旅IP；与北京环球影城共同入选"中国旅游奥斯卡"艾蒂亚最佳主题公园奖；入选全球最大旅游网站猫途鹰全球杰出景区。荣获教育部授予的全国中小学生研学实践教育基地，文化和旅游部授予的全国旅游宣传推广优秀案例、全国第一批文明旅游宣传引导优秀案例。

园区包含极地馆、海洋馆、淘学企鹅馆、北极熊体验馆、恐龙馆五大场馆；打造白鲸秀、海豚秀、冰川极光秀、海象脱口秀、企鹅表演、水舞、鳐鱼表演七大主题表演。

1. 极地馆

极地馆是由白鲸秀场、海豚剧场、火星动物城等多个体验区组成。

穿过北欧小镇是极地冰川环抱，穿过极地冰川，是世界首例克隆北极狼玛雅和哈尔的家。克隆北极狼的诞生对中国乃至世界的野生动物保护和濒危物种拯救具有划时代意义。这只世界首例成功克隆的北极狼背后有着一段温暖的故事。2006年，哈尔滨极地公园从加拿大引进野生北极狼，让哈尔滨市民第一次见到了来自遥远北极的北极狼，它们到来的消息登上了各大报纸的头版。

时光荏苒，2020年的它已步入老年，为了"留住"哈尔滨极地公园这位珍贵的老朋友，哈尔滨极地公园繁育团队有了一个大胆的想法：通过克隆技术将它的生命延续下去。于是，在2020年11月哈尔滨极地公园与生物科技公司，计划共同攻克克隆北极狼这一世界性全新课题。

世界首例克隆成功的北极狼供体细胞来自北极狼玛雅和哈尔的皮肤样本，代孕母体是两只比格犬。目前，克隆北极狼玛雅和哈尔各项指标非常健康，现在它们和比格犬妈妈就生活在极地馆的北极狼馆中。北极狼馆还住着一群小家伙，全部都是哈尔滨极地公园自主繁育成功的北极狼。

海洋馆一层极地海洋展区，包含国内第一个开放的企鹅展区，让游客更近距离地观看企鹅。这里有来自非洲好望角的企鹅——斑嘴环企鹅，不同于南极企鹅，斑嘴环企鹅生活的温度是18℃~22℃，它的喙部有一个白色的环状花纹，白白的腹部又有很多黑色的斑点，这个斑点可不一般，就像人类的指纹一样，没有一只企鹅的斑点是相同的，它们虽然长得小，脾气可大着呢，因为会发出驴一样的叫声，因此小名叫做驴叫企鹅。斑嘴环企鹅严格执行着一夫一妻制，彼此之间的忠诚度非常高，它们会一直陪伴对方到天荒地老，这种感情在动物界十分少见。

极地馆的网红打卡地之一——水母墙，以水母墙为背景拍照非常梦幻。

水母墙里饲养的都是海月水母，顾名思义就是生长在海中，外形长得像月亮的水母。白天，在蓝色海水的簇拥下，柔软的海月水母婀娜多姿，在海水中若隐若现，不禁让人想到夜空中皎洁的明月，海月水母通体都是透明的，到了晚上，没有灯光的照射，连它们的影子都看不到，所以游客看到水母墙里海月水母能发光，都是各色灯光的特效作用。

世界最大的白鲸水下秀场——世界首创极地白鲸水下表演每天在这里上演，这是一场无与伦比、前所未有的极地白鲸秀，哈尔滨极地公园是世界上首推白鲸水下表演的景区，是哈尔滨极地公园的美女驯养师和白鲸天使共同完成的精彩表演。

除了极地世界，在哈尔滨极地公园还可以真实感受火星世界的穿越之旅。阿凡达式星罗棋布飘浮在空中的群山、神秘奇特植物丛生的茂密雨林，在色彩斑斓的鱼群簇拥下，在暖萌极地动物的引领下，游客便可到达火星动物城，这里有来自海、陆、空三重空间的动物，并且可以和游客互动，进行投喂，深受家长小朋友喜欢。

火星动物城右手边是爱情打卡地，两种象征忠贞不渝爱情的鸟类和谐地生活在一起。火烈鸟是高度社会化的动物，它们自觉地实行一夫一妻制，这里饲养的火烈鸟毛色特别鲜艳，因为它们吃的是磷虾，和园内的企鹅享受了同等待遇；而鸳鸯自古被人们当作爱情的象征，更是来此游览的情侣、夫妻，争相拍照的小明星。

旁边环尾狐猴，每天当太阳升到一定高度的时候，环尾狐猴就摊开四肢，正面朝着太阳，让温暖的阳光洒满胸部、腹部、两臂和大腿，以驱赶夜里的寒气，因此人们把它叫做"太阳崇拜者"。

环尾狐猴除了喜欢晒太阳，还喜欢看它的邻居表演，园内饲养两只幼龄棕熊，是陆地上食肉目体型最大的哺乳动物之一，呆萌可爱的样子吸引着很多小朋友驻足，它的听觉与视觉十分迟钝，但是，它的嗅觉却十分灵敏。熊可以像人类一样直立行走，也能像人类一样坐着，但行动谨慎又缓慢。驯养师还为它们准备了用来玩耍的篮球，每天它们也会定时给游客表演它们的"绝活"！

松鼠猴，它们的小手摸上去软软润润的，时常发出唧唧声和啾啾声，像是在与人类对话交流。

海豹家族，2019年哈尔滨极地公园繁育了3只小海豹，因为出生在猪年，它们三个名字分别叫"佩奇""乔治""麦兜"。

200多斤的斑海豹看上去圆滚滚的，在陆地上只能像一个毛毛虫一样匍匐前行，但在水中的斑海豹可是非常厉害，它们会根据具体指令做出旋转、亲吻、拍肚皮等可爱的动作，专业的驯养师还会教游客如何训练斑海豹，让游客留下珍贵的亲密瞬间。

2. 北极熊体验馆

哈尔滨极地公园负一层，是全球首个北极熊体验馆。生活着来自俄罗斯海域的纯种北极熊兄弟大宝和笨笨，北极熊体验馆由北极熊展示区、科普区、北极熊酒店三部分构成，北极熊体验馆空间设计巧妙独特，可以从多个视角全方位展现北极熊的日常，真正实现了"看熊自由"。

北极熊是世界上最大的陆地肉食动物，更是北极圈内的霸主，在自然环境下没有任何的天敌，北极熊体重500千克左右，体长3米，奔跑起来的时速可达到60公里，相当于世界百米赛跑冠军的1.5倍，在自然环境下北极熊主要捕食白鲸、海豹。北极熊体验馆则为大宝和笨笨准备了非常新鲜的鱼类、牛肉、各种果蔬，荤素搭配的食物每天至少要吃上20千克。

为了更好地增加游客的体验感，哈尔滨极地公园特从俄罗斯聘请太阳岛"太阳门"的设计师娜塔莎，和日本环球影城设计师宫岛修二联手设计了全球唯一的北极熊酒店，通过精心的打造，完美实现了在酒店的每一个房间都能看到北极熊，入住主题酒店，就等于享受与北极熊共眠，还有机会和驯养师一样投喂北极熊，该酒店也因此荣登携程哈尔滨亲子乐园酒店榜第一名。

极地馆的南极企鹅可谓是个小明星，火遍全网的IP"淘学企鹅"的原型就是它，哈尔滨海洋公园是首家将南极企鹅引进内陆的极地海洋馆，中国首只诞生于内陆城市的南极企鹅就是在这里出生的，中央电视台《新闻联播》还对此进行了报道，别看它们走起路来摇摇摆摆，但它们可是绝对的游泳健将，在水中的游泳时速可达36公里。它们性格活泼、喜欢与人亲近，对陌生事物充满好奇，游客可以拿颜色鲜艳的物品吸引它，它会追着你玩耍。

景区打造超级网红文旅IP——淘学企鹅，月曝光量达到了10亿次，成为黑龙江冰雪天使、哈尔滨城市旅游IP、哈尔滨新区分享官,景区中同时设有淘学企鹅文创店,"淘学企鹅"IP形象的文创产品,哈尔滨极地公园原创的大白鲸、小海豹、北极熊、背包等各式各样的毛绒玩具及特色产品,非常值得珍藏。

3. 穿越侏罗纪·恐龙馆

冰川时期、侏罗纪时期一直让很多人充满好奇,哈尔滨极地公园将地球南北两极的珍稀动物和极地风光完美地呈现,现在又将侏罗纪时期的恐龙世界呈现在游客面前。

侏罗纪·恐龙馆,拥有360度沉浸式远古体验空间,游客可以通过时空隧道穿越地心,抵达侏罗纪的热带雨林,还可以看到几十种恐龙相继"袭来"的画面。

冲出雨林的霸王龙,俯冲而下的迅猛龙,撕扯争食的永川龙,陆地上最大的动物腕龙等,在光怪陆离的动感镜宫,考验眼力和方向感,在科考互动区,通过显微镜观察恐龙化石,孩子们更是可以亲自动手挖掘恐龙化石,感受考古的乐趣。

4. 海洋馆

哈尔滨极地公园海洋馆。场馆于2005年开馆,年接待中外游客近百万人次,自开业以来,客流量、收入、利税连续12年持续增长,在这里可以了解多种海洋生物,学习海洋文化。

馆区的设计是从最具北方特色的大兴安岭区出发开始奇幻的海洋旅行,大兴安岭坐落于黑龙江省的最北端,不仅风景优美,野生的动物资源也是十分丰富,海洋馆便仿照真实的大兴安岭原始风情和自然风貌建造布景,以此来展示数十种淡水鱼。

锦鲤,还有一个特别的名字,叫作"吃奶鱼",它可以像婴儿一样去吸食奶瓶中的食物,因此而得名。

鲟鱼,作为生活在地球上2亿多年的元老,是现存最古老的脊椎动物类群。它们性情凶猛、善于攻击,千万不要将手指向它们,否则很有可能被它们狠狠咬上一口。

色彩斑斓的"彩鲫",酥鲫鱼、鲫鱼豆腐汤都是东北人饭桌上喜闻乐见的美食,那么如何区别它们与锦鲤呢?有一个简单的方法,即有鱼须的是鲤鱼,没有鱼须的是鲫鱼,锦鲤是人工培养出来的观赏鱼类,而彩鲫却是在自然情况下形成的天然颜色,是一种珍稀的野生鱼类。

大兴安岭原始森林的天气瞬息万变,在这个景区,还会定时为游客展示大兴安岭的风雨雷电,雨过天晴的大兴安岭仍是一片鸟语花香的自然风光。

渔人码头,还原了美国旧金山 39 号码头的繁华景象。刻画出一幅椰树、蓝天、海岸、沙滩交相呼应的浪漫景色。这里生活着很多美丽的浅海鱼类。旁边还有一个专为小朋友设置的"亲水区",孩子们可以自由进入,便于清晰地观看海水的分层剖面图,安静地"听"海,感受海洋的魅力。

这里居住的海洋居民中,最有特色的要数燕子鳐,它因为游起来行云流水特别像燕子,所以有了这个名字。燕子鳐是软骨鱼类的一种,别看它长得柔柔软软,小嘴看起来也很娇嫩,但它吃东西的样子却特别彪悍,外壳坚硬的蚬子是它的最爱,它吃蚬子就像我们人类嗑瓜子一样,但速度却非常惊人,我们以为这水底是一层白色的沙子,其实就是燕子鳐留下的蚬子外壳。

另一种黄色的鱼群叫作黄金鲹,因为在大海里它们总是在鲨鱼的前面游动,毫不畏惧,所以人们也叫它们金领航。

在这里我们还可以看到爱笑的鱼——鳐鱼。鳐鱼在一亿年前和鲨鱼是亲戚,但是鳐鱼的祖先很懒惰,总是趴在海底,很少在水层中活动,慢慢地进化成了现在的样子。

太阳岛号游船,游客可跟随着游船驶入深海,观赏深海中的更加美丽珍贵、难得一见的鱼类朋友。

条纹斑竹鲨,是世界上最小的鲨鱼。与它生活在一起的鲨鱼是黑鳍鲨,经过驯养师的"调教",虽然都是鲨鱼,但它们却不会互相攻击,相处和谐。

在这里,还生活着海洋明星——小丑鱼,它会在有毒的海葵中来回穿梭,却从不受伤,还会为海葵带来食物,二者是和谐的共生关系。但是不要因为看过《海底总动员》就对小丑鱼报以好感,其实小丑鱼的性情也很凶猛。

海洋中不仅都是善意的朋友,也生活着毒力家族,展区中还居住着六斑刺豚和蠕纹裸胸鳝,因为它们毒力很强,其他生物都无法和它们居住玩耍。

圆燕,据说它可以根据自己的心情变换颜色;刀片鱼,是形态类似刀片的条纹虾鱼。这些鱼儿形态各异,性情不同,让游客们大开眼界。

景区中还模拟还原了1911年挪威探险家阿蒙森登陆的鲸鱼湾，阿蒙森是世界上征服南极的第一人，对孩子们的科普教育也很有意义；这里有可爱的斑海豹，除生小宝宝、休息和换毛季节需到冰上之外，它们其余的时间都在海中游泳、猎食、嬉戏、玩耍。

白眉企鹅，它因眼睛上方长有白色羽毛而得名，模样憨态有趣，好像一位绅士，又叫"绅士企鹅"，黑白相间的它们是人们心目中企鹅的典型形象，白眉企鹅会在陆地上疯跑，在水里、岸上追逐打闹，它们性格活泼、喜欢与人亲近，对陌生事物充满好奇。

极地馆不仅展示了南极的企鹅、北极的大熊，还展出了来自加拿大的北极狼和来自芬兰的北极狐。北极狼生活在北极圈附近，有着厚厚的毛和尖利的牙齿。每个北极狼家族是由一只雄狼和一只母狼所带领，每个家族大约有20—30名成员。在野外，它们会彼此配合捕捉猎物，直到捕获成功。

北极狼是冰河时期的幸存者，因此具有非常强的生存能力，它们世代居住在世界上最荒凉的地区。北极的寒冷和黑暗从每年的11月开始，有接近半年时间完全看不到太阳，温度会降到-50℃，但北极狼能够承受多年0℃以下的温度，在具有长达5个月的黑暗的日子中，数周都没有食物的情况下，依然能够顽强地生活下来，并繁衍至今，可见其生命力极其顽强。

但是，在哈尔滨极地公园的北极狼不仅无须经受饥饿，而且每天的饮食配比还非常的合理丰盛，有牛肉、羊排、羊骨、牛肝、牛心、牛骨等。北极狼在野外的平均寿命仅有7岁，在人工饲养条件下，北极狼成活的最高纪录是17岁，而在极地馆内饲养的北极狼最长寿的已经达到19岁，相当于人类的153岁。

北极狼的主要天敌其实是人类，由于人类对树木的采伐、对环境的污染和制造的垃圾，让北极狼失去了居住的故土。偷猎者们唯利是图，更是让北极狼面临濒危的境地，据报道，每年至少有200只北极狼被杀，2012年，北极狼正式列入《世界自然保护联盟濒危物种红色名录》。

北极狼的隔壁住着身材小巧的北极狐，它们不是幼狼，而是正宗的北极狐。它们世世代代居住在北极草原，虽然它们没有能力向大型动物进攻，但捕捉小鸟、捡食鸟蛋、追捕兔子，或在海边上捞取软体动物充饥都得心应手,和北极狼一样,北极狐生存能力也非常强。

海狗,属于海狮的一种,是生活在海洋里的哺乳动物,因为体型像狗而得名。又因为海狗形似海狮,体表多毛,也被称为"毛皮海狮",它们十分擅长游泳,但因四肢较短,在陆地上行动相对笨拙。

水舞秀场,这里上演的是精彩的"水舞秀",国内顶级水舞表演艺术家,汲取花样游泳、芭蕾舞的精华,克服6米深海水的巨大浮力,不携带任何辅助设备,每次闭气空潜长达3分钟,在冰海深处呈现系列优美造型,更有国内罕见的敦煌飞天水舞表演,使游客流连忘返、折服赞叹。

梦幻水母区,也是海洋中最浪漫、最梦幻的无脊椎生物,水母在世界上已经生存了6亿多年,是名副其实的活化石,漫长的岁月中它没有进化出大脑和心脏,只有简单的消化系统和生殖系统。水母的寿命很短,一生只有6~8个月的时间,其身体内含水量可达97%以上,所以才会似水流般柔软,据说水母的收缩频率和人大脑中的神经活动频率一样,所以观赏水母可以起到安神的作用。

鳐鱼秀场,有着世界首创的冰海鳐鱼秀。鳐鱼又叫老板鱼,它智商很低,尾巴上还带有毒刺,带它一起表演是非常有难度又非常危险的事情。哈尔滨极地公园克服困难,不断创新,创造了这场精彩的演出,海底卫士、梦幻的鱼群,憨态可掬的大海龟,共同演绎《海的女儿》经典剧目,唯美梦幻。

海洋馆的最后一站是欢乐海狮王国,这里汇聚了欢乐海狮家族和来自俄罗斯的憨逗海象,它们不仅是世界顶级的演艺明星,还是网络上的流量巨星,大明星海象伊诺拥有超百万粉丝,它能听懂驯养师姐姐的每句话,卖萌、搞怪、耍宝,样样精通;和帅气聪明的"海狮"家族一起带来海狮海象总动员,包袱不断、笑点频出。

5. 全国首家极地海洋研学教育基地·淘学企鹅馆

哈尔滨极地公园是黑龙江首家教育部授予的全国中小学生校外研学实践教育基地、全国科普教育基地、全国海洋科普教育基地。

拥有极地白鲸、南极企鹅、北极熊、世界首例克隆北极狼等世界级珍稀研学资源,致力于为孩子们提供更高品质的研学实践教育,让孩子在实践中了解和掌握极地和海洋知识,培养科学素养和爱国情怀。

这里展出了中国最大的极地考察船"雪龙"号。"雪龙"号是继"向阳红10"号、"极地"号之后的中国第三代极地科考船,也是中国首艘极地科考破冰船。该船原为乌克兰赫尔松船厂建造的北极多用途运输船,中国于1993年购置并按科学考察需求改造,替代"极地"号投入极地考察。后经1995年、2007年和2013年多次改造和设备更新,"雪龙"号成为中国极地海洋调查和极地考察后勤支撑保障的中坚力量。

2019年7月,中国第一艘自主建造的极地科考破冰船"雪龙2"号交付使用,这是全球第一艘采用船艏、船艉双向破冰技术的极地科考破冰船,能够在1.5米厚冰环境中连续破冰航行。从此,中国的极地考察进入"双龙探极"时代!

"雪龙"号和"雪龙2"号是中国极地考察事业的重要代表,展示了中国在极地科研领域的成就和实力,地处北半球的中国,是环北极8个国家以外距离北极最近的国家,受到北极环境、气候的影响,北极的事务,中国应当有发言权。

1999年7月1日,"雪龙"号鸣笛起航,首次奔赴北极执行科学考察任务。5年后,在各方积极努力下,中国北极第一个科学考察站中国北极黄河站在挪威斯匹次卑尔根群岛的新奥尔松建成投入使用。

1984年11月20日,591名勇士奔赴万里之遥的南极,开展我国首次南极考察,历经40天的海上漂泊,考察队登上乔治王岛西部的菲尔德斯半岛,第一次将五星红旗插在了南极洲,科考队员随即顶风冒雪、奋战27个昼夜,建成了我国第一个南极科考站——长城站。南极广袤无垠的白色大地上,从此年年晃动着中国人忙碌的身影。

哈尔滨极地公园模拟了长城站,创新打造了企鹅观测点和智慧触摸屏,真实体验在长城站看企鹅的别样感受,触摸屏上详尽展示了长城站的各栋建筑的位置与用途,冰雪征途,触手可达。

就1400万平方公里的南极大陆来说,仅仅在西南极南极圈附近开展考察,还远远不够。长城站建成后,中国开始谋划在南极圈内东南极拉斯曼丘陵建立第二个南极考察站。1988年11月20日,中国第五次南极考察队肩负建设中山站的光荣使命出征东南极。当五星红旗在90多天后建成的中山站上空升起时,116名队员流下了激动的泪水,面向北方,遥望祖国。从那年起,考察队员留守中山站越冬,孤独和寒冷考验着他们的意志和精神、决心与能力,持续至今。

进入21世纪,中国极地考察步入发展快车道,船舶、飞机、雪地车,电话、网络、新站区,不论是交通工具,还是通信工具,装备技术水平都得到大力提升。在内陆开展科学考察的需求越来越迫切,登顶南极冰盖最高点,建立考察站的呼声也越来越强烈。

南极内陆的极点、冰点、磁点和高点最具科学研究价值。彼时,美国在极点建立了阿蒙森斯科特站,俄罗斯在冰点建立了东方站,法国与意大利在磁点联合建立了科考站。只有高点无人问津,因为那里被称为"人类不可接近之极"。

无人到达,新的地域,新的领域,中国人一次次向深远处挺进。第一次进入南极内陆,深入冰盖300公里;第二次进入南极内陆,挺进冰盖近500公里;第三次进入南极内陆,驶入冰盖1100余公里……

2004年12月12日,中国第21次南极考察队13名队员驾驶4辆雪地车,拉着100多吨的物资,开始了中国第4次南极内陆考察。他们克服了高寒、缺氧、运输等种种困难,经过近40天的艰苦跋涉,找到了南极冰盖最高点、海拔4093米的冰穹A,"人类不可接近之极"首次留下人类的足迹、中国人的足迹。

2008年12月18日,中国第25次南极考察队28名内陆队员驾驶着8辆雪地车,再一次向冰穹A进发。20天焚膏继晷、战冰斗雪,终于在2009年1月27日,建成了我国第一座、世界第六座南极内陆考察站——昆仑站。昆仑站的建成标志着我国南极考察实现了从南极大陆的边缘地区向南极内陆关键地区的历史性跨越。

5年后,中国南极泰山站建成竣工,成为中山站和昆仑站之间的中转枢纽站。

中国极地考察事业走过30年,测绘地理信息工作已经成为南极考察事业中不可或缺的组成部分,黑龙江测绘地理信息局自2002年以来,先后参与执行了20次南极考察和1次北极考察,派出62人次执行极地现场考察任务。为了国家利益,黑龙江的测绘工作者乘风破浪走南极,战冰斗雪登冰穹,他们曾经帮助"雪龙"船成功营救被困俄罗斯研究考察船、完成中山站至昆仑站沿线运动监测点建设和观测、测制覆盖面积 30 多万平方公里的南极地形图、在南极地区建设北斗卫星导航系统基准站……在极端恶劣条件下执行每一项测绘任务，在变幻莫测的气候中做出每一次精准测量。

世界上最南端的居民，正在向我们招手！走过中国的南北极科考站，将到达超级企鹅水晶碗，在这里，孩子们将认识世界上的企鹅，还将亲眼见到 4 种珍稀的南极企鹅。

三楼的淘学企鹅馆打造三大研学互动体验教室，分别是 VR 体验教室、全息互动教室和海洋实验室。

在 VR 体验教室，戴上 VR 眼镜，立即可以穿越到南极。全息教室借助先进的投影和光线跟踪技术，让我们仿佛置身于海洋的怀抱。通过海洋鱼类保护挑战等游戏互动体验，寓教于乐。

全息剧场，运用了世界领先的元宇宙和全息技术，打造"淘学走天下"原创全息剧，讲述淘学企鹅、北极熊、极地白鲸、北极狼勇闯世界，最终在哈尔滨极地公园安家的故事。

二楼是海洋展区展出的山东舰，是我国自主研制的首艘航母。学生可以看到战机从航母甲板上呼啸而起，翱翔于蓝天白云之间。

一楼展出的模拟"蛟龙"号模型，是一艘由中国自行设计、自主集成研制的载人潜水器，是当之无愧的国之重器。

海洋实验室是孩子们可以亲手触摸水母、海星、鲨鱼，感受微观海洋世界的地方。

哈尔滨极地公园的独特设计和创新体验使其成为中国首家以极地主题表演秀与极地科普互动体验为核心的主题公园，是黑龙江哈尔滨的必打卡景区，更是广大导游需要学习和了解的景区功课之一。

第六节　铁人王进喜纪念馆

一、导游词

欢迎各位来宾，踏入这片承载着国家记忆与民族精神的圣地——铁人王进喜纪念馆。作为国家 AAAA 级旅游景区及全国爱国主义教育的重要基地，这里不仅是对一位伟大英雄的缅怀，更是对那段激情燃烧岁月的致敬。

当我们轻轻步入这片绿意盎然的园区，首先映入眼帘的是那座巍峨挺立的花岗岩雕塑，"铁人王进喜手握刹把"，高达6.5米，由9块坚石精心拼接而成，仿佛诉说着他坚定不移的信念与力量。他的眼神，穿透岁月的风尘，依旧闪烁着对石油事业的无限热爱与执着追求；紧握刹把的手，定格了那一刻的坚定与决心，羊皮袄上的斑驳，是风雨兼程的见证，也是大庆精神的烙印。

王进喜，一个从甘肃玉门走出的普通工人，却以非凡的勇气和毅力，成了新中国石油工业的脊梁。1959年，在北京的街头，那辆背着"煤气包"的公共汽车，深深刺痛了他的心，也点燃了他心中为国家摘掉"贫油"帽子的熊熊烈火。从此，他立下誓言，誓要将石油的"血脉"注入祖国的每一个角落。

1960年，大庆油田的会战号角吹响，王进喜率领1205钻井队，义无反顾地踏上了这片荒凉的土地。面对极端恶劣的自然环境，面对设备材料的极度匮乏，他们没有被困难吓倒，反而以"人拉肩扛运钻机"的壮举，展现了中华民族不屈不挠的精神风貌。那38米高、22吨重的井架，在寒风中屹立，成了会战史上的一座丰碑。

"破冰取水保开钻"，更是王进喜和他的队友们用实际行动诠释的"有条件要上，没有条件创造条件也要上"的豪迈誓言。当井喷危机突如其来，王进喜不顾个人安危，毅然跳进泥浆池，用血肉之躯搅拌泥浆，这一幕，不仅压住了井喷，更深深烙印在每一个中国人的心中，成了"铁人精神"最生动的写照。

在他的带领下，大庆油田迅速崛起，原油产量连年攀升，1963年更是实现了原油基本自给，宣告了中国"洋油"时代的终结。王进喜和他的1205钻井队，不仅创造了世界钻井史上的奇迹，更用汗水和智慧书写了中华民族的辉煌篇章。

然而，"铁人"并非铁打之躯，他也有疲惫与病痛。1970年，王进喜因长期劳累，不幸罹患胃癌。面对病魔，他依然乐观坚强，用自己的生命诠释了"生命不息，奋斗不止"的崇高境界。同年11月15日，这位伟大的石油工人永远地离开了我们，但他的精神却如同他亲手开采的石油一般，为后人留下了珍贵的宝藏。

今天,我们站在这里,不仅是为了缅怀王进喜这位石油战线的杰出代表,更是为了传承和发扬他那种"爱国、创业、求实、奉献"的大庆精神、铁人精神。让我们携手并进,在新时代的征程中,继续书写属于中华民族的辉煌篇章!

接下来,请各位来宾随我一起,继续深入探索这片充满故事与传奇的土地,感受那份永不褪色的铁人精神。

继续我们的步伐,踏上这47级台阶,每一步都仿佛踏在了铁人王进喜那坚实而光辉的人生轨迹之上。眼前这座庄严的建筑,铁人王进喜纪念馆,以灰色花岗岩为主调,不仅映射出历史的厚重,更赋予了这片土地以不朽的荣耀。高达1240平方米的主体建筑,不仅是物理空间的展现,更是精神世界的巍峨殿堂。正门上方,"铁人王进喜纪念馆"八个大字,流光溢彩,这是2006年温家宝同志亲临大庆视察时留下的墨宝,字字铿锵,激励着后来者不断前行。

纪念馆的设计匠心独运,从空中俯瞰,其轮廓巧妙地构成了"工人"二字,侧视则宛若人形,寓意着这是一座属于工人阶级的丰碑。顶部钻头造型的设计,不仅是对大庆油田的象征,更是对不断进取、奋斗向上的精神的颂扬,预示着大庆乃至整个国家能源事业的蓬勃未来。而那高达2.1米的基座,以及四周宽达8.5米的平台,不仅稳固了建筑本身,更象征着石油作为国民经济支柱的坚不可摧,以及大庆油田对国家发展做出的不可磨灭的贡献。

步入馆内,我们仿佛穿越了时空,回到了那个激情燃烧的岁月。"不屈的童年"展区,向我们展示了铁人王进喜早年生活的艰辛与不屈,正是这些经历,铸就了他坚韧不拔的性格。"赤诚报国"部分,则让我们见证了他是如何从一名普通的钻井工人,一步步成长为全国劳动模范,用汗水与智慧书写着对国家的忠诚与热爱。

"艰苦创业"展区,更是让人心潮澎湃。王进喜带领1205钻井队,在大庆油田的广阔天地间,上演了一幕幕惊天地泣鬼神的壮举。"下车三句话""人拉肩扛安钻机""破冰取水保开钻",这些耳熟能详的故事,不仅是对物质条件极度匮乏下的智慧与勇气的颂歌,更是对"有条件要上,没有条件创造条件也要上"的大庆精神的生动诠释。

随着展线的深入,我们见证了王进喜在带领队伍打第二口井时,不顾个人安危,带伤跳进泥浆池,用身体搅拌泥浆制伏井喷的壮举,这一跃,不仅稳住了井喷,更跃入了全国人民的心中,从此,"铁人"的称号响彻云霄。随后,"五面红旗"的树立,更是将大庆油田的英模事迹推向了高潮,激励着无数石油工人前赴后继,为国家能源事业贡献力量。

"科学求实"展区,则展示了王进喜在技术创新方面的卓越成就,他勇于探索,敢于实践,推动了钻井技术和工艺的快速发展,为油田的持续高产稳产奠定了坚实的基础。"无悔奉献"与"鞠躬尽瘁"展区,则让我们看到了一个更加立体、更加真实的铁人形象。他功高不自居,位高不自傲,始终保持着一名共产党员的初心和使命,即使在"文化大革命"期间遭受迫害,也依然坚持正义,誓死捍卫大庆红旗。最终,因积劳成疾,铁人王进喜在北京病逝,但他的精神却如同他亲手开采的石油一般,永远流淌在中华大地上。

走出纪念馆,心中满是对铁人王进喜的无限敬仰与怀念。馆内的每一件文物、每一张照片、每一面战报墙、每一首会战诗抄,都在无声地诉说着那个时代的赤胆忠心与拼搏奉献。而那些雕塑、蜡像、场景复原,更是让我们仿佛置身于那段历史之中,与铁人并肩作战,共同书写着属于中华民族的辉煌篇章。铁人虽已远去,但他的精神永存,激励着我们在新时代的征程中继续前行,为实现中华民族伟大复兴的中国梦而不懈奋斗。

二、铁人王进喜纪念馆景区介绍

在广袤无垠的东北大地上,坐落着一座庄严肃穆的建筑——大庆铁人王进喜纪念馆。这里是铁人精神的发源地,是人们追寻英雄足迹、感受崇高精神力量的圣地,是中国共产党领导黑龙江人民在革命、建设、改革发展历程中,在这片神奇的黑土地上,用汗水、鲜血铸就的宝贵精神财富。

大庆精神,是中华民族精神的重要组成部分。无论过去、现在,还是将来,大庆精神都是激励人们奋进的动力。大庆精神主要包括:为国争光、为民族争气的爱国主义精神;独立自主、自力更生的艰苦创业精神;讲求科学、"三老四严"的科学求实精神;胸怀全局、为国分忧的奉献精神。概括地说就是"爱国、创业、求实、奉献"。大庆精神始终伴随着大庆油田的开发建设而不断丰富完善。大庆精神是我国石油职工学习和运用毛泽东思想，继承和发扬中华民族、中国共产党、中国工人阶级、中国人民解放军的优良传统，是在20世纪60年代波澜壮阔的石油大会战中逐步培育和形成的，并在火热生动的油田生产建设实践中不断丰富、创新和发展。

铁人精神是大庆精神的具体化和人格化。主要包括："为国分忧、为民族争气"的爱国主义精神；"宁肯少活20年，拼命也要拿下大油田"的忘我拼搏精神；"有条件要上，没有条件创造条件也要上"的艰苦奋斗精神；"干工作要经得起子孙万代检查""为革命练一身硬功夫、真本事"的科学求实精神，甘愿为党和人民当一辈子"老黄牛"、埋头苦干的无私奉献精神。

2017年1月，入选《全国红色旅游经典景区名录》；2021年12月，被全国总工会命名为"首批全国职工爱国主义教育基地"，铁人王进喜纪念馆不仅是全国人民接受爱国主义教育的基地和摇篮，更是大庆市的一张耀眼名片。

铁人王进喜纪念馆位于黑龙江省大庆市让胡路区中原路2号（铁人广场对面），是中国石油天然气集团公司企业精神教育基地、全国爱国主义教育示范基地、全国工业旅游示范点、黑龙江省军区"革命传统教育基地"、国家AAAA级旅游景区。

铁人王进喜纪念馆的4个展厅，分布在一层和二层，楼上与楼下之间有自动扶梯和直梯相通，同层展厅之间有回廊相连，总体展线呈顺时针方向走势。整个陈列以铁人王进喜生平事迹为主线，以大庆石油发展历史为副线，内容丰富翔实，形式多样，除了采用照片、文字、电动图表等传统的展示手段外，还采用了硅胶像、沙盘、场景复原、多媒体等现代展示手段，较好地表现了"爱国、创业、求实、奉献——石油魂"这一主题。

这里是一种精神的归宿，在这里，我们可以追溯那个年代里极为典型的单纯以及热烈的信仰，馆内陈列着200余幅照片和300多件珍贵实物，那既是铁人的个人历史，也是大庆油田历史的浓缩版本。

铁人王进喜纪念馆，于2003年10月3日铁人诞辰80周年之际奠基，2006年9月26日大庆油田发现47周年之际正式开馆，馆名由时任中共中央政治局常委、国务院总理温家宝到大庆油田考察工作时亲笔题写。馆区占地面积11.6万平方米，主体建筑面积2.15万平方米，展厅总面积4790平方米，展线总长度917延长米。主体建筑外形为"工人"二字组合,鸟瞰呈"工"字形,侧看为"人"字形,象征这是一座工人纪念馆。主体建筑高度47米,正门台阶共47级,寓意铁人47年短暂而不平凡的人生历程,建筑顶部为钻头造型,象征大庆油田奋发向上,积极进取,馆区内的雕塑《崛起》《奋进》《五把铁锹闹革命》等错落有致地矗立于馆区。

铁人王进喜纪念馆展览共分出了:"不屈的童年""赤诚报国""艰苦创业""科学求实""无悔奉献""鞠躬尽瘁""精神永存"七部分,集中展示了铁人王进喜的生平业绩及用终生实践所体现出的大庆精神、铁人精神。在各展厅之间的通道处,根据内容的需要,增加了巨幅国画《大庆工人无冬天》和战报墙、会战诗抄墙、宣传铁人和石油会战的美术作品。

【序厅】进入馆内先看到序厅内大型的群雕《石油魂》,这是当时国内最大的室内铜雕,上面共刻画了51个人物形象,"五一"也象征着劳动人民,两侧墙上还醒目地镌刻了两句话:"有条件要上,没有条件创造条件也要上""宁肯少活20年,拼命也要拿下大油田"是铁人王进喜在石油大会战中发出的钢铁誓言,它浓缩了铁人的伟大人生,是铁人精神的重要组成部分。

【不屈的童年】王进喜,于1923年10月8日出生在甘肃省玉门市赤金堡的一个贫苦农民家庭。馆内展示了其父母的画像,铁人小时候的名叫"十斤娃",王进喜早年当了十余年的矿工,展柜中展示了他早年用过的石枕,盖过的盒子被。馆内还复原了王进喜早年全家生活的泥草屋和做活的农具,也展现了当时他们的贫苦生活,在灾难深重的旧中国,王进喜受尽了苦难。展馆通过6组雕塑分别展示了王进喜曾经经历的磨难,他6岁带着双目失明的父亲沿街讨饭,9岁赶车百里送羊毛,10岁给地主放牛,1939年去了玉门油矿当童工,正是因为他成长的苦难,练就了他刚毅不屈的顽强性格。

【赤诚报国】共产党、毛主席把王进喜从水深火热中解救出来,1950年春王进喜通过操纵考核,成为新中国第一代钻井工人,柜中展示了当时他穿过的工服、戴过的狗皮帽子两件国家二级文物。1956年4月29日,王进喜光荣地加入了中国共产党,这也是他人生的里程碑,展馆内还展出了王进喜的入党志愿书,他把朴素的阶级情感升华为崇高的理想信念,化作奋发思变的行动。特别是成为共产党员,当了钻井队长以后,他带领1205钻井队全力打好翻身仗,创出"月上五千,年入双万"的全国钻井最高纪录。王进喜被誉为"钻井闯将",推动了全国石油钻井事业的发展,因为他在玉门干出了成绩。1959年9月,中华人民共和国成立十周年,王进喜被邀请出席国庆观礼,馆内展出了他当时留下的珍贵照片和戴过的前进帽(国家一级文物),在天安门城楼上,王进喜见到了日夜想念的毛主席。回到家,王进喜激动得睡不着,写下了他平生第一首诗:"北京见到毛主席,浑身是劲精神抖,满怀豪情干革命,永生永世不回头。"也是在同年,王进喜被邀请参加大庆"群英会",在这次会议上,王进喜得到了大庆发现油田的消息,展出的一幅油画中展现,在群英会休会期间,王进喜参观首都十大建筑。路过沙滩街时,看到行驶的公共汽车上因为缺油而背上了煤气包,王进喜百感交集,想着想着这位坚强的西北汉子蹲在北大附近的红楼沙滩街头流下来热泪。从此,这个煤气包沉甸甸地压在他的心上,成为他后半生为国分忧,为民族争气的思想动力。

毛主席十分关心我国石油工业的发展,在1956年的时候,毛主席就指出,看来发展石油工业还得革命加拼命。1958年,党中央作出石油勘探战略东移的重大决策。第一个五年计划结束时,我国的石油自给率其实仅为40.6%,当时飞机停飞,坦克停用,连拖拉机也停在车库里,朱德总司令曾忧心忡忡地说没有油,坦克大炮还不如打狗棍,打狗棍拿着还可以打狗,坦克大炮没有油就不动了。正是在这种状况下,石油工业部、地质部遵照中央指示精神,加快对松辽盆地进行大规模勘探。经过广大石油地质工作者的艰苦努力,1959年9月26日,位于当时黑龙江省肇州县大同镇高台子地区的松基三井喷出了工业油流,我国在松辽找到了大油田。当时正值国庆十周年前夕,时任黑龙江省委第一书记欧阳钦指示将这个油田命名为"大庆油田",这就是大庆名字的由来。

【艰苦创业】1960年2月,中共中央批准了石油工业部关于组织大庆石油会战的报告,中央批准3万名退伍转业兵奔赴大庆。当时林业部、电业部、冶金部、机械部也都给予了协作支援。全国石油管理局共37个单位的精兵强将也齐聚大庆。全国各地都纷纷支援大庆,包括退伍转业兵3万多人,以及后续各单位支援总共人数48000人左右,当时不仅是支援人力,各地还积极支援了各种物资,棉大衣、皮带、帽子、皮鞋、大头鞋,这些令人振奋的画面也记在了纪念馆的展墙上,仿佛把我们带回了那场轰轰烈烈、波澜壮阔的石油大会战。

前方我们就到了等比例还原的著名的牛棚指挥部。以前的这个石油大会战的指挥部就是这样一个牛棚改造而成的,当时石油会战领导小组的主要领导就在这样的环境下办公指挥大会战,前方屋子里面有一张行军床,是当时会战领导宋振明居住的,也是国家一级文物。

这间小屋非常小,领导居住的空间和会战职工住的大通铺都非常简易,就是有几块木板拼接起来的,并且只用一个布帘来进行隔挡,艰苦简陋的条件让人非常心疼。

1960年3月15日,王进喜带领钻井队从玉门出发,3月25日到达大庆,下了火车,他一不问吃,二不问住,先问钻机到了没有,井位在哪里,这里的钻井记录是多少。恨不得一拳头砸出一口井来,这就是后期流传下来非常有名的铁人三问,当时大庆石油会战是在困难的时间、困难的地点、困难的条件下进行的4万多名的会战,队伍一下集中到大荒原上,生产生活都遇到了极大的困难,没有地方住,他们只能住在牛棚马厩,挤在自己挖的地窨子里,有的就直接在荒原露宿,纪念馆中展出的"宿冰卧雪来会战"便生动地展示了当时的场景。

不仅住不好,职工们还吃不饱,当年正赶上三年自然灾害,职工们就捡冻白菜、甜菜叶子,生生挺过了五两三餐保会战,纪念馆还展出了当年职工们挖的野菜和使用的野菜标本。

在会战过程中,为了提振大家信心,组织开始号召职工学习毛泽东同志所著的《实践论》和《矛盾论》的决定。纪念馆展出了王进喜学习用的两论单行本,上面还有他的亲笔签名,王进喜学完两论之后非常振奋:"说这困难那困难,国家缺油是最大的困难,这矛盾,那矛盾,国家建设等油用是最主要的矛盾",并响亮地发出"有条件要上,没有条件创造条件也要上"的坚定口号。

在图片展板上我们可以看到王进喜1960年3月25日带领钻井队到达大庆,但他的钻井设备4月2日才运到萨尔图火车站,钻机运到之后,他们也是遇到了一个前所未有的困难,这些钻井设备总重60多吨,在玉门拆散搬家需要吊车,拖拉机各四部,大型载重汽车10辆。然而刚组建不久的萨中探区吊运设备非常少,怎么办?王进喜说我们绝对不能等,就是人拉肩扛,也要把钻机全都拉上井场。三天三夜，王进喜带领队友撬杠撬、滚杠滚、大绳拉，硬是靠双手和双肩把钻机卸下，火车搬上汽车，搬运至井场并安装就位。就在这个过程中王进喜和队员们喊出了著名的口号——"石油工人一声吼，地球也要抖三抖""石油工人干劲儿大，天大困难也不怕"。这句话还被毛主席引用过，展出图片中1964年10月美国著名作家埃德加斯诺访华，斯诺问毛泽东有什么要告诉世界的？毛泽东回答："我国东北新开发了一个大油田，有一位钻井工人说，'石油工人一声吼，地球也要抖三抖'，我们一发言，世界就有人受不了。"

铁人有两个非常著名的故事，一个是人拉肩扛运钻机，第二个是破冰端水保开钻。打井离不开水，但当时水管线没有接通，等罐车运水大约要等三天。为了早日开钻，王进喜带领全队职工到距离井场1公里外的水泡子，把厚厚的冰层砸开一个大窟窿。盆端桶提，连铝盔和灭火器外壳都用来装水运水，当时的脸盆是洗脸用，吃饭用，敲锣打鼓也要用。

有人说你们看哪个国家是端水打井的？王进喜还非常自豪地说就是我们国家，我们就是尿尿也要打井！经过一天一夜的艰苦奋战，终于端足了打井用的50多吨水，纪念馆复原了当时众志成城的场景。

纪念馆墙上还展出了铁人和职工们创作的47首诗，让我们感受到了当时的会战职工满满的英雄气概，会战职工乐观地写道："天当房，地当床，棉衣当被，草当墙，五两三餐保会战，为国夺油心欢畅。"

王进喜在指挥工人放井架的时候，被滚落的钻杆砸伤了右腿，可他不顾伤痛继续指挥打井。1960年4月29日，他带伤参加了万人誓师大会，响亮发出"宁肯少活20年，拼命也要拿下大油田"的钢铁誓言，探区领导得知王进喜受伤的消息后非常关心铁人，先后两次把他送到医院治疗，可他两次都跑回了井场，他说："这里是高压区，容易井喷，我就是坐着看你们干也觉得放心呐。"第二天就又挂着拐杖在井场上继续指挥打井。图片上展出，有一次领导已经把他送到了150公里以外的齐齐哈尔市住院，但是他第二天依旧跑回井场上，图中王进喜笑着说："人又不是泥捏的，哪有那么娇贵。"

纪念馆还运用多媒体，再现当年王进喜和队友一起制伏井喷时的惊险感人场面，纪录片中记录着在王进喜等职工的努力下，中国终于把贫油的帽子甩到了太平洋。1963年周恩来总理在全国人大二届四次会议上庄严宣告：由于大庆油田的开发和一些新炼油厂的建成，我国经济建设、国防建设和人民所需要的石油，不论在数量或品种方面，基本上都实现自给了！

1964年年初，毛泽东主席发出了工业学大庆的号召。同年4月20日，《人民日报》刊发长篇通讯《大庆精神，大庆人》："不仅高水平高速度，拿下大油田，更是形成了宝贵的精神财富——大庆精神、铁人精神。中国石油工业由此开启一个新纪元。"

1964年4月20日，《人民日报》刊发长篇通讯大庆精神，大庆人首次向外界公开报道了大庆油田，第一次提出大庆精神这一名词，从此大庆和铁人王进喜的名字传遍了祖国，传向了世界。但是全国学大庆，大庆怎么办呢？大庆提出前进依靠两分法，既要看到成绩又要看到差距，以两分法为武器对照先进，大找差距，为了响应毛主席发出的全国工业学大庆的号召，在整个工业战线涌现出一大批学习大庆的先进单位和先进个人，产生了许多大庆式企业。从此大庆成为整个工业战线学习的标杆和旗帜，在这里我们还可以看到图片展示当时有70多个学大庆的先进单位。

【科学求实】纪念馆记录了王进喜作为吃苦耐劳的实干家，也是勇于创新、科学求实的典范，在全国人民都在学大庆的时候，他却在破骄傲自满，靠"两分法"前进，对照先进，大找差距。

为了方便开展工作，铁人抓紧一切时间学习文化知识，工作之余，他听秦腔，看唱本，识字学文化，他说："我学会一个字，就像搬掉一座山，我要翻山越岭去见毛主席。"

图片还展示了铁人与工人们在一起为了提高钻井质量和钻井速度，研究生产和钻头时的场景，铁人经常跟工人们强调："干工作，要为油田负责一辈子，要经得起子孙后代的检查。"这里还展出了一组仿真硅像——《钻研》。

铁人经常对工人们说："干，才是马列主义，不干，半点马列主义也没有。"会战初期，部分钻井因过于追求速度，一度出现了质量问题，就连1205这样的标杆队也打瞎了一口井，在难忘的"四·二九"万人誓师大会之后，铁人要求把折扣斜度不达标的井填上了，并记录在队史上，以警示后人。

纪念馆内同时展出了一辆匈牙利雀贝尔牌125型摩托车，正是铁人跑井时骑的那辆，工人们都叫它"小黑兔"，也是国家一级文物。除了极具年代感的摩托车，还有当时王进喜常用的一些物品及羊皮袄也陈列其中。

纪念馆内特别制作了"钻头墙"，记录了大庆石油会战至今使用过的不同类型钻头。

【无悔奉献】1964年年底，铁人当选为第三届全国人大代表，1966年2月被任命为大庆石油会战副指挥，展柜中展示了当年中组部下发的任命通知书。当了干部，但铁人功高不自傲，位高不自居，他同母亲商量后给全家人定了一条规矩：公家的东西，一份也不能沾。铁人患有严重的关节炎，领导为了照顾他，给他配了一台威利斯吉普车。这辆车工人干部都可以用，唯独自己不能用，家里人不能用，铁人的老母亲病了，还是铁人的大儿子用自行车推着奶奶去卫生所看病，展板上镌刻着铁人的名言："我从小放过牛，知道牛的脾气，牛出力最大，享受最少，我要老老实实地为党和人民当一辈子的老黄牛。"同时馆内展出了铁人的炒面袋，因为会战初期粮食定量非常低，铁人跑井的时候，就让老伴儿把玉米面炒好，装在这个干粮袋里带在身上，每到吃饭时就抓把炒面用开水冲好了来充饥，有时干粮袋忘记带了，他就借故走开，从不吃井队的饭菜。在铁人身上充分展现出一名共产党人廉洁自律的优秀品质。

纪念馆还模拟复原了铁人当大队长时，全家10口人住的干打垒房屋复原景观，也是大庆6个传家宝之一，《人民日报》评价看到了干打垒，就像看到了延安窑洞，来到了大庆，就像回到了战争年代的延安。

铁人非常爱孩子，他把孩子当成油田的未来，为此铁人亲手创办了帐篷小学，后来为了纪念铁人，将这所小学命名为铁人小学。

【鞠躬尽瘁】在1965年7月石油工业部政工会和1966年2月全国公交工作会议上，铁人发出了要让国家省省有油用管线连成网，全国每人每年平均半吨油的奋斗目标，引起与会代表的强烈反响。

正当王进喜为发展石油工业奋斗时，"文化大革命"开始了，造反派非法扣押了王进喜，面对非法审讯，王进喜铁骨铮铮地说："大庆红旗是大庆几万名干部、工人干出来的，是毛主席亲手树立的，永远是红的，你就是把刀架在脖子上，我也不承认是黑的。"

周总理得知大庆油田生产遭受破坏的消息后非常痛心,在他的关怀下,1967年3月27日,中共中央、国务院、中央军委对大庆油田实施军管,有效纠正了混乱局面。1969年4月,铁人出席党的九大并当选为中央委员。展出的照片记录了当时毛主席在主席台前接见铁人并与他亲切握手的珍贵画面。

"文化大革命"期间,大庆油田原油产量仍以28%的速度递增,并于1976年攀上了5000万吨的高峰,支撑了濒临崩溃的国民经济。纪念馆展出的一组蜡像"关爱",表达了敬爱的周总理与铁人之间深厚的情谊,纪念馆也以展板的形式记录下了两人一生共有的30次见面。同时也展出了一幅葵花向太阳剪纸作品,正是九大期间周总理送给铁人,希望铁人永远忠诚于党、忠诚于人民。周总理先后3次到大庆油田视察,铁人每次都陪同。

铁人是那个时代的英雄,是人们心目中的偶像,受到了社会各界和国际友人的尊敬和爱戴。1964年年初,许多新闻工作者、文艺工作者受其精神的感染,纷纷来到铁人纪念馆,他们走近铁人,了解铁人,创作出很多反映大庆人工作生活的话剧、纪录片、文章等,展厅中看到的很多视频资料,都是在1965年周总理指示上海海燕电影制片厂拍摄的纪录片"大庆战歌"中的场景,在短片中真实还原了王进喜和他的队友们很多工作场面,让更多的人可以了解铁人的精神。

王进喜从普通的钻井工人成长为全国文明的铁人,他的思想也在不断升华,他曾在笔记本上这样写道:"我是个普通工人,没啥本事,就是为国家打了几口井,一切成绩和荣誉都是党和人民的,我自己的小本本上只能记差距。"1966年国庆期间,铁人应邀到北京人民艺术剧院做报告,演员李光富在后台见到他请他签名,铁人就在毛主席语录上写下了充满哲理的"五讲":讲进步,不要忘了党;讲本领,不要忘了群众;讲成绩,不要忘了大多数;讲缺点,不要忘了自己;讲现在,不要割断历史。"五讲"是铁人毕生学习和实践的结晶,是他为我们留下的宝贵思想财富。

1970年春节前夕,铁人受周总理委托到江汉油田进行慰问,到那里后,他首先做的就是解放干部的工作。1970年4月5日,铁人到玉门参加全国石油工作会议,会议期间胃病发作,疼得厉害,领导和同事们多次劝说,4月17日到北京看病,在周总理的关怀下住进了解放军301医院,确诊为胃癌晚期。我们哪能想到当时 4 月 5 日就是他最后一次回到玉门油田,得知病情以后,铁人平静地对大夫说:"癌症也是纸老虎,你们大胆治,治好了,我回大庆再干它 20 年,治不好,也可积累一些经验。"

1970 年 7 月,铁人的病情有所好转,爱人王兰英领着患有小儿麻痹症的小女儿来看他,正好当兵的大儿子也来到北京。铁人就和爱人一起领着一双儿女来到天安门广场,留下了这张合影,这是铁人一生中唯一一次与家人上街,因为他平时实在太忙了。

10 月 1 日,铁人以中央委员身份参加国庆观礼,在天安门城楼上他遇见了邓颖超,邓大姐关切地询问他的病情,他乐观地对邓大姐说:"请转告总理,等我病好了,我一定回大庆再干它 20 年,请总理放心。"可畅想着未来的铁人哪里知道,此时癌细胞已经扩散,病情急剧恶化,而他最后想到的仍是党和国家的利益。

一天,他用颤抖的手取出一个小纸包,交给前来探望他的领导同志,里面装的是他住院后,各级组织给他的 500 元补助费和这张记账单,这些钱铁人一分也没有花,每一笔都记得清清楚楚,他说请组织把它花到最有需要的地方去,我不困难。铁人一家上有老下有小,全靠他一人工资供养,这样的家庭生活是多么难,可铁人心里装的永远只有组织和群众,唯独没有他自己。

1970 年 10 月 15 日 23 时 42 分,铁人王进喜因医治无效不幸病逝。享年 47 岁,正在开会的周总理得知铁人病危的消息后立即休会,赶往医院,可当他到达病房时,铁人已于 8 分钟之前停止了呼吸,周总理俯下身,深情地望着铁人,悲痛地说:"我来晚了,我来晚了,铁人呐,你怎么瘦成这个样子?太可惜了,太可惜了。"

铁人走时才只有 47 岁,正当盛年,他曾经发出宁肯少活 20 年,拼命也要拿下大油田的钢铁誓言。其实,他岂止是少活了 20 年,他把一生交给了祖国的石油事业。1970 年 10 月 18 日,大庆油田和玉门油田都举行了隆重的追悼大会,全国各地纷纷发来唁电唁函,一个个花圈表达了人们深切的悼念之情,挽联寄托着人们无限的哀思。

【精神永存】铁人王进喜的骨灰被安放在北京八宝山革命公墓。铁人逝世后,大庆油田做出向铁人王进喜同志学习的决定,大庆人决心继承铁人的遗志,将他未尽的事业进行到底,铁人虽然离开了我们,但他的音容相貌永远留在我们心中。

铁人的一生是奋斗的一生、创造的一生、光辉的一生,他用终生实践为我们树立了一面永远的旗帜。荒原不会忘记、篝火不会忘记、岁月不会忘记,祖国不会忘记,铁人王进喜。

展馆通过展出大量珍贵的历史文物和照片,复原了大庆石油会战那段波澜壮阔的岁月。展厅中,一件件实物、一幅幅照片,都在默默诉说着那些艰难困苦、浴血奋战的日子。人们仿佛能够穿越时空,回到那个激情燃烧的年代,感受那些石油工人们的豪情壮志和无私奉献。

纪念馆的每一个角落,都弥漫着一种肃穆而庄严的气氛。人们在这里,不仅能够了解到大庆石油会战的历史背景和王进喜的英勇事迹,更能深刻感受到那种为国家、为人民无私奉献的铁人精神。这种精神,已经深深烙印在每一个参观者的心中,成为他们前行的动力和信念。

大庆铁人王进喜纪念馆不仅是一个展示历史的场所,更是一个传承精神、弘扬正能量的圣地。在这里,人们能够深刻感受到那种为国家、为人民无私奉献的精神力量,这种力量将激励着每一个人不断前行、不断奋斗。

如今的大庆,已经发生了翻天覆地的变化。昔日的荒凉之地,如今已经变成了现代化的石油城市。然而,无论时代如何变迁,那种铁人精神却永远不会消失。它将继续激励着大庆人民,在新的历史征程中,不断创造新的辉煌。

大庆铁人王进喜纪念馆,这座庄严肃穆的建筑,也将永远屹立在东北大地上,见证大庆的辉煌历史,传承铁人的崇高精神。它将继续吸引无数的人们前来参观、学习、感悟,成为一座永不褪色的精神灯塔。

第七节 镜泊湖风景名胜区

一、导游词

游客朋友们：

大家好，欢迎大家来到镜泊湖观光旅游！

镜泊湖是国家 AAAAA 级旅游景区，位于中国东北的张广才岭与老爷岭的过渡地段，总体规划面积为 1726 平方公里，是世界第一大火山熔岩堰塞湖。镜泊湖水源来自美丽的牡丹江。镜泊湖古称湄沱湖，汉书称为湄沱河，唐高宗时期称为阿卜隆湖，后改称为呼尔金海，唐玄宗时称为忽汗海，明代称镜泊湖，清代称毕尔腾湖，意为平亮如镜。今通称镜泊湖。

美丽的湖泊宛若一颗璀璨夺目的明珠镶嵌在祖国北疆的翠屏之上。它以独有的朴素无华的自然之美，而闻名于世。山在水中起，水在山中生，许多领导及文人墨客游览镜泊湖时，都禁不住诗兴大发，其中最著名的是叶剑英元帅的诗句"山上平湖水上山，北国风光胜江南"。素有活力黄金口岸，魅丽湖雪名城之称的镜泊湖位于黑龙江省东南部宁安市境内，距牡丹江市仅有 80 公里。湖的面积为 79.3 平方公里，海拔 350 米，最深处达 70 米，湖身长 45 公里，东西最宽 6 公里。这里属温带大陆性季风气候，四季分明，气候宜人，最高温度不超过 36.2℃，被人们誉为北国避暑胜地。风景区属于温带针阔混交林，典型植被是红松，覆盖率达 68%。野生动物 40 余种，飞禽 40 余种，鱼类 50 余种，著名的品种有鳌花、湖鲫、鲤鱼、红尾、胖头鱼等。

镜泊湖的环境秀美。湖光山色具有"清幽、灵毓、淡雅、秀丽"的特点，湖水处于群山环抱之中，山重水复，万木葱茏，水平如镜，蜿蜒曲折。湖中岛屿与半岛星罗棋布，飘逸多姿，像珍珠落镜盘，绚丽多姿。春花、夏水、秋叶、冬雪，形成了鲜明的四季特色。1983 年 8 月 11 日，邓小平同志视察镜泊湖时，欣然题写了"镜泊胜景"。镜泊湖于 1982 年被国务院首批定为国家级重点风景名胜区；被城乡建设部批准为全国 41 个"先进风景名胜区"之一；2002 年被国家旅游局评为国家 AAAA 级旅游景区；2006 年被联合国教科文组织批准为"世界地质公园"；2010 年被国家旅游局评为国家 AAAAA 级旅游景区。

镜泊湖蕴山水之灵秀,领自然之神韵。镜泊湖分为北湖、中湖、南湖三大水区,由于湖水于群山环绕之中,水面平静,山重水复,风景秀丽。著名景点有瀑布、白石砬子、大孤山、小孤山、城墙砬子、珍珠门、道士山、老鸹砬子八个百里长湖景观,再加上火山口原始森林以及唐代渤海国上京龙泉府遗址等风景名胜构成了整个镜泊湖风景区。

镜泊湖的地质奇特。湖的西北部分布着大小16个火山口。火山口覆盖着茂密的原始针阔叶林和红松纯林。100万年以前镜泊晚期火山群不断喷发,形成了一条约220平方公里的熔岩台地。

镜泊湖火山锥外的熔岩河及熔岩台地主要由黑色玄武岩组成,在台地上分布着国内罕见的大型熔岩隧道,隧道内部结构相似,形态奇异,如将熔岩隧道(熔岩洞)相加能达10公里之长,具有很高的科研价值。盛夏季节洞内仍可见冰景,寒气逼人,有的洞内则雾气缭绕,幽深而神秘,极具科考价值。在熔岩台地上还有各种奇特的火山熔岩景观,如熔岩桥等。由于火山喷发年代久远并且不同,加之镜泊湖优越的地理环境,如今火山口覆盖着茂密的原始针阔混交林及红松纯林,又被称为"地下森林",景观之奇特,气势之壮观,均为国内罕见。

镜泊湖处于群山环抱之中,山重水复、蜿蜒连绵,时而水平如镜,时而微波荡漾,秀美无比。在此,不妨摘引一些人们对镜泊湖的赞诗:"褶曲湖山几复湾,云落清波若镜天"(陈雷,《镜泊湖上》);"湖光山色绿黛敷,峰回流转湖连湖"(钱俊瑞,《调寄添字浣溪沙·镜泊湖》);"人在镜中行,云影天光上下明"(鲁歌,《游镜泊湖调寄南乡子》)。从这些描写镜泊湖的诗篇看,人们对"曲湖""平湖""明湖"发出了如此深情的感叹。湖中更有白石砬子、城墙砬子、老鸹砬子、珍珠门、毛公山、大孤山、小孤山、道士山等著名景点镶嵌其间,形成独特的天然美景,并有美丽的传说,将其人格化,赋予镜泊湖极高的美学价值。

吊水楼瀑布位于百里长湖北端,由黑色玄武岩形成的环状落水深潭,丰水期瀑布一般幅宽五六十米,落差十几米,但在汛期,瀑布呈多股跌落,最高落差20多米,最大幅宽达400多米。波涛翻滚,飞流直下,声震如雷,景色壮观。如有诗赞:"飞落千堆雪,雷鸣百里秋。深潭霞飞雾漫,更有露漫岸秀。任石阻崖隘,只是冲关奇口"(赖积忠,《调寄水调歌头·观瀑》);

"林海夜深闻虎啸，山雨飞瀑作雷鸣"（孙莜祥，《镜泊湖》）。

火山地质景区是镜泊湖风景名胜区核心景区之一，也是镜泊湖世界地质公园的重要组成部分。雄伟壮观的火山口、绿波万顷的原始林、光怪陆离的熔岩洞、烟波浩渺的熔岩台地和"水火交融"的镜泊峡谷，展示着大自然鬼斧神工之伟力，绽放着自然景观千姿百态之魅力。

渤海国上京龙泉府遗址是镜泊湖风景名胜区的重要组成部分，上京龙泉府是唐代渤海国五京之首，是我国盛唐时期地面记录遗存保留最丰富、布局最完整的古都遗址，这里有清代兴隆寺、国宝石灯幢。渤海国那段辉煌的历史，为我们展现了"海东盛国"的盛况。它是中原汉唐文化与东北地方古民族文化相融汇的典型代表，是渤海文化这种已逝去的文明传统最具代表性的物化载体，是珍贵的、无可替代的物质文化遗产。

游客朋友们，时间过得真快，在不知不觉中游览就要结束了，我们相处的时间虽然短暂，你们却给我留下了美好难忘的印象，特别是对我的导游工作给予了充分的理解和支持，我诚恳地希望你们给我提出宝贵意见。分别之际，留恋之情溢于言表，我衷心地道一声谢谢，希望再次光临!

二、镜泊湖风景名胜区介绍

镜泊湖位于中国东北的张广才岭与老爷岭的过渡地段，距牡丹江市区80公里，是世界第一大火山熔岩堰塞湖。由百里长湖、火山口森林、渤海国遗址三个核心景区组成，森林覆盖率达68%以上。是集自然、历史、人文景观于一身的综合性景区。镜泊湖于1982年被国务院首批审定为国家重点风景名胜区，2006年被世界教科文组织评为世界地质公园（园区规划面积1400平方公里），2008年被国际休闲产业协会、联合国国际生态安全合作组织、中国国际名牌协会评为中国十佳休闲旅游胜地，2010年被国家旅游局评为国家AAAAA级旅游景区。

（一）百里长湖景区

1. 镜泊湖

镜泊湖，《汉书·地理志》称湄沱河，唐高宗永徽二年（651年）称阿卜湖（又称阿卜隆湖），后改为呼尔海金，唐玄宗开元元年（713年），称忽汗海，辽时称扑莺水，明代始称镜泊湖，清代称毕尔腾湖，意为平亮如镜。今通称镜泊湖。

镜泊湖的形成场面十分壮阔。在100万年以前,镜泊湖西北部火山群历经五次喷发,距今4800年最后一次喷发,熔岩堵塞了牡丹江的古河道,形成了镜泊湖。镜泊湖由西南至东北走向,蜿蜒曲折,呈"S"形,全长45公里,东西最宽6公里,最窄处仅300米。海拔350米,最深为70米(鹿苑岛一带),最浅为4米(大河口一带),平均水深20米,湖面面积为79.3平方公里,冰封期面积为90平方公里。风景名胜区、自然保护区规划总面积为1726平方公里。

纵观镜泊湖全貌,宛如一条黑色"巨龙"仰首匍匐于崇山峻岭中,火山口颇似"龙头"高翘,熔岩流填塞两侧支谷如同"龙爪",牡丹江古河道西北宽阔的谷地中舒展的岩席恰似"龙尾"。在熔岩台地上分布着奇异的火山熔岩景观,在熔岩台地下,又分布着大量长度不等的熔岩隧道和熔岩洞,如将熔岩隧道(熔岩洞)相加能达10公里之长,具有很高的科研价值。

镜泊湖的景观绮丽。气势磅礴的吊水楼瀑布、神奇迷离的"琉璃世界"、伟岸壮观的毛公山、雄奇壮阔的火山口、怪石峥嵘的地下熔岩洞、浩瀚无垠的火山口原始森林(地下森林)、历史悠久的渤海古国遗址、文化底蕴深厚的药师古刹、粗犷浓烈的地方民族风情、激发爱国情思的抗联遗址、灿烂辉煌的莺歌岭文化,令人惊叹神往,流连忘返。融自然美、形象美、色彩美、动态美和视觉美于一炉,享有"山上平湖水上山,北国风光胜江南"(叶剑英题)的美誉,1983年8月11日,邓小平同志视察镜泊湖时,欣然题写了"镜泊胜景"。

镜泊湖的资源丰富。水利资源充足,湖区有30多条河流呈向心式注入湖中,构成烟波浩渺的镜泊湖水系,蓄水量为16.2亿立方米,是一个天然的大水库。林木蓄积丰厚,林区面积达6000平方公里,原始森林有100多平方公里。树种繁多,有红松、水曲柳、核桃楸、白桦、蒙古栎等百余种;药用植物有山参、刺五加、天麻、黄芪、细辛、五味子等20多种;野生动物有东北虎、梅花鹿、金钱豹、马鹿、黑熊、紫貂等40多种;鱼类有鳌花、湖鲫、鲤鱼、红尾、胖头鱼等50多种;飞禽有天鹅、丹顶鹤、中华秋沙鸭、鸳鸯等40多种。山产品更是数不胜数,元蘑、棒蘑、木耳、榛子、猴头蘑等几十种及100多种山野菜。远在清代,镜泊湖出产的"东珠"曾是贡品,

"响水大米"是国宴不可或缺的佳品。

古往今来,名人题字,骚客赋诗,代不绝书。清康熙帝御笔"龙城胜地",乾隆帝亲题"大东毓瑞"。刘少奇、朱德、董必武、邓小平等党和国家领导人都曾视察过镜泊湖。

镜泊湖的由来,可谓版本繁多,众说不一。有"山鹰开湖"之说、有"湖底的金镜子"之说、有"霍哈恩都里开湖"之说等。在这里介绍一下"王母娘娘平波宝镜落地成湖"之说。说的是天上的王母娘娘有一面宝镜,能映出人间的一切,任何人不得随意观看。七仙女是王母娘娘最小的女儿,生性好玩好动。有一天,偷看了宝镜,被人间的美丽景色所诱惑,一看就是几个时辰。这事被快嘴的大姐告诉了王母娘娘,王母娘娘一气之下,将宝镜打落镜台。说也奇怪,只见这宝镜飞出南天门,放出耀眼的万道金光,飘飘悠悠,直奔人间,正好落在一片崇山峻岭之间,就听一声巨响,刹那间出现了一片水平如镜的湖泊。青山像美丽的镜框,清澈的湖水像一面宝镜,后来人们称它为镜泊湖。那美丽的七仙女后来怎样呢?因为七仙女偷看了人间美景,特别是男耕女织的幸福生活,凡心日增,落落寡欢。王母娘娘疼爱她,便赦她每年的六月十五日可去镜泊湖一游。如果想一睹七仙女的风采,可于六月十五日到镜泊湖偷看,是真是假,尽在不言中。

2. 吊水楼瀑布

瀑布,古代女真人音"发库",意为"吊着脚的楼",位于镜泊湖北湖头外3公里处。丰水期时,镜泊湖的水越过大坝,从黑龙潭岩壁断面跌入黑龙潭,即形成了吊水楼瀑布。

吊水楼瀑布,酷似举世闻名的尼亚加拉大瀑布。丰水期瀑布一般幅宽五六十米,落差十几米,但在汛期,瀑布呈多股跌落,最高落差20多米,最大幅宽达400多米。湖水从南、西、北三个方向,以排山倒海之势,从熔岩壁顶直扑黑龙潭。似浮云堆雪,白雾四溅,百米之外,水珠扑面;如银河倒挂,彩练悬崖,奔腾咆哮,声如奔雷,可震十里之外。尤其是雨后,天晴气爽,艳阳普照,常有色彩斑斓的彩虹出现,为波澜壮阔的瀑布增添了一个亮点。凡来镜泊湖旅游的客人,无一例外地都要在吊水楼瀑布摄影留念。吊水楼瀑布作为中国最宽的瀑布,备受世人青睐与珍惜。古往今来,文人骚客无不被吊水楼瀑布所倾倒,赋诗撰文,赞慕不绝。清代号称"酒量豪吸百川水，诗句平分日月光"的大诗人申伯勋在《题宁安瀑布（满江红）》中写道："破空劈练，白茫茫，雪浪飞寒，声势讶。千军万马，力撼泰山。莽莽龙蛇驰万壑，匆匆乌兔跳双丸。慨政潮，类此望何人，挽狂澜。接天漠，泻地盘，谒名胜，叹奇观。天独开生面，润色宁安。镜泊湖中称特产，鲫大盈尺鳞如丹，君欲知，韵事经谁题？碑上看。"1982年8月，当代著名书法家秦鄂生先生，被瀑布的壮观景象所感动，欣然命笔，题写了"惊雷飞雪"。

吊水楼瀑布南北两侧生长着挺拔的松树、榆树、桦树、紫椴及蒙古栎等，盘根于熔岩细缝之中，任凭风吹浪打，摇而不倒，枯而不死，足见其顽强的生命力，尤以一高大的古榆最为典型，根深叶茂，像一把天然的巨伞，傲然挺立在陡峭的崖壁之上。古榆旁建有"观瀑亭"，亭台距黑龙潭水面有16米落差，有石级可直至水面。为确保安全，台阶北沿筑有链式护栏。瀑布四周还建有俪人亭、观瀑亭、红罗桥、蘑菇亭及水榭等。不仅为游人赏瀑、拍照、小憩提供了场所，而且精巧别致的建筑，更为颇具魅力的吊水楼瀑布增添了不少色彩，显示出恰到好处的人文景观对自然景观的点缀之功。

吊水楼瀑布曾有一个美丽的传说。相传，渤海国时期，在瀑布的水帘洞里，住着一位既聪明美丽又勤劳正直的姑娘，名叫红罗女。远近闻名，深受百姓爱戴，求婚者络绎不绝。但她执言，求婚者必须回答"什么是人间最宝贵的"。消息传出，求婚者纷纷登门。其中有勇士、书生、商贾乃至渤海国王，一一应试。勇士说："人间最宝贵的是武力。"书生说："人间最宝贵的是诗书。"商贾说："人间最宝贵的是金钱。"国王说："人间最宝贵的是权力。"种种回答，无一能使红罗女满意。于是，勇士、书生、商贾都悻悻而去。唯有渤海国王自恃权贵，又厚颜无耻，不肯离去。朝思暮想，夜不能寐，最后死在了黑龙潭边。

如今，凡是了解这一民间故事传说的人，赏瀑之余，往往要情不自禁地联想到聪颖美丽的红罗女和她那发人深思的问题。

3. 白石砬子

白石砬子，又名白崖岛。位于北湖南端东岸，由三座石峰并立而成，主峰海拔420米。因其南北东三面是连绵不断的山脉，树木茂密，泛翠叠绿，白石砬子矗立其前，分外醒目。奇峰壁立，刀削斧斫，危石嵯峨，峥嵘险峻。很早以前，砬子上常年堆积的白色鸟粪，层层叠叠，如白色缎被覆盖在石砬上，故名白石砬子。"巍然壁立彩云间，浪打涛拍石更坚。鸥鸟翩翩飞不过，雄鹰展翅任盘旋。"据《宁安县志》载："白石砬子位于大孤山北湖之左岸，由三座白石峰组成，面临湖水，傲然屹立，远远望去，它形似身披盔甲的卫士屹立于万山丛中。"瘦水期时，石砬子的前峰与湖岸间褶石裸露。丰水期时，则是茫茫水面，石砬子的前峰成为一个突兀峥嵘的礁岛，故也称白崖岛。相传，孙悟空随唐僧取经回来被封为佛，但他不过循规蹈矩佛的生活，便又回到人间，路过镜泊湖时，被镜泊湖美丽的风光所吸引，便驻足观赏，从此不肯离去，每日观湖，其乐融融。

在伟岸耸杰、怪石嶙峋的石砬子上，星星点点地生长着矮小的杜松，高则1~2米，矮则几十厘米，小巧纤细，匍匐石岩，叠翠欲滴，点缀其间，仿佛在白色的缎被上刺绣的绿色宝石，意蕴深远。在险峻的石砬上，竟能生长着如此苍翠的松树，着实惹人遐想。

在白石砬子正面石砬的底部，传说有一个鲤鱼洞，洞口有两条大鲤鱼守门，常有鲤鱼跳"龙门"。这虽是民间传说，但在1977年镜泊湖水运场请解放军潜水员下湖勘察湖底木材时，确实发现水下有一个岩洞，且有一条大鱼（形似鲤鱼）在洞口边戏水。此处不仅盛产鲤鱼、鲫鱼、鲢鱼、红尾鱼等，而且特产鳌花（鳜鱼），小则半斤八两，大则3~5斤，最大达12斤，号称鱼中"公主"。令人惊叹，令人垂涎。

白石砬子有一个神奇的故事，说的是东海龙王有一个小儿子是独角白龙，生性狂野，孤高自傲，搞得龙宫不得安宁。龙王爷非常气恼，便把他打发到远离龙宫的镜泊湖。独角龙到镜泊湖后，被秀美的湖光山色迷住了，整天游山玩水，并以捉弄人为乐。闹得民不聊生，百姓们忍无可忍，就集体找龙王爷告状。龙王爷震怒，亲临镜泊湖给独角白龙戴上笼头。龙王爷仍不放心佯装回宫，悄悄地隐蔽在黑龙潭里。独角白龙见父王已走，使劲用嘴巴在珍珠门上来回蹭，他要把笼头蹭掉，吃掉告状渔民们的童男童女。渔民们看在眼里，急在心里，手足无措，吓得直哭。龙王爷在黑龙潭里听到渔民们的哭声，知道是孽子所为。下定决心，为民除害，便从黑龙潭跃出，来到了珍珠门，把独角白龙的龙鳞扒光，一脚踢出十多里远。为防止它再作恶，将其变成了石砬子。后来人们将这座石砬称作白石砬子。

4. 大孤山

大孤山，又名春雨杜鹃。位于北湖南端东岸，系湖中最大的岛屿。海拔415米，面积约1万平方米。岛上针阔叶混交林浓荫蔽日，以红松、落叶松、樟子松、杜松、蒙古栎为主，夹生有椴树、榆树、白桦树等。树下花草繁茂，主要有杜鹃花、杏花、李子花、玫瑰花、百合花、芍药等，五颜六色，绚丽多彩，故也被人们称为"花山"。每年春暖花开时节，大孤山一展葱茏俊美之貌，林木青青，芳草茵茵，花香阵阵，翠鸟呱呱，环境宜人，生机盎然。因游人皆乘船而过，从不登岛，故岛上花草树木从未破坏，保持完整的自然状态，植被覆盖率达100%。

在大孤山的北侧，有一座伸进湖中的小山脉，山上树木葱郁，秀丽清幽，其形如一条小龙伏在水面，山头更像是龙头在吸水，被称为小龙头山，与大孤山形成二龙戏珠之势。游人至此，无不举目相望，浮想联翩。因其地理位置独特，远在抗日战争时期，大孤山就是抗联英雄的主要根据地之一。周保中将军率领的抗日队伍，长期活跃在这一带，多次给入侵日寇以致命打击，为保卫祖国谱写了一曲曲壮丽的乐章。这段历史，极大地提升了大孤山的知名度。

在大孤山的南边还有一个小孤山，一大一小两个岛子恰似一对孪生姊妹。有很多动人的神话故事，其中之一说的是很久以前，镜泊湖边住着两对夫妻，正好是孪生的大勇和小勇与孪生的大姑与小姑，两对夫妻恩恩爱爱，过着幸福的生活。美丽聪颖的大姑与小姑，被山大王看中了，欲霸为己有。两兄弟为了保住自己的妻子，与山大王展开了英勇的搏杀。大姑和小姑分别藏在两个岛上，期待胜利归来的丈夫。可是，大勇和小勇却始终未归。大姑和小姑望眼欲穿，向着湖水抒发着期待与惆怅，但又誓死不肯离去。后来，人们把大姑和小姑所在的岛子，分别叫大孤山和小孤山。有诗赞叹："壁立湖中气度豪，山峦耸翠百寻高。大姑本是痴情女，明月缀湖正可邀。"

5. 小孤山

小孤山，又名霜晨月。位于中湖中部。海拔357米，长约50米，宽15米左右，小巧娟秀，宛如牙雕，属"袖珍岛"，又像一颗大"珍珠"，即"九龙戏珠"之珠。此岛的形状犹如雄狮静卧湖中，又似猛虎扑食状，还像一艘待命出征的战舰，停泊在宁静的海湾。新编《宁安县志》载："岛上除春夏秋三季开满着白、黄、红色小花外，还有几棵白杨和十几棵杜松。这种枝丫盘绕、矮小苍劲的小杜松，它处并不多见。朝之驾舟观岛，一片白雾茫茫，故命名为霜晨月。"岛子四壁崖岸陡峭，花岗岩裸露，游人登岛比较困难。岛子虽小，但树种较多，主要有红松、杜松、卷松、白杨、栎树等，还有李子、山丁子、元枣等果树。特别引人注目的是岛子的南北两头，各生长一棵高大的红松，高约20米，直径0.3米，树龄在百年以上。有诗曰："轻摇倩影溢斑斓，秀发飘飘展笑颜。丽质芳心出浴女，含情脉脉送客船。"

抗日战争时期，小孤山、大孤山、城墙砬子一样，是抗联将士的重要根据地之一。今日的小孤山，是一处颇具魅力的景观。春夏季节，小孤山林木叠翠，芳草如茵，山花烂漫，生机勃勃，孤岛悬湖，绚丽多姿。游人至此，遐想"九龙"所戏之"珠"，无不赞叹大自然鬼斧神工之伟力。相传，在渤海国时期，此岛是美丽的红罗女晒渔网的地方。饶有情趣的故事传说，又为小孤山涂上了一层美丽的光环。

2003年8月18日，香港文汇报社社长兼总编张国良先生，专程考察"琉璃世界"时，认为小孤山正处于"琉璃世界"门前，应叫"香炉峰"。故小孤山又有一个颇带佛教文化色彩的名字，取名"香炉峰"。

6. 城墙砬子

城墙砬子，又名湖州城、城墙砬子山城。位于中湖中部，是由三个大的梯次排列的山峰组成，最高峰海拔524米，三面临湖，实是一个大半岛。山脊蜿蜒，回绕如屏，石砬耸立，怪石嶙峋，奇峰荟萃，千岩争芳，峭壁天险，易守难攻。山上树木成林，百草争茵。

1200多年以前，渤海国时期为防契丹族入侵，在此山上筑有一座古城。现留有遗址，即湖州城遗址。《宁安县志》记载："城在怪石嶙峋的悬崖峭壁之上。城墙全部用花岗岩砌筑，周长3公里，依山筑城，一般高5~7米。西门完好，高约10米，城内有三眼水井，还有殿基、演兵场、瞭望哨所等遗址。"遗址清晰，古风浓烈。为镜泊湖风景名胜区平添了"一城山色半城湖"的绚丽风光。

"断壁残垣访旧综，城墙砬子正秋风。昔日古角犹盈耳，默对夕阳似血红。"抗日战争时期，城墙砬子一带，是抗联的重要根据地之一，这里的山山水水都留下了抗联将士的英雄足迹和矫健身影。周保中、李范五、李延禄、陈翰章等名将和广大抗联战士，满怀救国救民的赤子之心，风餐露宿，排除万难，英勇顽强，前赴后继，与入侵的日军展开了生死存亡的大搏斗，谱写出可歌可泣的英雄战歌。

岁月的风雨，把城墙砬子剥落成苍古遗迹。站在这浸透着浓浓古风的山城上，仿佛看到了当年靺鞨族与契丹族、中国人与日本侵略者血战的场景。正是这一次次你死我活的殊死斗争，才淋漓尽致地绽放和表现出炎黄子孙的爱国主义和革命英雄主义精神。

城墙砬子还有一个神话传说。说的是很久以前，镜泊湖边住着一个20多岁的青年名叫金牛。他受神仙转化的老石匠指点，历经千辛万苦，拼杀群狼，智取大蛇，力战妖精，最后获得了石头人。又在同虫虫鱼精搏斗中，砍下两块鱼鳞，治好了姑娘的眼病，两个人结成了秦晋之好。石头人是个宝，一拍它的肩膀就吐金子，金牛便把金子分给乡亲们。若干年后，老石匠将石头人收回，又给他一块白石头，并托梦说，可以防身。果然，没过几天，镜泊湖水猛涨。原来是被砍伤的虫虫鱼精兴风作浪，要淹死金牛夫妇。金牛想起老石匠的指点，拿起白石头打了过去，白石头立刻变成了一座小山，压死了虫虫鱼精，那块石头也就永远立在那里，立陡立崖，就是现在的城墙砬子。因为故事情节复杂，离奇古怪，我只能简单地介绍。

7. 珍珠门

珍珠门，又名鸳鸯戏水。位于中湖南端，海拔365米，由两个岛屿组成，间距20米左右。蓄水期时沙滩裸露，两岛陆路相连；丰水期时两岛间可通航。靠近岸边的岛屿较大，长50~60米，宽20~25米，岛子四周崖壁陡峭，岛上树木较多，主要有红松、塔松、杜松、白桦、柞树等，枝繁叶茂，郁郁葱葱。特别是柏松，傲立于崖壁之边，根须深扎于石缝之中，游人无不赞叹其顽强的生命力。毗邻的岛子比较小，长20~30米，宽10~15米，四壁峭拔，凸立湖中，岛上树木比较少，仅有屈指可数的塔松、杜松、白桦和柞树等。在小岛的前首，立有一块汉白玉碑，刻有"珍珠门"三个字。"珍珠"落于湖中，晶莹剔透，熠熠发光；又如两扇大门，爽屹宽敞，庄严瑰丽，故名珍珠门。1982年8月，当代著名书法家欧阳中石先生为珍珠门题写了"水连长堤"四个大字。

两岛相向，翠林装缀，异名同物，各有来由。从南往北看或站在城墙砬子顶峰往南看，珍珠门形如鸳鸯，伏在水面，岛上翠绿的林木及野草，如鸳鸯的绿色羽毛。微风吹来，湖水泛起阵阵涟漪，不停地冲刷岛之岸边，恰似两只鸳鸯在尽情地嬉水，故又名鸳鸯戏水。有诗曰："两粒珍珠落镜盘，彩门对峙水中天。如梭游艇穿门过，樵唱渔歌荡碧山。"

根据黑龙江省文物局考证，远在新石器时代，肃慎族就已经在珍珠门繁衍生息了，肃慎人居住的半地下穴居的遗址，现在仍清晰可见。

珍珠门的由来，还有一个神奇的传说。在渤海国时期，美丽聪颖的红罗女，远近闻名，求婚者不计其数。有一位商贾，自恃款爷，以两颗举世无双的大珍珠为信物，向红罗女求婚。此人满以为价值连城的两颗大珍珠，一定会打动红罗女的芳心。但是，出其意料，红罗女并非嫌贫爱富之人，见巨贾傲气十足，一气之下，将两颗珍珠扔入湖中，拂袖而去。珍珠遂化作两座小山，屹立湖中，即今日的珍珠门。

8. 道士山

道士山，又名九龙探母岛，位于中湖南端。海拔422米，呈不规则圆形，形状颇像一个道士帽落入湖中，以形定名。岛上古木葱郁，泛绿叠翠，花草丰茂，幽深怡静。到了清代的咸丰年间，这里是吉林省通往宁古塔的湖道"打尖"之地，山上有私人开设的旅馆、饭店，俗称车大院。宁古塔倪姓财主把道士山看成风水宝地，由他策划，多人集资，在山上修了一个庙，取名"三清庙"。建筑规模不大，只有一个主殿，两个配殿，系土石结构。不知毁于何年。现在遗址清晰，残垣断壁，古迹斑斑，碎石瓦砾，并不鲜见。据说，当时还铸了一口大钟，名曰"九龙探母湖"，悬挂在庙内。钟体硕大，声音洪亮，可传十里之遥。相传，有一道士在此庙羽化成仙，仙踪缥缈，神迹迷离，使其名噪一时。来此谒拜者与日俱增，善男信女，纷至沓来，钟声阵阵，香烟袅袅，盛世名观，声闻遐迩。

"江天独立一名山，缥缈烟岚非人间。道士豪情传万古，何须它地拜神仙。"昔日之古庙，早已不复存在，但遗址清晰，残垣断壁，瓦砾遍地，古井尚存，曲径依然，花香鸟语，环境宜人，是一处保护完美的自然状态的重要旅游景点。

9. 老鸹碇子

老鸹碇子，又名骆驼峰，凫鸵巨澜。位于南湖中段，是一个孤立的岛屿。海拔383米，长45~50米，宽25米左右，四周陡峭险峻，无路可登，状如一只老鸹静卧水中，故得其名"老鸹碇子"。岛上树木繁茂，苍苔如秀，树杈上高悬着无数的老鸹巢穴，成群结队的老鸹，或栖息其中，或盘旋其上，频频的呱呱声不绝于耳，百米之外即可听闻。岛子的四周水域，常有鸳鸯、鹭鸶、白鹳、水鸡等嬉水，岛子的上空，也有许多翠鸟或翔于蓝天，或追逐嬉戏，恰似一个难得的天然"百鸟乐园"。有诗云："一砬雄峙触云天，倒影凌空跃玉盘。始信乌鸦能泅水，波峰浪谷舞翩跹。"

老鸹碇子有一个广为流传的神话故事。相传，远在明朝时，兵权在握的李总兵，有个仆人叫小憨子。李总兵发现他脚心上有七个红痦子，知道他就是朝廷通缉捉拿的"真龙"。小憨子为了逃脱追杀，骑着李总兵小妾提供的大青马，连续跑了七天七夜，来到了镜泊湖。在筋疲力尽、走投无路的情况下，只好爬上一个石砬隐蔽起来。当追兵来时，成千上万的老鸹连飞带叫，掩护了他。后来小憨子历经千难万险，果真当了皇帝，这个皇帝就是清太祖努尔哈赤。

（二）火山地质景区

火山地质景区是镜泊湖风景名胜区核心景区之一，也是镜泊湖世界地质公园的重要组成部分。雄伟壮观的火山口、绿波万顷的原始林、光怪陆离的熔岩洞、烟波浩渺的熔岩台地和"水火交融"的镜泊峡谷，展示着大自然鬼斧神工之伟力；绽放着自然景观千姿百态之魅力。景区大门改建于2000年，主要是为游客提供方便服务，特别是为了防止景区的环境污染，统一配备了40辆观光车。

1. 龙岩洞天

龙岩洞天距吊水楼瀑布西约31公里。这是在已经发现的熔岩隧道里规模最大，熔岩地貌景观最佳，保存最完整的一个。在变化莫测的隧道里，抬头可见如同倒立的奇山异峰般的熔岩乳，两壁光怪陆离，五颜六色，似神话里的宫殿，有的如北海公园中的九龙壁，有的似层叠外突的琉璃墙，有规律地分布着1~3个连续水平的熔岩床、熔岩盘。底部是熔岩绳、熔岩花、熔岩波纹等。

熔岩洞的顶板上悬挂了很多乳头状的熔岩。这些乳头状下垂体被形象地称为"熔岩乳"，一种成因是在隧道内的熔浆，释放出的热气烘烤顶部的熔岩，使其融化下滴，最后凝固而成，因为里面包裹有气体而呈空心状，另外一种成因是残留的岩浆滴落而成，呈实心状。

类似台阶一样的结构，称为"熔岩阶"。熔岩阶地是在熔岩洞形成之后，在洞内流动的部分熔岩，粘在洞壁上形成的阶地状结构。标示熔岩流的高度，较高的阶地是熔岩流量大的阶段，低的阶地是熔岩流枯竭前最后的时期留下的产物，可以看出流量明显减少。除了熔岩阶地外，另外一个容易观察的是一些流线一样的痕迹，保留在洞壁上，这些叫熔岩流线。

随着熔岩洞内流动的熔岩流的递减而在洞壁上所留下的线状痕迹，在熔岩洞壁上可以发现不同高度的熔岩流线，意味着熔岩洞内熔岩岩浆高度的变化，就像河流中水位变化一样。洞底像绳子一样的熔岩，地质学上称其为绳状熔岩。这是因为炙热的熔岩流动性高，流动时相互推挤，其表面能像布匹一样卷皱起来，形成绳子般的结构，称为绳状熔岩。熔岩流在流动的过程中，先固结的表层发生脆性或半塑性破碎而成的碎块（渣块），因继续流动，再次破碎、翻滚、黏结，并卷进一部分"外来"固体成分，形成翻花熔岩流。这类熔岩流表层，即"渣块层"，厚几十厘米至一米，局部可达数米。其下是由液态熔岩直接凝固形成的致密的块状层。最下面有时有底部渣块层，一般厚度较小，渣块往往被重新熔结。

2. 熔岩瀑布

地下熔岩瀑布距吊水楼瀑布西约38公里。石壁上面有多条自上而下流淌的痕迹，这是高温熔岩在流淌时形成的。具体来说，是因为温度极高的熔岩呈液态，流动性大，就好像流水一般，在流动过程中遇到陡坎或在双层交叉熔岩隧道中，上层隧道中淌出的岩流切割冲破下层隧道壁时，顺坡而下，冷凝固结后形成清晰的流动构造，极像流水形成的瀑布。因出现在地下熔岩洞穴中，故称为地下熔岩瀑布。在落差1.0~1.5米、宽1.5~2米的熔岩瀑布表面几乎聚集了熔岩流动的各种形迹，水流状、辫状、浪花状、波纹状、绳状、象鼻状，不但应有尽有，而且形态逼真、清晰、完好，令人叹为观止。在"洞中洞"熔岩通道中，也可以看到熔岩瀑布，那里还可见熔岩流淌拐弯的生动画面。

3. 火山口地下森林

火山口地下森林是镜泊湖风景名胜区极具特色的旅游资源，是1400平方公里的镜泊湖世界地质公园的重要组成部分。坐落在海拔 710~1070 米的张广才岭南坡。张广才岭汉语叫"挖根采良",汉译为"吉祥如意"之意。当地老百姓也称火山口是吉祥如意山,国内罕见,世界著名。

火山口的形成是由于 100 万年前喜马拉雅山造山运动的作用,镜泊湖地区形成了断陷古湖盆,其西北部,镜泊晚期火山群不断喷发,地崩山摧,力拔山兮气盖世,烈焰腾兮浪冲天。距今 4800 年前后的第五次喷发,形成了 16 个雄奇险峻,辟地摩天的火山口。其中 12 个火山口集中在火山地质景区,均系休眠火山。火山口分为主火口、内火口和寄火口,其锥体又分为复火山锥和单火山锥,呈簸箕状。火山口海拔 710~1070 米,相对高度 30~132 米,直径 70~550 米,地面形态分为圆、长椭圆、不规则椭圆、豆状及鞋底状。除东北部的蛤蟆塘是单火山口外,余者成群出现。火山口内生长着茂盛的原始林,被称为"地下森林"。把火山口点缀成栩栩如生的天然盆景,成为镜泊湖风景名胜区别具特色的景观。

(三)渤海故国景区

渤海国的王都上京龙泉府遗址是东北地区最早的全国重点文物保护单位之一,渤海国这个 1100 多年前的王国,为我们留下了珍贵的文化遗存。

渤海国是我国唐代东北地区的一个地方政权。它是 1300 年前,以居住在松花江上游,今吉林省中部地区的东北民族——靺鞨族的粟末部人为主体,还有部分高句丽人、汉人建立的。靺鞨族是东北的古老民族。渤海国是唐朝的藩属国,也是唐朝在东北的地方政权,叫做忽汗州都督府,也叫渤海都督府。它建于 698 年,亡于 926 年,历经 229 年,前后有十五代王。渤海国的疆域包括我国东北中东部和现在乌苏里江以东俄罗斯滨海边疆区以及朝鲜东北部。

698 年,靺鞨首领大祚荣在现在的吉林省敦化敖东城建国,他自称"震国王",国号靺鞨。705 年,唐中宗派侍御史张行岌招慰大祚荣,大祚荣接受了唐王朝的招慰。713 年,唐朝玄宗皇帝册封大祚荣为左骁卫员外大将军、渤海郡王,在他的辖区设立忽汗州,加授忽汗州都督(也称渤海都督)的官职。从这时起,靺鞨政权名字就改叫"渤海"了。渤海国共传十五代王,第一代、第二代时,唐朝封为"渤海郡王"。从第三代文王大钦茂起,唐朝晋封为"渤海国王",渤海政权正式称"渤海国"。

渤海国在发展过程中,在向中原唐王朝学习的过程中,政权向封建制转化，逐步建成一个以今牡丹江（时称忽汗水）、图们江、松花江流域为中心的"海东盛国"。

755年左右，渤海国第三代王大钦茂，把王都从东京龙原府迁到牡丹江江边今天的宁安市渤海镇，称上京龙泉府，开始了作为渤海国一国之都的建设。到渤海国第十一代王大彝震时大规模扩建。这个豪华庞大的宫殿建筑群，当然是渤海国统治者奢侈腐朽生活的写照，但也很能说明渤海国的经济和文化发展到了很高程度。到十三世王大玄锡时，渤海国进入鼎盛时期，被誉为"海东盛国"。此后，渤海国迅速衰败。906年，第十五世王大諲（yān）譔（zhuàn）在国势衰败之时登上王位。第二年，唐朝灭亡。大諲譔没有能力扭转衰败的局面。渤海国的西邻契丹人辽王朝，早有吞并渤海的野心。太祖耶律阿保机乘渤海国衰败混乱之机，于925年12月亲自率大军征讨渤海国。第二年正月初，攻下渤海国扶余城（在今吉林省农安县境内），第六日夜晚重兵围困上京龙泉府，大諲譔投降，渤海国灭亡。

渤海国灭亡后，耶律阿保机在渤海故地建立了东丹国，册封太子耶律倍为东丹国王，把渤海王都上京龙泉府改为"天福城"，做东丹国王都。928年，契丹王朝第二代皇帝耶律德光，强迫东丹国南迁，上京城居民大部分被遣散，上京城（天福城）被烧毁。

渤海国上京龙泉府遗址仿唐长安城而建，整个城址略呈长方形，由外城、内城和宫城（紫禁城）组成，城环套，坐北朝南，上京城垣、宫殿、禁苑址等保存比较完整，总面积16.4平方公里。渤海国上京龙泉府遗址是我国目前保存最好的中世纪古城遗址，是国务院于1961年3月4日公布的第一批全国重点文物保护单位之一。

第八节　雪乡

一、导游词

冰天雪地在北方，赏冰乐雪当然要来雪乡！雪乡，这个位于深山老林中的小林场，如今已成为热门旅游目的地，每年吸引着数百万游客远道而来。今天，就让我们一起探寻这个美丽而神秘的地方，了解它是如何从第一产业

"砍林"成功转型到第三产业"看林",实现"冰天雪地也是金山银山"的"中国梦"。

游客朋友们,大家好!热烈欢迎各位来到美丽的中国雪乡。我是今天的导游,非常荣幸能够带领大家共赏这片迷人的雪域胜景,与你们共度这段难忘的美好时光。

雪乡,这个听起来就让人心生向往的地方,其实并不是一个正式的称呼。它的真实名字是双峰林场,一个隐藏在深山老林中的美丽秘境。每年10月开始,这里便瑞雪飘飘,银装素裹,美景如画。从初冬的冰花绽放,到早春的雾凇挂满枝头,这里的积雪期长达7个月,最深的地方积雪能超过3米,堪称中国之最。也正因此,"中国第一雪乡"的美誉便应运而生。

在雪乡,我建议大家从四个角度去领略这份独特的美。首先,站在近处看雪乡,你会被那些被雪簇拥着的木刻楞房屋所吸引。它们仿佛被雪花轻轻覆盖,只微微露出半截门和窗户,还有那冒着炊烟的黑烟囱。这一幕幕景象,不禁让人联想到圣诞老人的雪屋,充满了童话般的梦幻色彩。

再换个角度,从远处眺望雪乡。你会看到连绵起伏的雪山、雪岭和雪峦作为背景,映衬着被雪覆盖的松柏和农舍小院。炊烟在屋顶上空袅袅升起,与天上的白云交织在一起,形成了一幅绝美的冰雪丹青画卷。

当然,站在高处俯瞰整个雪乡,又是另一番景象。银装素裹的山坳里,雪乡宛如一颗璀璨的明珠镶嵌其中。头顶是云蒸霞蔚的天空,身后是连绵起伏的群山,白茫茫的雪色和家家户户屋檐上独特的雪乡景观共同构成了一个童话般的雪国世界。

而当夜幕降临,雪乡又换上了另一副面孔。你会注意到那些像雪蘑菇一样的农家院前都挂着一对红彤彤的灯笼。这些灯笼在夜晚的雪乡中显得格外醒目,将整个雪乡点染得色彩斑斓、如诗如画。这无疑为雪乡增添了一份独有的浪漫气息。

在雪乡游玩期间,有几件事情是大家一定要打卡体验的。首先亲手堆一个雪人吧!给它画上眼睛、鼻子和嘴巴,再给它一个温暖的笑容。这不仅是孩子们的最爱,也能让大人们找回那份童年的纯真与快乐。其次跟大家一起打一场雪仗吧!在雪地里尽情地嬉戏打闹、释放压力,享受这份冬日里难得的欢乐时光。哪怕一爬起来就摔倒也要尝尝滑雪的滋味!在雪道上飞驰而下,感受速度与激情的碰撞吧!此外还可以骑着雪地摩托在林海雪原间驰骋、体验那种风驰电掣的感觉。当然啦!来到雪乡怎么能不学习一些当地的传统技艺呢?跟房东大嫂学剪窗花、包饺子、做小鸡炖蘑菇吧!这些活动不仅能让你更深入地了解当地的文化和民俗风情,还能让你在动手操作的过程中感受到无穷的乐趣和成就感哦!最后一定要尝一尝雪乡的冻山楂、冻野果和冻梨等特色美食哦!这些美食都是雪乡土著火辣辣的生活方式体现之一呢!原本恶劣的自然环境却塑造了雪乡人不畏严寒、娱乐冰雪的坚强和智慧品质呢!

关于大家担心的团餐问题,我也可以拍着胸脯向大家保证:我们雪乡的团餐绝对美味可口!经过20多年的发展历程,我们雪乡已经逐渐根据游客们的需求融合各地美食特点推出了丰富多样的系列美食供大家选择品尝哦!比如"八大炖""八大炒""八大溜""八大炝"等系列美食都深受游客们喜爱呢!同时依托当地独特的生态环境优势践行"大食物观"理念,在山野菜研发方面也不断推陈出新呢!一定能让您真正领略到舌尖上的雪乡滋味呢!

中国雪乡它不仅拥有江南的温婉灵秀之美,更融合了山的豪迈、雪的激情和人的大气与景的独特元素在里面呢!这里绽放出别样光彩吸引着无数游客前来探访游玩呢!朋友们通过我的讲解希望您能更加深入地了解和爱上这个美丽迷人的地方哦!祝您在雪乡度过一个愉快而难忘的旅程并福泽绵长哦!

此外,雪乡的文化活动也极其丰富。在冬季的夜晚,雪乡会举办各种冰雪文化活动,如冰雕比赛、雪雕展览、雪地足球赛等,让游客在欣赏美景的同时,也能深入体验到雪乡的冰雪文化。这些活动不仅增强了游客的参与感和归属感,也让雪乡的文化内涵得以更好的传承和发扬。

回顾雪乡的发展历程,我们可以看到一个成功的转型案例。过去,雪乡以林业为主,随着国家对森林资源保护的加强,当地人民逐渐认识到"绿水青山就是金山银山"的道理,开始将目光转向旅游业。通过不断提升旅游设施和服务水平,加强旅游宣传和推广,雪乡逐渐成了国内外知名的旅游胜地。这一转型过程不仅保护了生态环境,也带动了当地经济的发展,提高了人民的生活水平。

最后,我想说,雪乡的美不仅仅在于它的自然风光,更在于那里淳朴的民风和独特的文化。在雪乡,你可以感受到人与自然的和谐共生,可以体验到原汁原味的东北风情。希望每一位来到雪乡的游客都能被这份美丽和淳朴所打动,也希望雪乡的未来能够更加美好和繁荣。

总之,中国雪乡是一个充满魅力和魔力的地方。它不仅有美丽的雪景、丰富的冰雪活动、独特的文化和美食,还有热情好客的人民和不断发展的旅游业。我相信,在未来的发展中,雪乡一定会更加美丽、更加繁荣,吸引更多的游客前来探访和体验。让我们一起期待雪乡更加美好的未来吧!

二、中国雪乡景区介绍

在中国东北的深处,隐藏着一个如诗如画的冰雪世界——雪乡。这里,每到冬季,白雪皑皑,银装素裹,仿佛置身于一个纯净无瑕的童话世界。雪乡的美,不仅仅在于它的雪景,更在于它带给人们的那种宁静、纯净和远离尘嚣的感觉。

尽管寒风凛冽,冰天雪地,却也无法阻挡世界来宾对雪景的热爱与向往。这里可以目睹独一无二的雪景奇观,深入感受地域民俗文化的独特魅力,了解林区人的生产生活,以及深刻领悟林业工人的坚韧创业精神。雪乡位于中国黑龙江省牡丹江市海林市,地处长白山脉张广才岭与老爷岭的交会处,独特的地理位置使其成了一个降雪丰富的地区。受到地形和气候的综合影响,雪乡的雪期长达7个月,年平均积雪厚度达2米,雪量堪称中国之最。雪乡的形成与其特殊的地理位置和气候条件密不可分。由于贝加尔湖冷空气与日本海暖湿气流在此频繁交汇,以及山高林密的小气候影响,造就了雪乡"夏无三日晴,冬雪漫林间"的奇特小气候。每年从十月开始降雪,为游客们营造了一个银装素裹的童话世界。

连绵起伏的张广才岭南脉,沿着蜿蜒如带的海浪河畔,就会看到美丽的黑龙江省大海林双峰林场。这里,因其风情独特的雪韵和如梦如幻的雪景而被誉为中国的雪乡。

雪乡,这个充满诗意和美好的地方,每一个元素都蕴含着深深的爱意。比如贯穿其间的母亲河——海浪河,其名字源于满语,意为"爱"。每年11月,西伯利亚的寒流与日本海的暖湿气流在这里相遇,如同热恋中的情侣,它们的"爱情结晶"便是雪乡那晶莹剔透、柔情绵软的雪。来到雪乡游客们会感受到家庭的美满、爱情的甜蜜和生活的美好。

雪乡景区广袤无垠，隶属于雪乡国家森林公园，总面积高达 18600 平方公里，相当于 26 万个足球场。这里的森林覆盖率达到了惊人的 95%。大量的降雪、黏稠的雪质和漫长的雪期，共同造就了雪乡无与伦比的雪景。"夏无三日晴，冬雪漫林间"，便是对这里最真实的描绘。雪乡的雪资源吸引了世界各地的游客，而林业工人的创业精神则让这片冰天雪地焕发出了金山银山般的价值。

尽管雪乡在 20 世纪 80 年代中期还鲜为人知，但一位摄影师的作品让雪乡声名大噪。自那以后，雪乡的美景便频频出现在各大影视作品中，成为中国乃至世界的冰雪旅游名片。

景区的核心——雪韵大街。大家眼前的这块"中国雪乡"大石碑，不仅是雪乡的地标，更是一块记录着雪乡雪景特点及成因的历史碑文。每年，数万中外游客在此留影，留下了无数美好的回忆。

走在这条雪韵大街上，仿佛穿越到了林业工人的生活场景。大街两侧，是东北特有的木刻楞建筑，生动再现了林区开发时期的生活场景。

想了解雪乡人的过去吗？他们曾以伐木为生，每年冬季，当大雪封山时，工人们便扛着油锯深入森林。而采伐工作自古就充满危险，因此，林区人为了祈求平安，对大自然充满敬畏与感激，每年采伐前都会举行庄严的"开山"仪式。

为何工人们会选择在寒冷的冬季进行采伐呢？原因有四：冬季树木脆硬易伐、含水量少易断、树枝稀疏视线好以及雪的助力方便运输。面对严寒，工人们穿着厚实的大棉袄、棉裤，脚踏棉乌拉，头戴狗皮帽，吃着简单的食物，喝着雪水，他们与严寒斗争，与困难搏斗，却始终保持着乐观和坚韧。看那，狗拉爬犁穿梭在雪地中。这种曾是林区人生活必备的运输工具，如今已变成了游客们喜爱的游乐项目。在雪韵大街两侧，你们或许会看到一些冻货。由于过去雪乡冬季交通不便，新鲜的水果和蔬菜很难获取，所以家家户户都会挖地窖储藏食物，而一些水果则直接冻在外面。如今，这些传统的储藏方式已成为雪乡的一道独特风景。

常言道：一方水土养一方人，地理位置和气候条件对人们的性格有着深远的影响。南北方人的性格差异主要源于哪些因素呢？东北，这片拥有广袤林海、经历大风大雪的土地，孕育出了一种独特的性格。人们喜欢大块吃肉、大口喝酒，说话声音洪亮，待人接物豪放不羁。这种粗犷、豪放，正是东北人性格的真实写照。而这样的性格，也与生活环境息息相关。东北四季分明，温差极大，这种环境下的东北人，养成了直爽、高声调、快节奏的性格特点。

在东北，有半年时间都是漫天飞雪，天寒地冻。因此，东北人对"火"有着特殊的情感。我们需要火一样的激情来抵御严寒，久而久之，便形成了东北人火辣辣的性格。正是这种"地气"和"人气"，孕育出了形式简单、风格热烈火爆的"二人转"。

雪乡剧场，这是雪乡唯一一家集雪乡民俗歌舞、林海雪原地方戏、东北二人转为一体的大型演艺中心。这种源于清朝末年的艺术形式，以东北民歌、大秧歌为基础，吸收其他艺术形式演变而来。它最初在田间地头演出，具有自由、娱乐性和参与性。二人转的唱腔曲调丰富多变，风趣幽默的脱口艺术和别具一格的舞蹈绝活让人捧腹大笑。

雪景之源观赏区。这里的雪千姿百态，仿佛置身于童话世界。在这300米的栈道上，您可以欣赏到各种奇特的雪景，每一步都有新的发现，每一处都有别样的风情。

雪乡的雪资源被专家们誉为中国乃至亚洲最好。有专家甚至把雪乡比作中国的达沃斯，认为它可与欧洲的阿尔卑斯山相媲美。这里是我国独一无二的赏雪、娱雪胜地。

棒槌山最高峰——风光无限观景台。东北的传奇"三宝"——人参、貂皮、乌拉草。这三样宝贝不仅是东北的骄傲，更是这里深厚文化和传统的象征。现在，请允许我带领你们深入了解这三宝背后的故事。

首先是人参，被誉为"百草之王"。在东北，每逢秋季，人们会进行一项古老而神秘的活动——"放山"，即深入山林采挖人参。这不仅是一种谋生的方式，更是一项充满仪式感的传统。在采参的过程中，挖参人们需遵守许多独特的规矩。比如，在山中寻找人参时，彼此间不能随意交谈，以免打破大自然的宁静；发现人参的踪迹时，要大喊一声"棒槌"，这是对自然馈赠的敬畏与感激。这些习俗不仅为采参活动增添了一份神秘色彩，也体现了东北人民对大自然的尊重和感激。

貂皮，它源自东北密林中灵巧而美丽的貂。貂的毛皮细腻柔软，具有极佳的保暖性和防水性，因此被视为珍宝。捕捉貂需要高超的狩猎技巧和丰富的经验，因此，貂皮也成了东北猎人技艺与勇气的象征。

最后是乌拉草，这种生长在沼泽地带的植物，虽然看似平凡，却拥有极佳的保暖性能。在寒冷的冬季，东北的先民们会巧妙地将乌拉草絮入乌拉鞋中，让双脚在严寒中依然保持温暖。这一智慧不仅体现了东北人民的生存技巧，更展现了他们对生活的热爱和追求。在这片神奇的土地上，每一份传统和习俗都承载着东北人民对生活的热爱和对大自然的敬畏。

棒槌山。这里曾因人参的丰富而声名远扬，那些寻找宝藏的冒险者们曾在此安营，将此地命名为"棒槌山山寨"。这个地方避风且朝阳，地理位置优越，可进可退，确实是建立山寨的理想之地。传说在"九一八"事变后，东北抗日联军第十军的军长汪雅臣曾率领部队在此地英勇抗战，他们偷袭日军的据点，坚决抵抗日本侵略者的进攻，为雪乡的历史增添了浓厚的红色色彩。如今，棒槌山山寨依然保留着当年的聚义厅、练武场、马厩、水井等历史场景。1945年日本投降后，山寨的人们各自走向了不同的道路，有的回归田园，有的加入了解放军，也有的不幸被国民党引诱成为土匪。当年剿匪行动中的最后一批顽匪马希山就是从这里逃窜到吉林，但最终还是落入法网，于1951年3月15日在宁安市受到了应有的审判。棒槌山山寨见证了抗联英雄们的奋战历程，也为雪乡留下了深刻的红色记忆。

沿着棒槌山南门的观光栈道一路向上，最高点便是风光无限观景台。站在这里凭栏远眺，你能感受到"北国风光，千里冰封，万里雪飘"的恢宏气势，也能领略到"万类霜天竞自由"的诗意画面。想要欣赏真正的北国风光，就来中国雪乡吧！

梦幻家园。如果说雪乡的皑皑白雪让您仿佛置身于梦境之中，那么这里，就是您追寻梦想的家园。这里有充满关东特色的"关东十八怪"展示，有影视剧中的布景群落，还有二人转的演绎舞台，这是一个融合了吃、住、娱乐的综合园区。梦回儿时躺在热炕上咬着冰凉的冻梨，梦回远离故乡后妈妈寄来的儿时味道，梦在雪乡清晨的袅袅炊烟中，梦在雪乡夜晚摇曳的红灯里。

原始的木屋别墅，这就是富有特色的木刻楞建筑。为何原木之间要垫苔藓？为何连着房门要建门斗？房门的朝向又有何讲究呢？这些问题的答案都与我们雪乡独特的物候条件息息相关。首先，木刻楞建筑，顾名思义，是用木头和手斧精心雕刻而成，其棱角分明、规范整齐，因此得名。这种建筑不使用铁钉，而是采用木楔加固，体现了精湛的木工艺。

其次，建造者在原木之间精心垫上苔藓，这一举措旨在提升房屋的防风与保暖性能。在-30多度的严寒冬季，这些苔藓就如同水泥般坚实，巧妙地填充在原木之间的缝隙中。它们不仅有效地阻挡了寒风的侵袭，还起到了良好的保温作用。这种独特的建筑方式，使得房屋在冬季能够保持温暖如春，同时在夏季又能保持凉爽宜人，真正实现了"冬暖夏凉"的居住体验。再来说说门斗的设计，它起到了分隔空间、阻挡风雨和御寒的重要作用。而木刻楞的房门多数朝北开，这是为了留出南墙开设窗户，从而增加采光和采暖的面积，让屋内更加明亮温暖。令人称奇的是，木刻楞建筑还具有调节温度、水分和平衡情绪的功效，被誉为"长寿木屋"。从这种独特的建筑风格中，我们不难看出林区人民在战胜严寒方面所展现出的智慧和勤劳。

在雪乡三十余载的发展历程中，这里已经积淀了深厚的文化底蕴。林区人民在长期的生活中，也形成了自己独特的风俗习惯和社会意识形态。而雪乡文化展览馆，正是这样一个能够让我们回望历史、了解现在，并憧憬未来的地方。巨大的满绣作品，长达8.5米，高达2.5米，以冰雪为主题，是目前我国最大的一幅冰雪题材满绣。绣品两侧绣着习近平总书记的题词："绿水青山就是金山银山，冰天雪地也是金山银山"，这正是雪乡人民努力践行的发展方向。

展览馆内共分为十个展区，包括雪乡文化概述、自然资源、生产生活缩略景、动植物展示，以及雪乡的古代史、近代史、局志史，还有雪乡的生态旅游、影视情缘、文化艺术等。这里陈列着数百万年的化石文物，让人们能够深入了解雪乡自然和人文的历史变迁，更加热爱这片神奇的土地。

在雪乡自然资源展示区，可以看到丰富的森林资源，如落叶松、红松、樟子松等。同时，这里还展示了特色药材如人参、鹿茸、灵芝、五味子等，以及特色矿产如乌金石、玛瑙、金矿等，充分体现了雪乡自然资源的丰富多样性。走进中国雪乡文明史——古代史展区，可以欣赏到猛犸象骨化石、披毛犀头骨化石等珍贵展品，还有原始氏族瓷器中的雪乡莺歌岭文化遗物，以及渤海国、辽金时期的铁器、陶器和铜器等，这些都集中展现了古代先民文化的多元性、独特性和重要性。

雪乡生产生活缩景展区则通过绘画和冰雪仿真材料等为背景，用等比例雕塑模型生动模拟了雪乡的生产生活场景，让人们能够立体地了解东北的劳作和生产情况。

在雪乡动植物展区，可以通过文字、图片、仿真场景以及实物标本等多种形式，近距离了解雪乡地区的特色植物和动物种类，包括东北林蛙、细鳞鱼等珍稀物种。

此外，近代史展区主要包括关东血泪史、百年荣辱、雪域黎明三个板块，展品包括马笼头、马鞭、伪满袖标等历史遗物，让人深刻感受到那段历史的沧桑与变迁。同时，该展区还对关东十八怪进行了具体描述，生动展现了东北地区的独特民俗风情。

局志史展区则展示了老油灯、老手电等老物件，还有《毛泽东选集》《营林知识手册》等历史书籍，以及细软箱、药捻等家居用品，让人们能够真切地感受到雪乡的历史脉络和生活气息。此外，书画展示区还展出了众多精美的书画摄影作品，以民生建设、生态家园等为主题，展现了雪乡的美丽风光和人民的幸福生活。

中国雪乡生态旅游展区和影视情缘展区。这里展示了雪乡森林小火车、中国雪乡大石碑、雪韵大街等模拟雕塑和影像资料，让人们能够身临其境地感受雪乡的美丽与魅力。同时，《北风那个吹》《智取威虎山》《爸爸去哪儿》等影视节目的拍摄场景也在这里得到了生动再现。

林区犹如一座宝藏，蕴藏着无数珍稀资源。东北虎、熊、野猪、狍子等40余种走兽，在深山中时隐时现，为这片土地增添了神秘色彩；野鸡、飞龙、啄木鸟等近百种鸟类，在林中自由翱翔，宛如自然的交响乐；而人参、党参、灵芝、刺五加等珍贵药材，更是为千家万户送去了健康与希望。此外，薇菜、蕨菜、蘑菇、木耳等丰富的山珍，使人们的餐桌更加丰盛多彩。

近年来，雪乡依托得天独厚的资源和地理优势，致力于打造百公里绿色经济带。已经建立了山野菜采摘区、北药种植区、食用菌栽培区等多个生态基地，致力于推动产业多元化发展，为林区的可持续发展注入了新的活力。

在雪乡,山野菜的采摘已成为一大特色。四季分明的雪乡,春季是采摘山野菜的黄金时节。随着春风的吹拂,小根菜、车辘菜、婆婆丁等野菜便破土而出,稍暖和一些,明叶菜、柳叶菜、灰菜、蕨菜、苋菜、苣荬菜等便如雨后春笋般茂盛生长。每到这个季节,雪乡都会组织大规模的野菜采摘活动,大家热情高涨,积极参与。采摘回来的山野菜经过科学处理,储存起来供游客品尝。到了秋季,还有蘑菇、木耳、猴头等美味山珍等您来尝。这些纯绿色食品无污染、无公害,营养价值极高,定会让您回味无穷。

黑森绿色食品销售中心——中国雪乡旗舰店。这里是多元化生产成果的展示与销售窗口,拥有400余个经营单品,是雪乡景区东北特产最齐全的品牌店,承诺保真、保质、保量。

雪乡的雪为何如此瑰丽神奇呢?雪乡位于张广才岭的东南坡,受到老秃顶子和羊草山等山脉的环绕。每年,西伯利亚寒流与日本海暖湿气流在此交汇,为雪乡带来了丰沛而纯净的降雪。这种独特的小气候不仅丰富了森林资源,还使得雪后的景致千姿百态。雪乡夏季多雨,冬季则银装素裹,积雪期长达7个月,年平均积雪厚度高达2米,雪量堪称中国之最。国内外冰雪专家一致赞誉雪乡的雪资源为中国乃至亚洲最佳!由于湿度大、温度低且位于低洼地带风速小等因素,大雪在屋檐上逐渐堆积形成壮观的"雪挂"景象。这里的雪质优良、雪量大且黏性强,"中国雪乡"的美誉当之无愧!

瑞雪兆丰年,雪雕艺术也在这里飞扬——雪雕区域,自1999年起便开始雕刻艺术之旅。最初以天然雪为原料进行创作,如今已发展成为大规模的雪雕比赛。独具匠心的设计和精湛的雕刻技艺为这片瑞雪赋予了更高的艺术价值。眼前这座房车酒店是中国唯一冬季运营的雪乡众阳房车酒店,其内部设施完善且装饰奢华,已成为雪乡的一大亮点,吸引着无数游客前来体验。在过去,雪乡人家主要居住在火炕上,而如今随着旅游业的发展,雪乡景区已逐步实现集中供热,在保留少数民俗火炕体验房的同时,也让游客们能够感受到更加舒适的住宿环境。

记忆广场,这列历史悠久的小火车静静地停在这里,它是林区岁月变迁的见证者,承载着一代又一代林区人的集体记忆。它以蒸汽为动力,以13公里/时的速度缓缓行驶在林区,虽然速度远不及现今的复兴号,但它为林区的发展作出了不可磨灭的贡献。你或许会问,为何称它为"小火车"?这是因为它的铁轨轨距相较于标准轨距要窄许多,仅有 76.2 厘米,这使得它在林区的狭窄道路上也能灵活行驶。

1947~1998 年,长达 50 多年的时间里,这列小火车一直是林区伐木生产和居民出行的重要交通工具。它每年承载着数十万立方米的木材运输任务,被誉为"木龙出山",象征着林业工人为国家经济建设作出的巨大贡献。每当回想起那段艰苦岁月,我们都能从这列小火车身上看到林区人民的奋斗精神和无私奉献。

1976 年在修建毛主席纪念堂时,这列小火车从太平沟林场的母树林里精选了红松和白松运往建设地,这一举动让雪乡林区人永远为之自豪。然而,随着林区改革和交通的发展,小火车逐渐退出了历史舞台,但它的汽笛声和行驶的轨迹将永远铭刻在林区人的心中。

集材—50 拖拉机和 80 拖拉机,曾是林区集运作业的重要设备。它们能够在极端恶劣的条件下作业,无论是 −45℃ 的寒冬还是 35℃ 的酷暑,都能坚守岗位,为林区的木材运输提供有力保障。

林区的生产生活。过去的林业工人是如何采伐木材的?他们需要用人力来抬那些重达数吨的原木,这就产生了一个特殊的工种——"抬木工"。在抬木头的过程中,他们会喊起号子来统一节奏和动作,这粗犷激烈的号子声传递着内心的力量,减轻了劳动时的痛苦和压力。然而,随着现代机械化的发展,这一工种已逐渐消失,但号子的"艺术"和"文化"功能却值得我们永远传承和弘扬。

多年来,林业工人对这片森林充满了深厚的感情。他们每伐一棵大树,都意味着为国家送出一根栋梁之材,内心无比喜悦和自豪。然而,为了保护生态环境和实现可持续发展,2014 年东北林区全面停止了商业性采伐。这一历史性转变标志着大森林开始进入休养生息的新阶段。正是这些林业工人三代 60 多年的辛勤劳作和无私奉献谱写了艰苦创业、爱国敬业、改革创新、坚守奉献的"森工精神"。这种精神激励着雪乡务林人为绿水青山奉献自己的青春和智慧。随着时间的推移,80 年代摄影作品让"雪乡"的美景为外界所知。如今雪乡已成为国家 AAAA 级旅游景区、中国十大最美乡村之一以及冬季最美旅游目的地。雪乡的发展历程正是"绿水青山就是金山银山"理念的生动实践。

11栋民俗民宿体现雪乡民俗文化的独特魅力。这些民宿是雪乡满族文化、森工文化、农耕文化和渔猎文化的体验馆。每个房间都独具特色且内涵丰富，无论是房间的装饰装修还是物品摆放都会让您有身临其境的年代感。

　　此外，雪乡还开创了极具地域文化特色的活动——"大雪节"。在这个节日里，您可以亲身体验到满族的祭祀活动、围猎场景以及品尝到具有满族特色的美食如福肉、小肉饭等。

　　雪乡景区的最高峰——羊草山。这座以山顶大树少、羊草多而得名的山峰是雪乡景区内的最高山。站在山顶迎接第一缕阳光将是一种难以忘怀的体验。同时，太阳神鼓也选建在了这里，它以中国十大镇国之宝商周的太阳神鸟为图腾寓意福佑万民、盛世太平。

　　在这里可以欣赏到杨氏萨满的鹰神祭等满族特色活动。满族舞蹈的独特风格和腰铃声与鼓声的和谐配合将为团结氏族、增强血缘纽带关系起到凝聚作用同时也让您深刻感受到雪乡民俗文化的独特魅力。提到神秘的萨满文化和满族的风俗习惯，就不得不说起历史悠久的萨满文化。这种文化起源于古老的渔猎生活方式，其中蕴含着人们对未知世界的敬畏与寻求心灵慰藉的渴望。在狩猎为生的时代，生活充满了不确定性和挑战，人们通过信仰来安抚内心的恐惧与焦虑。萨满文化认为万物皆有灵性，祈求神灵保佑、消灾解难、祈求健康是其核心信仰。而被视为能与神灵沟通的萨满，则是部落中的核心人物。在各种重要的场合，如逢凶化吉、战士凯旋、亲人团聚等，都会举行庄重的立杆祭天仪式。这些祭祀活动融合了丰富的地域文化和深厚的民族精神，正是这种坚韧不拔的精神，支撑着萨满人民在严酷的自然环境中顽强生存，追求美好的生活。

　　满族是多元且历史悠久的民族。满族的形成历经了商周的肃慎、汉魏晋的挹娄、南北朝的勿吉、隋唐的靺鞨、宋元明的女真族，直至清代的满洲。满族人民是从森林中走出来的民族，以狩猎为生，勇敢而敏捷。他们的居住习惯独特，丧葬和婚嫁习俗也颇具特色。

　　"十里冰雪画廊"的自然奇观。为何仅此路段能呈现如此美景？原因在于亚雪公路的高海拔地理位置以及特殊的气候条件。大秃顶子、老秃顶子与光明顶三座山峰阻挡了冷湿气流，与暖湿气流在此交汇，形成了厚重的雾凇和树挂。这片自然冰雪景观仿佛天上的宫殿，琼楼玉宇般美不胜收。

在这片冰雪世界中，有一种名为冻青的绿色植物。冻青，又名槲寄生，是一种依靠其他生物为生的植物。它的果实具有黏性，能通过鸟儿传播种子。此外，冻青还是一种珍贵的药材，能祛风湿、补肝肾、强筋骨。在西方圣诞节，槲寄生还被用作圣诞树上的装饰，象征着爱、宽恕与和平。

在亚雪公路75公里处是大雪谷景区。这里是户外穿越的热门基地，也是攀登龙江第一峰老秃顶子的理想起点。在这里乘坐雪地摩托登顶，领略雾凇、树挂和雪海的壮美景色，感受风驰电掣的激情。在大雪谷，体验五六十年代林区工人的生活，穿上狗皮大衣，乘坐"爬山虎"，参观地窨子、马架子等特色建筑。

满族人的围猎文化。围猎是满族先民获取生活资料的重要方式，尤其在冬季，动物的毛皮质量最佳。满族人民通过围猎活动，不仅获取了丰富的猎物，还培养了勇敢、团结的民族精神。如今，在大雪谷，可以亲身体验满族人的围猎文化，感受那份独特的民族风情。还可以观赏明星蜡像，坐在温暖的明星大炕上品尝美味的东北手工水饺。此外，还可以参观《爸爸去哪儿》的拍摄景点，感受那份严冬里的温暖亲子情怀。

雪乡故里——白松车站民俗村。这里距离雪乡核心景区仅有10公里之遥，曾经是林区工人们辛勤劳作的聚居地。由于该地区降雪量丰富，邻里之间常常被厚厚的雪墙隔开，只闻其声，不见其人，这也为这里的生活增添了一份别样的情趣。后来，为了方便生产生活，居民们迁到了现在的雪乡核心区，而这里则保留了那份原始与纯净。

海浪河，它是牡丹江的最大支流。这条河流发源于雄伟的老秃顶子和大秃顶子山，全长约120公里。河水清澈见底，甘甜可口，是全国少数未被污染的河流之一。尽管寒冷的天气让河流变得沉寂，但它所承载的丰厚历史文明依然流淌在我们的心中。海浪河流域在新石器时代晚期就有人类繁衍生息，这里是满族先民的居住地，也是古老中华文明的发源地之一。这些绵延的历史，孕育了牡丹江地域丰富的文化，包括莺歌岭文化、渤海国文化、流人文化以及多彩的民俗文化。雪乡位于海浪河的上游，海浪河的历史与雪乡的历史紧密相连。

此外，海浪河还以丰富的水产而著称，其中最为珍贵的当数东珠。这种淡水珍珠主要产于牡丹江、混同江、镜泊湖等地，以其硕大饱满、圆润晶莹而备受皇室喜爱。清朝统治者对东珠情有独钟，不仅因为它产自龙兴之地，更因为它象征着对祖先的尊崇与缅怀。然而，东珠的采捕却极为艰难，需要在冰冷的江河中艰辛寻觅，这也使得东珠更加稀有和珍贵。

除了丰富的水产资源外，海浪河流域还蕴藏着深厚的渔猎文化。史料记载，在冬季河水冻结时，人们会在冰面上凿开一个小隙，利用火光吸引鱼群聚集，然后用铁叉捕获大鱼。这种古老的捕鱼方式不仅展示了当地人的智慧与技艺，更让人们感受到海浪河鱼类的肥美与独特风味。当然来雪乡，滑雪是绝对不能错过的体验！滑雪运动不仅容易让人上瘾更能让人在运动中感受到回归自然的魅力。雪乡共有两个滑雪场供大家选择："八一"滑雪场和雪乡滑雪场。"八一"滑雪场是我国著名的高山滑雪场之一，有着悠久的历史和世界冠军的摇篮之美誉；而雪乡滑雪场则是黑龙江省第一个夜间滑雪场，其优越的地理位置和雪质条件使其成为滑雪爱好者的天堂。

第九节　扎龙自然保护区

一、导游词

游客朋友们：

大家好！欢迎莅临扎龙自然保护区，这里既是那些优雅鹤类的故乡，也是一处能让您深度沉浸于生态和谐之美的胜地。

提及丹顶鹤，您是否已经被它那象征着纯洁、力量与高贵的形象所吸引？那雪白的羽毛，犹如冬日的雪花般纯净；黑白交错的长翅，宛如钢琴键上跳跃的音符；最是那一点鲜红的冠顶，犹如画龙点睛之笔，使丹顶鹤成为扎龙自然保护区的璀璨明珠。它们与这片土地形成了千丝万缕的联系，每一次翩翩起舞都是对生态和谐之美的最好诠释。

扎龙自然保护区，位于中国的黑龙江省西部，静卧在松嫩平原乌裕尔河下游的怀抱中，距离繁华的齐齐哈尔市区仅26.7公里之遥。这片广袤无垠的湿地，为丹顶鹤等众多珍稀鸟类提供了一个温暖的家。同时，这里也孕育了丰富的动植物资源，芦苇摇曳，水草依依，为无数生命提供了滋养的摇篮。

关于扎龙，有一个流传已久的神话故事。传说在很久很久以前，这里曾是一片贫瘠之地。某日，一条巨龙意外降临，却不幸被困于此。当地的村民见状，纷纷伸出援手，他们为巨龙筑起遮阳的凉棚，从远处挑来清水浇灌。然而，酷暑难耐，巨龙依然受困。此时，被村民们的善良所感动的百鸟仙子，化作千百只鹤与无数水鸟前来相助。经过漫长的七七四十九天，巨龙终于得以解脱，腾空而起，向所有帮助过它的人们和鸟类表示感谢。自此，这片土地变得风调雨顺，物产丰饶。

扎龙湿地，不仅仅是一片自然的绿洲，它更是世界鹤类的重要栖息地。在这片神奇的土地上，生长着468种高等植物，269种鸟类在此欢歌。其中，有8种被列为国家一级保护动物，33种被列为国家二级保护动物。令人惊叹的是，全球仅存的15种鹤类中，扎龙保护区就占据了6种。而我们的明星——丹顶鹤，全球野生数量仅有约2400只，而在这里，您有幸可以目睹到300多只的壮观景象。

当然，扎龙自然保护区不仅是一处观赏胜地，它还承载着教育和科研的重要使命。早在2000年，这里就被授予了"全国青少年科普教育基地"的荣誉称号，成为青少年们亲近自然、探索生态的乐园。同时，我们也积极开展国际合作与交流，为全球湿地保护和生物多样性保护贡献着我们的力量。

在这片充满神奇的土地上，您不仅可以欣赏到丹顶鹤的翩翩起舞，更能感受到大自然的神秘与和谐。每一位到访的游客，都会被这片美丽的湿地和珍稀的鸟类所深深吸引。

此外，当您在这里尽情领略自然之美时，也不要忘了品尝地道的东北美食。我们所处的位置，正是黑龙江、内蒙古、吉林三地交界的美食天堂，被誉为"中国烤肉第一城"。这里的烤肉，不仅在东北享有盛名，甚至在全国都备受推崇。虽然东北的烧烤文化丰富多彩，但在我们齐齐哈尔人心中，我们的烤肉始终独树一帜。

您是否知道我们的烤肉曾多次被名人推荐？从齐齐哈尔走出的明星沈腾、毛不易就常常在节目中提及，美食纪录片《人生一串》也为我们的烤肉留下了浓墨重彩的一笔。甚至在电影《西虹市首富》中，也有它的精彩亮相。

今晚，我将为您安排一顿正宗的齐齐哈尔烤肉盛宴。当鲜嫩的肉质在炭火上发出滋滋作响的声音，散发出令人垂涎的香气时，您定会被这美味所征服。在享受美食的同时，也能感受到这片土地的独特魅力和人们的热情好客。

在扎龙自然保护区，您将获得一次全方位的旅行体验。不仅可以欣赏到壮观的湿地风光和珍稀的鸟类资源，更能深入了解生态环保的重要性。同时，这里的美食文化也将让您流连忘返。希望这次旅行能让您充分领略到扎龙自然保护区的独特魅力和丰富内涵，感受到人与自然的和谐共生之道。

再者，扎龙自然保护区还承载着浓厚的文化底蕴和鲜明的地方特色。这里的风土人情、传统习俗与这片神奇的湿地相互交融。在游览的过程中，您可以参观各类文化设施，深入了解当地的历史文化和民俗风情。同时，也可以参与到各种节日庆典和民俗活动中，亲身体验这片土地的独特韵味和文化底蕴。

在扎龙自然保护区内游览时，您还可以选择多种游览方式，如乘坐游船欣赏湖光山色，骑行或徒步探索自然景观。沿途，您可以尽情欣赏壮观的芦苇荡、荷花池等自然美景，同时还有机会观察到各种珍稀鸟类的生活习性和栖息地环境，感受大自然的奥秘与美丽。

相信您已经感受到扎龙自然保护区是一个融合了自然风光、珍稀鸟类观赏、生态教育、科研交流以及美食文化的综合性旅游胜地。在这里，您将体验到一次难忘的旅行，深刻感受到大自然的神秘与和谐之美。希望在游览的过程中，您能够更加珍惜这片宝贵的自然资源，共同为保护我们赖以生存的地球生态环境贡献一份力量。

二、扎龙自然保护区介绍

扎龙自然保护区坐落于黑龙江省西部，地处松嫩平原乌裕尔河下游，距离齐齐哈尔市区东南仅 26.7 公里。自 1979 年成立以来，该保护区在 1987 年经国务院批准升级为国家级保护区，其独特的芦苇沼泽为主的内陆湿地水域生态系统和丰富的野生动物资源备受赞誉。这个保护区横跨齐齐哈尔、大庆两市六县区，占地广阔，总面积达到 2100 平方公里。

扎龙保护区在国际湿地网络中占据重要地位，于 1992 年首批被列入《国际重要湿地名录》。随后在 2001 年加入中国生物圈保护区网络，更在

2009年被评为全球17个国际重要湿地保护成功范例之一。到了2013年,它又荣获"中国十大魅力湿地"称号,足以见证其在湿地保护领域的杰出贡献。

这片湿地蕴藏着令人惊叹的动植物多样性。这里有468种高等植物和269种鸟类,其中包括8种国家一级保护动物和33种国家二级保护动物。值得一提的是,全球共有15种鹤类,而中国境内有9种,扎龙保护区就拥有其中的6种。特别是丹顶鹤、白枕鹤和蓑羽鹤,它们在这里繁衍生息,而白鹤、白头鹤和灰鹤则选择这里作为迁徙的停歇地。扎龙保护区更是全球数量最多的野生丹顶鹤繁殖栖息地,全球现存的约2400只野生丹顶鹤中,这里有超过300只。因此,扎龙保护区被誉为"鸟的乐园、鹤的故乡",并且是世界鹤类的重要繁殖和迁徙地。

在1981年,经国家林业部批准,在扎龙保护区的实验区边缘,我国第一个专业观鸟旅游区——扎龙生态旅游区应运而生。这一独特的旅游区在2017年更是被首批列入"国家湿地旅游示范基地",为游客提供了一个亲近自然、观察野生动物的理想去处。在这里,您将有机会亲身体验大自然的奥秘,感受湿地生态系统的独特魅力。

丹顶鹤,这种珍稀的大型鸟类,以其独特的管状鼻子和优雅的身姿著称。它们主要栖息在草原、湿地和沼泽等地,这些地方为它们提供了丰富的食物和理想的生存环境。丹顶鹤通常以群居的方式生活,由一对成年鹤及其后代组成的小群体在草原和湿地中繁衍生息。春季是它们的繁殖季节,雌鹤会在水边或草地上筑巢孵卵,而雄鹤则肩负起保卫巢区的责任。丹顶鹤是杂食性动物,食物来源广泛,包括鱼虾、水生昆虫、植物果实等。它们通常在黎明和黄昏时分活动,白天则在草丛中避暑休息。值得一提的是,丹顶鹤还具有迁徙的习性,会在秋冬季节寻找更适合过冬的栖息地。此外,它们那动听的叫声和优美的舞蹈也是其独特魅力的一部分。为了保护这种珍稀鸟类,我们需深入了解其生活习性,并积极采取措施保护它们的生存环境。请各位跟随我的脚步去探索扎龙和丹顶鹤的神秘吧!

(一)祈福龙

站在祈福龙前,你能感受到稻草编织的细腻与匠心。这尊高达6.6米、长达18.8米的祈福龙,仿佛是从古老的神话中跃然而出,准备随时腾飞。两条龙身环绕着一颗明亮的珠子，象征着二龙戏珠的吉祥图景。这不仅仅是国内规模最大的稻草龙雕塑，它更是中华民族龙图腾的骄傲展现。当你凝视它时，仿佛能感受到龙的神韵与力量，它代表着对风调雨顺、国泰民安的深深祈愿，同时也象征着长寿、成功与高贵的品质。

（二）稻草迎宾长廊

稻草迎宾长廊如一条金色的丝带，蜿蜒在长达99米的道路上。每一个拱门之上，都悬挂着由稻草精心制作的丹顶鹤。这些鹤展翅欲飞，流线型的身体展现出一种冲破天际的壮志。99米的长度并非随意选择，它寓意着长久、长福与长寿。与此同时，仙鹤的存在为这条长廊增添了一份神秘与吉祥，仿佛它们正在为每一位游客带来幸福与平安的祝愿。

（三）鹤唳云天

仰望那高达15米的鹤唳云天雕塑，你会被其巍峨的气势所震撼。这座由中央美院设计的雕塑，顶部装饰着一对不锈钢制作的丹顶鹤。它们仿佛正在云天之间翱翔，发出高昂而悠远的鹤唳之声。雕塑下方的"鹤唳云天"四个金色大字，由黑龙江省原省长陈雷亲笔题写，字里行间都流露出对鹤的高贵与自由的赞美。

（四）观鹤台

步入观鹤台，你仿佛进入了一个古典的仙境。广场中央的太湖石上，矗立着一对汉白玉雕刻的丹顶鹤。雄鹤体形魁梧，雌鹤则稍显娇小，它们并肩而立，象征着坚贞不渝的爱情。在这里，你可以静静地感受这对仙鹤间不言而喻的深情厚谊，仿佛能听到它们在低语、在倾诉。

（五）荷仙池

扎龙的盛夏七月，荷仙池迎来了一场视觉的盛宴。荷花如约绽放，点缀着碧绿的池水。这些荷花，虽生于淤泥之中，却洁身自好，亭亭玉立于碧波之上，宛如仙子降临凡尘，她们以纯洁与高尚为信仰。当你轻步走近荷仙池畔，映入眼帘的是那一朵朵盛开的荷花。她们在骄阳的映照下，更显灵动与美丽，仿佛是夏日里的一缕清凉，沁人心脾。那些荷花，即使在烈日炎炎之下，也依然昂首挺胸，傲然绽放。她们的坚韧与不屈，仿佛在诉说着一种高尚的品质和顽强的精神。

此刻，站在荷仙池边，你不仅能欣赏到荷花的美丽，更能感受到它们那出淤泥而不染的坚韧与纯洁。这些荷花，如同世间的君子，用它们的花语诠释着高尚与坚韧，激励着每一个观赏者。

（六）国际重要湿地纪念碑

扎龙保护区作为全球重要的湿地之一，其生态价值得到了国际社会的广泛认可。这座国际重要湿地纪念碑以地球和湿地公约为设计元素，象征着湿地与地球的紧密相连。它见证了保护区多年来在生态保护方面所取得的显著成就，也提醒着我们珍惜和保护这片宝贵的自然资源。扎龙保护区的地理位置不仅对其生态环境和生物多样性有着重要影响，还具有重要的地理意义。它位于东北亚鸟类迁徙的重要通道上，是多种候鸟迁徙途中的停歇地和繁殖地。同时，扎龙湿地也是松嫩平原乃至东北地区重要的水源涵养地和生态屏障，对于维护区域生态平衡和气候调节起着不可替代的作用。扎龙自然保护区优美的自然风光和丰富的野生动植物资源吸引了大量游客前来观赏和旅游。通过合理的生态旅游开发和管理，保护区在实现生态旅游收入的同时，也促进了周边地区的经济发展。这种可持续发展的模式有助于平衡生态保护与经济发展的关系，实现人与自然的和谐共生。

（七）扎龙保护区纪念碑

这座纪念碑是扎龙自然保护区的历史见证者。从 1979 年建立到晋升为国家级自然保护区，它记录了这片广袤的芦苇沼泽湿地的形成与演变过程。同时，它也彰显了扎龙湿地作为全球重要湿地的独特地位和重要性。湿地被誉为"地球之肾"，具有调节气候、净化水质、涵养水源等多种生态服务功能。扎龙自然保护区的湿地生态系统在维持区域生态平衡、调节气候、防洪抗旱等方面发挥着重要作用。保护区的环境保护工作有助于维护这些生态服务功能，为周边地区提供持续的生态效益。扎龙自然保护区的环境保护意义体现在多个方面，包括保护珍稀水禽及其栖息地、维护生物多样性、提供生态服务功能、推动科研与教育发展以及促进生态旅游与可持续发展等。这些意义不仅关乎自然保护区的生存和发展，更对整个人类社会的可持续发展具有深远的影响。

（八）湿地人家

这里是两部知名电影的拍摄地——《鹤童》和《丹顶鹤女孩》。在这两部影片中，孩子们与丹顶鹤之间建立了深厚的情感纽带，共同保护了这片生态环境。故事的主人公徐秀娟,这位来自黑龙江满族渔民家庭的女孩,自小便与丹顶鹤结下了不解之缘。她的父亲是扎龙自然保护区的鹤类保护工程师,母亲也曾在保护区养鹤十年。在家庭熏陶下,徐秀娟自小就爱上了这些优雅的鸟类,并经常帮助父母喂养小鹤。1981年,高中停办的她追随父亲的脚步,踏入扎龙自然保护区,开始了她的养鹤生涯,成为中国第一位养鹤姑娘。

她以满腔的热情投入养鹤事业中,无论是担水、配食,还是喂鹤、放鹤,她都亲力亲为,甚至清扫鹤舍、诊治护理病鹤也难不倒她。她单独饲养的幼鹤成活率达到了惊人的100%。更令人钦佩的是,经过她的驯化,小鹤们能够听从她的指挥跳舞、飞翔,这一壮观的场面甚至吸引了国家领导人的目光。

徐秀娟的才华与努力并未止步于此。她创造了长途运孵丹顶鹤卵两昼夜、行程2000多公里并顺利出壳的国内新纪录。在盐城,她更是创建了第一个鹤类驯养场,并建立了系统的技术规范及管理制度,为越冬地丹顶鹤的人工驯养和育雏提供了宝贵的经验。

然而,这位年轻且才华横溢的姑娘的生命却在一场意外中戛然而止。1987年9月16日,她在寻找一只走失的天鹅时不幸溺水身亡,年仅23岁。她的离世让人们深感惋惜,为了纪念她,人们追认她为"烈士",并尊称她为"中国第一位驯鹤姑娘"。

徐秀娟的事迹被谱写成歌曲《一个真实的故事》,这首歌曾广泛传唱,赞颂了她一心为公、勇于奉献的精神。她的弟弟徐建峰为了完成姐姐的遗愿,也投身到扎龙保护区的工作中,但不幸的是,他在2014年也因意外去世。

徐秀娟的故事不仅是一段关于爱与奉献的传奇,更是对自然保护和人与自然和谐共生的生动诠释。她用自己的生命诠释了保护自然、珍爱生命的崇高精神,这种精神将永远激励着后人。如今,游客们可以在这里感受到人与自然和谐共生的美好愿景,仿佛置身于电影中的世界。

(九)松鹤延年

丹顶鹤,这种拥有洁白羽毛、修长身形和朱红色头顶的独特鸟类,不仅因其美丽外形和优雅姿态而引人注目,更在多种文化中承载着深厚的象征意义。它们鲜明的色彩对比和高辨识度使其成为自然界中的一道亮丽风景。而且，丹顶鹤的长寿特性也让它们成为长寿的象征，常在中国传统文化中与松树一起，寓意着"松鹤延年"的美好愿望。同时，丹顶鹤的优雅和高贵也使其成为吉祥、幸福的代表，而它们忠贞不渝的爱情观更是令人敬佩。在文化艺术领域，丹顶鹤的形象广泛出现在文学作品、绘画、雕塑以及民间工艺中，展现了人们对这种神奇鸟类的无尽赞美和深厚情感。在这里，你可以亲眼欣赏到这一吉祥的象征物，并感受到其带来的美好寓意和祝福。愿每一位游客都能在这里收获健康与长寿的祝福！

（十）六鹤同春（六合同春）

这个景点融合了亭、泉、鹤、荷等多种元素，展现出一幅生机勃勃、万物复苏的画卷。泉水从 6 只仙鹤的嘴中潺潺流出，游客们可以品尝这寓意着长寿与不老的不老泉之水。同时，仙鹤们轻盈地站在荷花之上，仿佛正在为这片美景增添一份仙气与灵动之感。在这里，你可以感受到万物欣欣向荣的气息以及春天带来的新生与希望！

（十一）水禽岛

水禽岛，一处充满生机的自然景观，自 2007 年建立以来，已成为众多鸟类和自然爱好者的向往之地。岛的周边水域热闹非凡，既有活泼可爱的野鸭在水中嬉戏，也有温顺憨厚的鸿雁悠然自得。而那些轻盈灵动的鸟儿们，更是为这片水域增添了不少生气。值得一提的是，小岛上还常常迎来那些高贵而神秘的丹顶鹤与白枕鹤，它们优雅地觅食，偶尔还会展翅飞翔，令人叹为观止。更令人惊喜的是，时不时还会有天鹅的光临，它们的出现总是能引发游客们的阵阵欢呼。岛上的"神鹤"石更是成为一处独特的风景。这块巨石静静地耸立着，仿佛是岛上的守护神。而丹顶鹤似乎也特别喜欢在这里驻足，它们或站立或嬉戏，构成了一幅幅美丽的画卷。游客们纷纷在此拍照留念，记录下这难忘的瞬间。丹顶鹤，又名仙鹤，它在人们的心中有着极高的地位。传说它是南极仙翁的坐骑，因此也被道教称为蓬莱羽士。在清朝时期，文职一品的官服补丁上便绣有一只仙鹤站在潮水中的石头上，象征着"一品当朝"的尊贵地位，足以看出丹顶鹤在历史文化中的重要地位。

（十二）名鹤苑

名鹤苑是一个专为展示和保护鹤类而设的园区。全世界现存鹤类共有 15

种，而中国便拥有其中的 9 种。在扎龙保护区，你可以欣赏到 6 种不同的鹤类。其中，丹顶鹤、白枕鹤和蓑羽鹤在这里繁衍生息，而白鹤、白头鹤和灰鹤则会在迁徙途中在此停歇。扎龙保护区不仅是国内最重要的丹顶鹤人工种源基地，还是全球濒危种类丹顶鹤的主要繁殖地。全世界现存的野生丹顶鹤仅有 2400 只左右，而扎龙保护区就拥有约 300 只的野生繁殖种群，其重要性不言而喻。在名鹤苑内，游客们可以近距离观赏到丹顶鹤、白枕鹤、白鹤和灰鹤这 4 种珍贵的鹤类。它们或优雅地翩翩起舞，或悠闲地觅食嬉戏，为游客们带来了一场视觉与心灵的盛宴。这里不仅是科研教学的重要基地，更是人们感受自然之美、了解鹤类文化的绝佳去处。

（十三）扎龙湖

扎龙湖，又被人们亲切地称为"仙鹤湖"，是扎龙湿地中一颗璀璨的明珠。这片广袤的湿地，湖泊如星罗棋布，共计 298 个大小湖泊，相互交织，形成了一幅壮丽的自然画卷。而扎龙湖，则是这幅画卷中最为闪亮的一笔。扎龙湖的水域面积约 5 平方公里，湖面宽广，碧波荡漾。湖水清澈见底，映照出天空的蓝和白云的轻柔。湖岸边的苇草肥美，随风摇曳，仿佛在为湖泊伴奏着一首自然的赞歌。而湖中的鱼虾丰盛，各种水生生物在这里繁衍生息，构成了一个生机勃勃的生态系统。在扎龙湖中，草鱼、鲢鱼、麦穗、泥鳅、鲤鱼、鲫鱼等鱼类占据了优势地位，它们的数量占据了湖中鱼类的 75% 以上。这些鱼儿在水中自由自在地游弋，时而跃出水面，溅起一朵朵水花，为湖面增添了几分生机与活力。而提及扎龙湖，就不得不提到那些优雅的丹顶鹤。这些美丽的仙鹤，仿佛是湖泊的守护者，它们翩翩起舞的身姿，成为扎龙湖一道独特的风景线。在这里，丹顶鹤与湖泊、苇草、鱼虾共同构成了一个和谐的生态家园。

关于扎龙湖和丹顶鹤，还有一段流传久远的美丽传说。相传在很久以前，现在的扎龙湿地曾经是一片贫瘠的盐碱地，方圆百里只有一个小小的村落，星星点点地散居着几十户人家。这里年久干旱，且只能依靠烧碱晒盐来艰辛地度日。

有一天，疾风顿起，乌云翻滚，飞沙走石，一庞然大物从天降落下来，人们发现是一条巨龙卧在干涸的荒原上，那巨龙显然是被困于此，双目垂泪，摇首摆尾，欲腾不能。

村里的人们迅速行动起来，为巨龙搭了一个高大的凉棚，数日里，他们不分男女老少，长途跋涉从远处担来水，昼夜不停地往巨龙身上浇，可是天气酷热，担来的水无济于事。巨龙虽然保住了性命，却仍然摆脱不了困境，身上的鳞片因干燥已渐渐风干翻卷。

村民的善良感动了天上的百鸟仙子，百鸟仙子舍羽化作千只鹤和无以计数的各类水鸟，飞往人间去援救困龙。众鸟下界，铺天盖地，在巨龙的上方展翅盘旋，为巨龙遮日避光，还不住地高唱吉祥歌呼风唤雨。整整七七四十九天，得水的巨龙逐渐康复，终于乘着水势一跃而起，扶摇直上高天，随后，发出喜悦的鸣叫，曲身拱爪向挽救它生命的村民和鹤鸟鞠躬三拜，村民们欢呼跳跃着为巨龙送行……

巨龙飞走之后，人们发现在巨龙飞起的地方，竟然留下了一个数千亩的大湖泊，人们亲切地称之为"扎龙湖"。那湖中鱼虾丰盛，荷花芳艳诱人，周围被龙尾扫过的地方还长出了茂密的芦苇和青草。从此，这里成了风调雨顺、物产丰富的宝地。

那巨龙重返龙宫后，也念念不忘仙鹤的救命之恩，邀请仙鹤入住宫中。然而，仙鹤却深深依恋着那些善良勤劳的村民，执意留在已变得美丽富饶的扎龙湖畔。巨龙无可奈何，只得从宫中的宝箱中取出一颗红色的宝石，求天庭的神仙把宝石赠送给仙鹤作为永恒的纪念。一天深夜，那神仙驾起祥云，飘然来到扎龙湖畔，托起红色宝石，拂袖抛出千道耀眼的紫光，骤然间将红宝石分别镶嵌在千只仙鹤的头顶。此后，人们将这些鹤亲切地称为"丹顶鹤"，从此这个村子也改名叫"扎龙村"。

这个传说为扎龙湖增添了几分神秘色彩，也让人们对这片湖泊充满了敬畏与向往。如今，扎龙湖已经成为众多游客向往的旅游胜地。在这里，人们可以近距离地观赏到丹顶鹤的优雅身姿，感受大自然的神奇魅力。同时，扎龙湖丰富的水产资源也为周边的居民提供了丰富的食物来源和生计保障。扎龙湖是一个充满生机与活力的地方。它不仅是丹顶鹤的家园，更是大自然赋予我们的一份宝贵财富。在这里，我们可以感受到大自然的神奇与美丽，让我们更加珍视和保护共同的地球家园。

（十四）扎龙湿地博物馆

这座总建筑面积超过 5200 平方米的特色建筑，以其独特的巨型鹤蛋造型吸引着游客的目光。这一设计灵感来源于扎龙湿地的标志性动物——丹顶鹤，象征着生命与自然的和谐共生。走进博物馆，首先映入眼帘的是丰富的湿地动植物标本。这些精心制作的标本生动地展示了湿地生态系统的多样性，让游客能够近距离观察并了解这些生物的特性和生活习性。博物馆内还设有湿地科普放映影院，通过高清影像资料，向游客深入介绍湿地的形成、演变以及其在自然界中的重要作用。这种寓教于乐的科普方式，使复杂的科学知识变得生动有趣，易于理解。此外，博物馆还提供了宽敞的观景台，让游客可以在此驻足，远眺湿地的壮丽景色，感受大自然的宁静与和谐。扎龙湿地博物馆不仅是一个展示自然生态的场所，更是一个融合了文化、科技、科普教育的综合平台。在这里，游客可以深刻体验到人类、丹顶鹤以及自然环境之间的紧密联系，感受到一种浑然一体的美好。这座博物馆不仅丰富了游客的知识和视野，更激发了人们对自然和生态环境的敬畏与保护之心。

（十五）放鹤活动介绍

扎龙自然保护区为了让游客近距离体验丹顶鹤的飞翔之美，同时促进丹顶鹤的野化训练，特别安排了精彩的放鹤活动。

1. 活动时间安排

放鹤活动精心安排在每天的4个时间点：上午9：30和11：00，以及下午2：00和3：30。这样的时间规划，旨在平衡游客的参观时段与丹顶鹤的日常活动习性，确保每位游客都能获得最佳的观赏体验，同时也不打扰丹顶鹤的正常生活。

2. 放飞的鹤群

每次放飞活动，会精选约20只人工繁育的丹顶鹤进行展示。这不仅为丹顶鹤提供了适应野外环境的机会，增强了它们的生存技能，更为游客展现了一幅生动的自然画卷。

3. 活动的深远意义

（1）野化训练的重要性：放飞是丹顶鹤野化训练的关键环节，有助于它们逐步适应并融入自然环境，提升其体能、飞翔技巧以及对野外环境的适应性。

（2）助力野生种群的增长：经过野化训练的丹顶鹤，未来有望被放归大自然，为野生丹顶鹤种群注入新的活力。

（3）科普与教育的平台：此活动为公众提供了一个直观了解丹顶鹤及其生态保护工作的机会，具有深远的科普教育意义。

（4）旅游观赏的亮点：作为扎龙自然保护区的一大特色，放鹤活动吸引了众多游客，为保护区带来了一定的旅游收益，进而支持其持续地运营与发展。

4. 参与须知

在参与放鹤活动时，请保持安静，避免惊扰到丹顶鹤，同时也要注意环保，不留下任何垃圾，共同守护这片生机盎然的湿地生态家园。

（十六）望鹤楼

望鹤楼是在1981年建立的，楼高18米，共5层。顶楼是望鹤平台，有高倍望远镜，是远处观察和欣赏丹顶鹤等野生动物最佳地点。扎龙湿地有水禽鸟类269种，隶属17目48科，其中国家一级保护动物8种，二级33种，黑龙江省重点保护鸟类17种。在一楼的标本厅大约展出了一半，还有一些兽类。

我们首先看到的标本是：①大天鹅，它是我国二级保护动物，体长可达1.5米左右，体重15千克。虽然看上去很笨重，但是它却是飞行最高的鸟类之一。它可以飞过珠穆朗玛峰，最高可达9000米以上，并且它的脖子可以旋转360°，非常厉害吧！对了还有它的寿命大概是30年。②凤头䴙䴘，又称水葫芦，因为在水中时，它的头与身体缩成葫芦状而得名。③鸬鹚，又称鱼鹰或叼鱼狼，我国有5种，几乎分布在全国各地，东北就有5种，在东北的北部和中部，属夏候鸟，南部旅鸟。在香港的米埔自然保护区，每年都有上万只鸬鹚停留。在迁徙的过程中，经过中国的中部和南方各省份，如海南、台湾。目前在云南、广西、湖南等地，仍有人会以驯养鸬鹚来捕鱼。当发现鱼时，它会潜入水中1~3米，而在水中潜水的时间可达70秒之久，可称得上是鸟类中的潜水冠军。④鸿雁，又称大雁，家鹅的祖先，它的叫声与家鹅相似，保护区内有人工繁殖的可以见到。⑤绿头鸭，它是家鸭的祖先，这里是一对，我告诉大家一个分辨动物雌雄的方法，在动物界中，往往漂亮的大部分是雄性的，这只头上有绿色的是雄性，而这只是雌性的。这些都是鸭类，大概有19种。其中，最珍贵的是属这对——⑥翘鼻麻鸭，现在已经很少见到了。因为它的鼻子上方有一地凸起的骨头而得名。这也是一对，当然这只比较漂亮的是雄性的,而这只是雌性的。这边是鹬类和鸥类,我们看一下这两只身高只有30厘米和这只20厘米的鹬,头上身上都有一些黑色羽毛,并且腿很细很长的,它们的全名——⑦黑翅长脚鹬,就是我们大家都很熟悉的"鹬蚌相争,渔翁得利"中的鹬。大家也许看过一部水墨动画片,其中把它画得很高大,但是它只有这么高,大家没想到吧!⑧大麻鳽,俗称地牦牛,因为它的叫声像老牛一样,哞哞的叫声。这两只是⑨黑鹳和⑩东方白鹳,是鹳类的。鹳具有较长的后趾,在树上或在高大的建筑上筑巢、产卵、育雏,直到雏鸟飞出,我们看一下东方白鹳,它小的时候是可以发出声音的,叫声像小鸡一样,而随着年龄的增长,它的声带也会随之退化,当它长成鹳时声带就会消失。大家一定很奇怪,那它们之间怎样传递信息呢?大家看一下它厚厚的嘴,我们称之为喙,它的上下喙互相碰撞会发出嗒嗒的声音,它们就是通过这个来传递信息的。⑪白鹮,因为嘴呈勾勾状,所以被称为勾勾嘴,吃起鱼来,是很方便的。⑫白琵鹭,又称琵琶鹭,嘴形像琵琶,而它还有一个别名,那是由它嘴的外形演变而来的,我们看一下它的嘴,是不是与我们穿鞋的工具拔子非常相似,所以它又称为鞋拔子鹭。⑬白鹭,杜甫在《绝句》中所说的"两个黄鹂鸣翠柳,一行白鹭上青天"中的"白鹭"就是大白鹭。⑭苍鹭被称为缩脖老等,我们解释一下缩脖是因为它不管是在飞行或捕鱼或站立时都把脖子缩成S形,而老等就在于它的捕鱼方式是站在水池边一动不动等待鱼儿出来,像这样单腿站立一动不动的话可达5~6小时,鱼儿看它们已经很长时间没动,以为它们死亡了,所以大胆地活动,而它们就在这时捕捉它们想要吃的鱼儿。因此它们的捕鱼方式用守株待兔来形容,可以说是非常合适了,这就是"老等"的意思了。鹭类具有较长的后趾,和前三趾等平,能够栖息在树上,颈的构造有利于啄鱼,主要以鱼为食。但是鹤的脚不具蹼,后趾很短并且高于前趾,它们是在地面上生活的大型涉禽。鹳类喜欢把巢安放在建筑物或高大的树上,而鹤类却不是。

从这边开始就是鹤类的标本了,我们先看到的是⑮灰冠鹤,它源于非洲,是乌干达的国鸟。⑯黑冠鹤与灰冠鹤非常相似,是尼日利亚的国鸟,也是全世界15种鹤中唯一可以在树上栖息的鹤类。⑰白鹤又称西伯利亚白鹤,国家一级保护鸟类。当白鹤活着的时候,脸部是红色的。因为血液流通,活着的时候可以看到,所以当它死去后血液不流通,脸部的红色也会看不到。

也有人说，白鹤像罗马天主教的修女一样身披白纱，所以白鹤又被称为修女鹤，白鹤的寿命可达 50~60 年之久。我国鄱阳湖保护区是世界上仅存的一处最大的白鹤越冬地，故而成了举世闻名的白鹤王国。⑱蓝鹤，又称大蓑羽鹤，因为飞羽非常长一直到地，而且飞翔时从天而降像天使一样，又被称为天使鹤，是南非的国鸟。⑲赤颈鹤，因为活着的时候脖子以上都是红色的而得名，它是 15 种鹤类中体型最大的鹤，体长可达 1.75 米左右，而且是最凶猛的鹤类，会主动攻击人。⑳肉垂鹤，又称土绶鹤，雌雄是通过头顶的冠羽来区分的，雄性呈灰色，雌性呈白色。㉑蓑羽鹤是 15 种鹤中体型最娇小的鹤类，体长在 96 厘米左右，因为它生性胆小，喜欢独处，像大家闺秀一样，所以又称闺秀鹤，又因为眼睛后面的白色眉毛，又被称为"白眉大侠"。㉒黑颈鹤，外表很丑陋，但它是我国一级保护鸟类，现存量达 8000 多只，并且它也是 15 种鹤中最晚发现的，因为它是生存在海拔 500~5000 米的高原地带，尤其是青藏高原和云贵高原都可以看见，1876 年才被发现。㉓白枕鹤又称红面鹤，是我国二级保护动物，是我们保护区的繁殖鸟类。㉔白头鹤又称锅鹤、玄鹤，是扎龙保护区迁徙停歇鸟。㉕丹顶鹤，边上四只像小鸭雏、小鸡雏一样大的就是丹顶鹤的小鹤雏，丹顶鹤死去后红色的丹顶会消失，那是因为在丹顶鹤去世后血液不流通，而红色头顶是属于裸露在外面的皮肤，活着的时候由于血液流通可以看到。

　　这边是㉖其他禽类，环颈雉也就是我们所说的野鸡，漂亮的是雄性的。这边是鸮类，就是我们所说的猫头鹰，而我们又把它称为夜猫子。金雕，鸟类当中体型比较大的，它把巢穴筑在难以攀登的悬崖峭壁上的大树上，它每窝产卵一二枚。鹌鹑，它的蛋非常有营养。黄雀，我们所说的螳螂捕蝉黄雀在后中的黄雀。戴胜，又名臭咕咕，因为它喜欢吃腐烂的肉，所以它身上和巢中都很臭，叫声如"臭咕、臭咕"而得名。乌鸦，全世界有 36 种，我国有 7 种。大鸨，是一妻多夫制，所以也叫老鸨。本区兽类 21 种，隶属 5 目 9 科，占全省兽类总数的 1.6%，其中食肉目种类最多，为 11 种，占该区兽类总数的 52%。狍子，棒打狍子瓢尧鱼说的就是这种狍子。黄羊，没有尾巴，又叫短尾巴黄羊。貉子、豹猫都是丹顶鹤的天敌。

　　扎龙保护区不仅是一个珍稀水禽的栖息地，也是一个重要的科研和教育基地。保护区内设有科研中心，致力于对湿地生态系统和珍稀水禽进行深入研究。同时，保护区还开展各种教育活动，提高公众对野生动物保护和生态环境的认识。这些活动包括科普讲座、生态体验等，旨在让人们更加了解自然、珍爱自然。为了保护扎龙保护区的珍稀水禽和生态环境，管理部门采取了一系列保护措施。这些措施包括限制人类活动、加强巡逻监测、开展生态修复等。同时，扎龙保护区还积极与国际组织合作，引进先进的保护理念和技术手段。这些保护措施取得了显著的成效，保护区的生态环境得到了有效改善，珍稀水禽的数量也在逐年增加。未来，扎龙将继续加大保护措施的实施力度，推动科学研究与教育工作的开展，为保护区的可持续发展贡献力量。同时也期待更多的人能够了解和关注扎龙保护区，共同为保护这片美丽的湿地生态系统贡献力量。

第十节　汤旺河林海奇石风景区

一、导游词

亲爱的游客们：

　　大家好！欢迎大家来到美丽的林海奇石景区，它距离伊春市中心城区和嘉荫口岸都只有100公里。这里的石林平均海拔为436.6米，总面积达到了163.57平方公里，主要由石林景观区和山水风光游览区组成。景区以小兴安岭奇石景观区内的地质遗迹形成的各类拟态奇石和繁茂的植被为特色，展现了国家地质公园和国家森林公园的独特韵味，同时，它还是中国青少年科学考察探险基地。

　　自2003年以来，这里屡获殊荣，获得"国家森林公园""国家地质公园"以及"国家AAAAA级旅游景区"等称号。占地面积广阔的景区内，植被葱翠，覆被率高达99.8%以上。您可以在这里欣赏到小兴安岭的1240多种动植物和昆虫鸟类。在古树白桦的幽径中漫步，您可以聆听鸟鸣，感受松柏的摇曳，嗅到杜鹃的幽香，并观赏到兴安奇石。加之清澈的溪水瀑布和清新的空气，这里仿佛是一个迷人的世外桃源。

　　当我们踏入这片林海，首先映入眼帘的是茂密的原始森林，其植被覆盖率高达92.27%。这里的树木以红松为主，还伴生着云杉、冷杉、白桦、椴树等110余种珍稀树种。特别是红松，在这里有着最完整、最具代表性的生长环境，因此也享有"红松故乡"的美誉。

不仅如此，景区内还拥有独特的花岗岩石林地貌。这是由2.5亿年前的印支运动形成的熔积层巨型花岗岩基，经过亿万年的地壳隆起和侵蚀作用，才形成了今天我们所看到的奇特石林。这些石峰有的独立成景，有的连绵起伏，形态多样，仿佛是大自然的精雕细琢。

首先映入我们眼帘的是"天马岩"，这是一座高为9.09米的石峰，其形态酷似一匹腾飞的天马，仿佛是从古代神话中走出来的生物，给人一种神秘而庄重的感觉。从远处望去，可以看到整个岩石呈现出一种流畅的线条，犹如一匹骏马在空中驰骋，动感十足。

"一线天"是最著名的景点之一。两座石峰分别高26.13米和17.97米，相距仅35~45厘米，形成了直上直下的一条缝隙，只能容一人通过，人称"一线天"。一线天是由地质运动的张性裂隙（节理）和风化作用形成的，它是山坡平缓地形区峰林型花岗岩地貌景观，有别于山顶、山脊峰林峰丛，它平地而起，挺拔高耸，气势豪放，雄伟壮观，是花岗岩石林地貌景观中的极品。想象一下，两座巍峨挺拔的石峰相对而立，中间仅有一条狭窄的缝隙，仿佛将天空一分为二。当您站在这里，抬头仰望，只能看见一线蓝天，那种被大自然紧紧包围的感觉，让人不由得对自然界的鬼斧神工产生由衷的敬畏。当地人常说："兴安奇观一线天，两山直尺入云端，试一试，钻一钻，保持体形安康健，留下影，留下念，清凉避暑保平安。"另一处不可错过的景点是"鸿运石"。寓意着站在上面的人将会迎来好运和成功。

景区内还有许多其他引人入胜的景点等您去探索。比如"罗汉龟"，这是一组由几块形似乌龟的巨石叠罗汉般堆叠而成，形象地描绘了数只龟叠加在一起的独特形态，这一奇观的形成得益于岩石的水平节理和球形风化。地壳在抬升过程中所受到的平缓而均匀的力量，造就了这组引人注目的水平节理。龟在我国文化中一直被视为吉祥之物，象征着健康与长寿。

石林景区还以奇特的树木而著称，如郁郁葱葱的"白桦林"，有象征恩爱情侣的"情侣树"，形如一奶同胞的"孪生树"，以及寓意白头偕老的"夫妻树"。"情侣树"其中一棵是枫桦，另一棵是落叶松，两者树龄相仿，仿佛天生一对。俗话说得好："风桦落叶两相依，同龄同根诉情意。有胆君子抱一抱，三日之内有真情。"这两棵树就像是一对恩爱的情侣，彼此相依，共同诉说着生命中的美好与真挚。

再往前走，我们将看到一对"夫妻树"。这是一棵云杉和一棵风桦，它们并肩而立，已经携手走过了300多年的风风雨雨。有句诗云："夫妻树前情意长，三百年间相伴往。云杉为夫风桦妇，白头偕老情无疆。"这两棵树见证了时间的流转，也见证了爱情的坚贞与永恒。

南区的另一大奇观是"佛祖峰"，它由三座石峰组成，宛如一尊安详的佛像。而那座形似大将军的石峰则仿佛是这片森林的守护者，威严而神秘。

在这片神奇的土地上，每一处景观都有其独特的传说和故事。当您漫步在蜿蜒的古树白桦幽径之间，可以深深感受到大自然的欢迎。淡淡的杜鹃花香更是让人心旷神怡，仿佛置身于一个人间仙境。

继续向前行，我们可能看到一个特别的景点，那就是我们的"镇海大将军"。这是一块威严耸立的巨石，它静静地伫立在那里，仿佛在捍卫着这片神奇的林海。每当您站在它的面前，都能感受到那股不可侵犯的力量。它不仅是自然界的杰作，更是我们人类敬畏自然、保护自然的象征。在这里，您可以深刻体会到人与自然的和谐共生，以及我们对大自然的无限敬畏与尊重。

汤旺河林海奇石风景区充满神奇与魅力。在这里，我们不仅可以领略大自然的壮丽景色和独特地貌，还可以感受到人与自然的和谐共生。希望每一位游客都能用心去感受大自然的魅力，去体验这片林海的神秘与美丽。

二、汤旺河林海奇石风景区概况

汤旺河区，位于伊春市的东北部，地处汤旺河上游，东临嘉荫口岸，是伊春北部交通的重要枢纽。该区总面积达2153.51平方公里，人口近4万，历史悠久，自明清时期起，便是鄂伦春等少数民族繁衍生息、狩猎游玩的乐土。

在这片神奇的土地上，有一处令人心驰神往的风景胜地——林海奇石风景区。它坐落于汤旺河区，距离伊春市中心城区和嘉荫口岸均为100公里之遥。这片风景区以其独特的石林景观和山水风光，吸引着无数游客前来探访。石林平均海拔436.6米，总面积163.57平方公里，分为石林景观区和山水风光游览区。其中，小兴安岭奇石景观区内的地质遗迹形成的各类拟态奇石和繁茂的植被尤为引人注目，树木生长在石上，石头又隐匿于林中，充分展示了国家地质公园和国家森林公园的独特魅力。此外，这里还是中国青少年科学考察探险的基地，为青少年提供了一个亲近自然、探索科学的绝佳场所。

整个景区内，植被茂盛，山色青翠，植被覆盖率高达 99.8% 以上。这里生长着小兴安岭的 1240 多种动植物和昆虫鸟类，构成了一个生机勃勃的生态家园。漫步于古树白桦的幽径之间，可以听到百鸟欢歌，欣赏到松柏轻舞的景致，更可以嗅到杜鹃的幽香，观赏到奇特的兴安石。加之叠瀑溪涧的潺潺流水和天然氧吧般的清新空气，这里无疑是一处人间仙境，让人流连忘返。

三、自然地理概况

（一）地质地貌特征

1. 地形与分布

林海奇石风景区坐落于汤旺河风景旅游区内，整体地形以山区谷地为主导。这里的山脉走势呈现出由南向北及由北向南双向延伸的特点，山区与谷地交错，形成了一种特有的地貌格局。由于地形的自然起伏，多条溪谷在山间蜿蜒穿行，这些溪谷经年累月的水流冲刷和侵蚀，进一步加深了地形的多样性。汇水面积达到 189.5 平方公里，显示了该地区丰富的水资源和独特的水文地理环境。

2. 岩石构成

风景区的核心地质特色在于其广泛分布的花岗岩。这些花岗岩并非普通的岩石，而是承载着深厚地质历史的自然遗迹。它们的形成历史可以追溯到 2.5 亿年前的印支运动时期。在这一时期，由于地壳的大规模运动，巨大的花岗岩基体得以形成。然而，这些花岗岩并非就此定型，而是经历了亿万年的地壳运动、风化作用、水力侵蚀等多种自然力的持续作用，才逐渐演变成了今天我们所看到的奇特地貌。

具体来说，这些花岗岩具有高硬度、耐磨损的特点，因此在长期的自然力作用下，形成了各种独特的形态。其中，最引人注目的是那些由于差异风化作用而形成的奇特石峰和怪石。这些岩石在风吹雨打中逐渐剥露出独特的形状和纹理,成为风景区内最具观赏价值的自然景观。

3. 峰林形态

风景区内最引人注目的自然景观当属那些由花岗岩构成的石峰。这些石峰数量众多,形态各异,构成了独特的地质地貌景观。其中,有的石峰高大险峻,四壁如刀削般直立,展现出大自然的雄伟与壮丽;有的石峰则沿山脉蜿蜒分布,高低错落有致,仿佛是大自然的精心布局;还有的石峰散落在茂密的林间,与周围的树木和植被相映成趣,形成了一幅幅精美的自然画卷。

这些石峰的形成是大自然长期作用的结果。在亿万年的地壳运动和自然力作用下,花岗岩逐渐崩解、剥蚀和重塑,最终形成了如今我们所看到的这些千姿百态的奇岩怪石。这些石峰不仅具有极高的观赏价值,同时也是研究地质演化和自然地貌形成机制的宝贵资料。

(二)土壤与植被特征

1. 土壤类型

林海奇石风景区的土壤类型展现了显著的多样性,这与其复杂多变的地形和气候条件紧密相关。风景区内最主要的土壤类型是暗棕壤,这种土壤在峰岭和平原地区广泛分布。暗棕壤的形成与温带季风气候和丰富的植被覆盖密不可分,其特点是土层深厚,有机质含量丰富,为植被提供了良好的生长环境。

而在河谷湿地等低洼地区,土壤类型则主要以草甸土、亚黏土和亚砂土为主。这些土壤类型的形成与水文条件、沉积环境和植被类型等多种因素有关。草甸土通常发育在草甸植被下,富含有机质,具有良好的保水保肥能力。亚黏土和亚砂土则多见于河流冲积平原或洪积扇,其颗粒较细,透水性适中,有利于湿地植物的生长。

2. 植被覆盖

风景区的植被覆盖呈现出显著的针阔混交林特征。这是由于风景区所处的温带季风气候区,四季分明,降水适中,为多种植物提供了适宜的生长条件。主要林木种类包括白桦、冷杉、红松等,这些树种各自具有独特的生态适应性和经济价值。例如,白桦树皮洁白光滑,树脂丰富,木材坚韧;冷杉则耐寒性强,生长迅速;红松则以其优质的木材和松子而著称。

除了这些主要林木外,风景区内还有丰富的落叶松、樟子松、榆、椴等林地。这些树种在维护生态平衡、提供木材资源等方面也发挥着重要作用。特别是落叶松和樟子松,它们对土壤和气候的适应性较强,因此在风景区内广泛分布。

此外,风景区内还有特有的采伐迹地和湿地植被。采伐迹地林地是人为干扰后形成的特殊林地类型,其植被结构和种类与原生林有所不同,但仍然具有一定的生态价值。湿地植被则主要分布在河谷湿地等低洼地区,以水生植物和湿生植物为主,如芦苇、香蒲等。这些湿地植被在净化水质、维护生物多样性等方面发挥着重要作用。

(三)气象水文特征

1. 气候类型

林海奇石风景区地处特定地理位置,因此其气候特点显著,属于典型的大陆性季风气候。这种气候类型的特点在于四季变化明显,每个季节都有其独特的气候特征。冬季时,风景区受冷空气影响,气温骤降,呈现出寒冷而漫长的特点。与此相反,夏季虽然炎热,但相对短暂,并且由于季风的影响,夏季也是雨水最为充沛的季节。这种冬冷夏热、四季分明的气候特点,使得风景区的年平均气温维持在约 -0.3℃,这也为风景区内丰富的植被和动物群落提供了一个独特的生存环境。

2. 降水与蒸发

风景区的降水主要集中在夏季的 6 月至 9 月,这一时期的降水量占到了全年降水量的 74%。丰富的夏季降水不仅为风景区内的植被提供了必要的水分,也对其地貌形态和水文循环产生了深远影响。与此同时,风景区的年蒸发量约为 1009.3 毫米,这一数值反映了风景区水分的流失情况,也进一步影响了风景区内的生态环境和气候特点。

3. 风向与风速

在风向方面,风景区全年主导风向为西南风。这意味着在多数情况下,风景区会受到来自西南方向的气流影响,从而对风景区的气候和天气产生重要影响。而在风速方面,春季是风速最大的季节,大风日数也相对较多。这可能是由于春季气温回升,大气层结构不稳定,加之季风的影响,导致风速增大。春季的大风不仅为风景区带来了清新的空气,也对其地貌形态和植被分布产生了一定的影响。

(四)动植物资源与土特产品

1. 野生药用植被

林海奇石风景区内蕴藏着丰富的野生药用植被资源。经过详细的生态调查和植物分类研究,我们确认风景区内存在三棵针、五味子、兴安杜鹃等百余种具有药用价值的野生植物。这些植物在中医药和传统医学中有着悠久的历史和广泛的应用,具有清热解毒、润肺止咳、活血化瘀等多种功效。值得一提的是,为了更好地保护和利用这些珍稀资源,部分药用植物已经实现了人工栽植,这不仅有助于保护野生资源,还能为当地的药材产业提供稳定的原料来源。

2. 食用山野菜

风景区内还生长着大量的食用山野菜类植物资源。这些植物,如蕨菜、猴腿等,不仅口感鲜美、营养丰富,还具有独特的药用和保健功能。在当地居民的日常生活中,这些山野菜是不可或缺的美食佳肴。更重要的是,这些山野菜已经成为当地的特色土特产品,远销至周边地区甚至全国各地,为当地的经济发展注入了新的活力。

3. 动植物多样性

风景区内野生动植物资源的丰富性得益于其较高的森林覆盖率和稳定的森林生态群落。这里的森林生态系统为各种野生动植物提供了理想的栖息地,从而孕育了多样化的生物种群。从珍稀的野生动物到独特的植物群落,这里的生物多样性不仅为生态旅游提供了丰富的观赏资源,还为科普教育提供了生动的实地教材。

四、主要景观介绍

(一)一线天景观区(南区)

1. 一线天

置身于这雄伟的石峰之间,你会被大自然的鬼斧神工所震撼。两座巍峨的石峰,一峰高达26.13米,另一峰则有17.97米,它们仿佛两位永恒的守护者,静静地伫立在这片土地上。令人惊叹的是,这两座石峰之间的距离仅有35~45厘米,形成了一道狭窄而深邃的缝隙,这就是我们所称的"一线天"。

抬头仰望，你会看到一线天上方顽强生长着的几株红松树。它们的根深深地扎入石缝中，枝干在石缝间伸展，绿叶与坚硬的岩石形成鲜明的对比，展现了一种独特的生命力。这正是我们景区的特色所在——树在石上长，石在林中藏。这里的花岗岩经过长时间的风化，形成了一种名为棕红壤的土壤，这种土壤质地肥沃，非常适合红松树的生长。

2. 鸿运石

当我们移步至小兴安岭石林主体标志石下，你会看到一块引人注目的岩石，这就是被誉为"鸿运石"的奇石。鸿运石与斗金石一样，都是由于独立山体运动作用后剥落形成的，经历了亿万年的风雨洗礼，才呈现在我们面前。

关于"鸿运石"的名字，背后还蕴藏着一个深远的故事。1964年，邓小平同志视察了当时的东风区，也就是现在的汤旺河区。他站在这块岩石上，对当地在林业生产上的"采育双包"经验给予了高度的评价，并倡议在全国林业战线上推广这一经验。那一刻，这块岩石见证了国家领导人对林业发展的关心与期望。

为了纪念这一历史事件，以及在推广林业经验方面做出的贡献，1993年公园开放时，这块岩石被命名为"鸿运石"。它象征着好运和成功，许多名人都曾在此留影，希望借此沾染一些鸿运。当你站在这块鸿运石上，或许也能感受到那份历史的厚重与期望。

3. 罗汉龟

当我们走近"罗汉龟"这一奇特景观时，不禁为大自然的匠心独运而惊叹。顾名思义，罗汉龟仿佛几只巨龟层层叠叠地罗汉般排列，形象生动，妙趣天成。这一奇景的形成，得益于岩石的水平节理和球形风化的共同作用。在地壳抬升过程中，由于受力均匀且平缓，形成了这组典型的水平节理。龟在中国传统文化中是吉祥的象征，代表着健康长寿。与其他景区人工塑造的乌龟形象不同，这里的罗汉龟完全是大自然的杰作，更显珍贵。能够目睹这一奇观，也预示着您与长寿有缘。

4. 兴安叠岩

继续前行，我们将目光转向"兴安叠岩"。这块岩石与罗汉龟相似，同样是由水平节理和球形风化共同塑造而成。然而，它的独特之处在于那条醒目的缝隙。这条缝隙是由岩石的垂直节理形成的,仿佛大自然特意为我们留下了一个传声筒。站在缝隙两侧,轻声细语也能清晰地传递给对方,让人不禁感叹大自然的神奇与奥妙。

5. 白桦林

当我们漫步至这片郁郁葱葱的白桦林时,心灵仿佛得到了一次洗礼。这片广袤的白桦林是如何形成的呢?故事要追溯到20世纪60年代初期,那时的汤旺河林业局刚刚成立,大规模的木材生产作业使得这片土地变成了皆伐迹地。然而,生命的顽强与美丽总能在废墟中绽放。白桦树的种子随风飘散至此,生根发芽,逐渐繁衍成林。在白桦林的庇护下,林下的红松等针叶树也在悄然生长。假以时日,这些针叶树必将超越桦树的高度,取代白桦林的地位。因此,在林区我们亲切地将桦树比作红松的母亲。眼前的这片白桦林不仅赏心悦目,更蕴含着伟大的生命力。据说在抗日战争时期,抗联战士曾在这片深林中利用桦木搭建住所,与日本侵略军展开了英勇的斗争。这些遗址至今仍待我们进一步探索与发现。

6. 情侣树

在这片绿意盎然的林间,有一对特殊的伴侣静静伫立——一棵枫桦与一棵兴安岭落叶松,它们紧紧相依,宛如一对深情的恋人。人们常常用针叶代表男士的坚韧,阔叶则象征女性的柔美,因此,这两棵树也被戏称为"针公子"与"阔小姐"的异国恋情。更为引人入胜的是,围绕着这两棵树,流传着一个温馨的传说:凡是目睹了枫桦与落叶松这对情侣树的人,都将邂逅真挚的感情。

7. 佛祖峰

我们继续前行,便来到了南区的第二座石林。这里有三座巍峨的石峰并肩而立,北二南一,构成了一幅壮观的画面。北面两座石峰,一座高达24.8米,另一座则稍高,达到了25.1米。这两座石峰之间,形成了一道狭窄的"一线天",仿佛是天地间的一道神秘裂痕。而最引人注目的,莫过于那座石峰顶端的椭圆形巨石,它经过岁月的球形风化,呈现出一种慈祥而安然的神态。仔细观察,你是否觉得它宛如一尊如来佛祖的侧脸?若你能从中窥见佛祖的容颜,那便意味着你与佛有着不解之缘,同时也彰显了你丰富的想象力。因此,这座石峰被形象地称为"佛祖峰"。

8. 双峰吻

再往前行，一处别样的景致映入眼帘——那便是"双峰吻"。你看，前方的这两座石峰，宛若一对深爱彼此的恋人，它们的名字叫做"长吻石"。这两座石峰已经拥吻了整整一万年，从远古时代一直执着地相守至今。这处景观是由张裂隙节理自然形成，两座石峰仅在顶部由一小块石头相连，形象地描绘了一对久别重逢的恋人。而在它们的下方，隐藏着一处构造奇特的岩洞，我们给它起了一个温馨的名字——"情感小屋"。

正处于热恋中的朋友们，不妨走进这个神秘的岩洞，亲身体验一下"情感小屋"的奇妙氛围。相信在这里，你们的爱情将会迅速升温，感情也将因此变得更加坚不可摧。

9. 镇海大将军

望向远方，那块威严而立的巨石如同一位身披战甲、手握宝剑的大将军，昂首挺胸地守护着这片绿意盎然的林海。它，就是我们口中的"镇海大将军"石。这位"大将军"以它坚定不移的目光，日夜守护着这片古老的森林，任何对森林的破坏与践踏，都无法逃过它那锐利的"目光"。它的威严与忠诚，让我们心生敬畏，更让我们为这片土地的安宁感到由衷的欣慰。

10. 500 年红松

在这片得到"大将军"守护的森林里，生长着一种东北特有的珍贵树种——红松。各位请看，这些又粗又直的树木，就是我们引以为豪的红松。它们身姿挺拔，笔直如线，这与南方树木的曲折蜿蜒形成了鲜明的对比。为何红松能长得如此笔直呢？这都得益于东北四季分明的气候、适宜的温差和丰沛的降水。这里年降水量可达 1200 毫米，为红松的生长提供了得天独厚的条件。

红松，也被人们亲切地称为果松或五针松，是伊春市的市树。伊春因盛产红松而闻名遐迩，被誉为"红松故乡"和"祖国林都"。红松的果实——松塔，里面藏着珍贵的松子。这些松子不仅营养丰富，还是上等的食材。

现在，大家眼前的这棵红松，已经屹立了整整 500 年。它见证了历史的变迁，也经历了无数的风雨。但即便如此，它依然挺拔如初，生命力勃发。每当看到它，我们都会深感保护生态环境和珍稀濒危生物的重要性。这棵古老的红松，就像是一位无声的宣传者，时刻提醒着我们：保护自然，就是保护我们自己。

（二）林海观音景观区（中区）

1. 圣水溪

沿着氧吧长廊蜿蜒流淌的，是那条被誉为"圣水溪"的小溪。它之所以得名如此，是因为它发源于观音山的脚下，仿佛受到了观音的庇佑。这条小溪的历史可以追溯到7000多万年前，早在白垩纪时期，它就已经在这里悄然流淌。它的形成，是大自然的杰作，由溪水两侧两条断层的运动所造就的构造遗迹。而近万年来，频繁的浅地震又为其增添了新的痕迹：溪水两侧山峰上的张裂隙、山坡上的崩塌堆积，以及中段河床的部分位移，都是地震活动的生动记录。

圣水溪的源头来自山泉，它穿越的草地与森林都是原生态的净土。因此，溪水清澈透明，如同晶莹的翡翠。然而，有时我们会发现溪水泛黄，这并非污染，而是大自然的馈赠。春天，冰雪融化时，浸泡的草叶、树根等自然元素将色彩溶入水中，使得溪水呈现出淡淡的黄色。而大雨过后，地表水也会带着树根、枯叶的颜色汇入溪中，为溪水增添了一抹自然的色彩。这种原生态的泛黄，正是大自然的印记，绝无半点污染。

2. 卧牛石

在溪水中，有一块引人注目的卧牛石。它静静地躺在清澈的溪水中，仿佛在享受着清泉石上流的惬意沐浴，聆听着瀑布飞流的激昂乐章。然而，它的形状并非一蹴而就。原本的卧牛石体积庞大且棱角分明，但经过岁月的洗礼和流水的冲刷，加之冬去春来的物理风化作用，它逐渐演变成了如今这般圆润可爱的模样。

这片土地不仅拥有迷人的景色，更是一座绿色的宝库。这里的植物资源丰富到令人惊叹：山葡萄、榛子等30余种山野果供人品尝；人参、五味子等400余种药用植物蕴藏着宝贵的药用价值；蕨菜、猴腿菜等山野菜以及黑木耳、鸡腿蘑等珍贵的食用菌更是大自然的馈赠。每一步的探索，都能发现新的自然奇迹和生命的活力。

3. 正阳石

正阳石，因其坐北朝南且形态规则，每天都能沐浴到充足的阳光而得名。这块巨石不仅因其独特的朝向和形态引人注目，更因其中央那条神秘的石英岩线而增添了几分神秘色彩。这条岩线，专家解读为岩浆在冷却固化过程中析出的石英岩浆流入节理缝隙并冷却后形成的自然奇观。更为神奇的是,这条岩线恰好沿正南正北方向延伸,仿佛一条连接天地的子午线,为正阳石披上了一层神秘的面纱。

传说踏上这块正阳石,或在此留下影像,都会为人带来好运。每逢春天,正阳石四周更是被粉红色的兴安杜鹃花海所环绕,美丽至极。这种杜鹃花不仅具有极高的观赏价值,还是伊春市的市花,并蕴含着药用宝藏。

走过正阳石,我们沿着观光甬道前行。脚下的这条路径,虽然看似与景区内的花岗岩无异,但实际上却是由细晶花岗岩石材铺就。这种石材并非来自我们景区,因为出于对国家公园生态环境的保护,我们不会开采景区内的任何自然资源。此外,景区内的中粗粒花岗岩由于其结构疏松,也不适合作为铺路石材。细心观察,您还会发现石板上偶尔出现的黑斑,这是岩浆冷却过程中其他岩块坠入后冷却镶嵌形成的自然现象,我们称之为包容现象。

4. 龙头岩、天蟾迎宾、攀山龟

抬头仰望,左手边的山巅之上,龙头岩昂首挺立,仿佛一条巨龙含珠欲飞,尽显威严与力量。视线稍移,你会看到山脊上卧着一只双眼炯炯有神的天蟾,微微张开的嘴巴好似在欢迎每一位游客,这就是我们所说的"天蟾迎宾"。仔细观察,你会发现它嘴中叼着的七星草,这种珍贵的中草药具有清热解毒的神奇功效。再将目光转向我左手边的巨石,它形似一只坚韧不拔的乌龟,我们称之为"攀山龟",象征着永远向前、勇攀高峰的精神。这三处自然景观——龙头岩、天蟾迎宾和攀山龟,不仅是地质运动和风化的杰作,更蕴含了我们对美好未来的祝愿,希望大家在游览中感受大自然的神奇与美丽。

5. 活佛洞

呈现在我们眼前的是神秘而壮观的活佛洞。这个洞穴的形成是大自然的鬼斧神工,典型的张裂隙节理和岩石崩塌作用的产物。一块巨大的花岗岩块体,宽7.3米、高6.8米、厚1.5米,因长期的自然力量而塌落,从而形成了这个独特的石洞。洞内,你可以看到一块较小的长方体落石,它静静地躺在那里,像一张精心打造的石床。这个洞穴的外形与济公活佛的形象颇为相似,因此得名"活佛洞",仿佛这里真的曾有神灵驻足。

6. 葫芦泉

紧邻活佛洞的,是一处名为"葫芦泉"的清泉。这眼泉水形状宛如一个葫芦,晶莹剔透的泉水从岩缝中滴滴汇集,长年流淌,四季不竭。传说,这眼泉水是由济公的酒葫芦滑落而形成的。每当想起这个传说,人们不禁会想象那位逍遥自在的济公活佛,醉卧洞中,酒葫芦滑落,于是便有了这眼清澈的山泉。

7. 祥和壁

矗立在我们面前的这面宏伟的石壁,被尊称为"祥和壁"。它巍峨挺拔,高约5米,绵延长达24米,仿佛一道天然的屏障,守护着这片神圣的土地。石壁上,水平节理分布得异常均匀,每一层的厚度都控制在25~30厘米,而垂直的节理宽度则在2.5~3米,展示了大自然的鬼斧神工。

"祥和壁"是由典型的三组原生节理花岗岩构成,其壁面异常光滑圆润,仿佛经过岁月的打磨,透露出一种沉静与深邃的美感。触摸它,你能感受到一种温暖与平和,仿佛所有的烦恼都在这一刻消散无踪。

8. 龙凤呈祥

现在,让我们将视线转向那两块栩栩如生的巨石——龙凤呈祥。这两块巨石是在景区开发初期,尚未对外开放时精心雕刻而成的。龙,作为华夏民族的图腾,象征着权威、力量和尊贵;而凤,则是传说中的祥瑞之鸟,代表着美丽、优雅和幸福。

当龙与凤相聚在一起时,它们不仅是两种神话生物的结合,更是男女和谐相配的象征。而这两块巨石恰好位于"生命之源"的前方,这使得"龙凤呈祥"的寓意更加深远。它预示着每个家庭都能幸福和睦,每一段爱情都能长久如初。在这里,我们仿佛能感受到龙与凤的祝福,以及它们所传递的吉祥与和谐。

9. 林海观音

请各位抬头仰望,眼前这座巍峨的山峰由数块巨石精巧堆叠而成,它不仅是自然界的杰作,更是峰林演化过程中形成阶段的生动实例。峰林的形成经历了萌芽、形成、成熟和消亡四个阶段,而我们所见的观音峰正处于其最为壮丽的形成阶段。

多重的节理和裂隙使得观音峰与周围的岩壁清晰分离,呈现出独特的姿态。峰体尚未被雨水或流水明显侵蚀,因此其边角依然保持着锐利而垂直的线条,而峰顶则大致保存着水平的"棋盘"状台面。然而,自然的风化作用却赋予了这座山峰更为神奇的变化——它宛如一尊手捧圣水瓶、端坐于莲花台之上的观音菩萨。这尊天然形成的观音像不仅形态逼真,而且神情兼备,令人叹为观止。

更为引人入胜的是,在这片广袤的 190 平方公里景区内,所有的野生刺玫蔷薇原本都是粉红色的。但唯独在这观音峰脚下的刺玫蔷薇,却绽放出纯白如雪的花朵,且散发出奇异的芬芳。这种独特的现象被人们解读为观音菩萨圣水的恩赐,是圣水孕育出了这洁白无瑕、香气四溢的白色玫瑰。

10. 悟能望月

各位来宾,请看这块岩石,它是不是带着几分憨态,颇似《西游记》中的猪八戒呢?那微微上翘的头部,仿佛在仰望着空中的明月,思念着月宫中的嫦娥。而左侧的巨石,宛如他怀念高老庄时留在身边的"绣花鞋"。这种奇妙的形态,是由于差异风化作用造成的。猪八戒的嘴巴部分由细晶岩脉构成,石英含量高,质地坚硬,因此风化速度较周围岩石慢,从而形成了这一独特的景观。而岩石的球形风化,则塑造了它圆润的头部和丰满的肚子。

(三)幽谷探险景观区(北区)

1. 镇山钟

镇山钟,一块巍峨的独立岩体,如巨人般屹立。它的形成是大自然的鬼斧神工,花岗岩体中发育的陡倾纵节理和横节理切割着岩石,塑造出其独特的柱状形态。经历了坍塌和球形风化的磨砺,它终成长为一个高 13 米的壮观独峰。顶部圆润,两翼展开如翼,整体形似一个倒置的巨钟,静静地扣在这片林海之中。当地人深情地称之为"镇山钟",仿佛这钟声能镇住山川,为这片土地带来安宁与祥和。

2. 摇摆石

眼前这两块叠在一起的浑圆石块,就是令人称奇的摇摆石。它们之间仅仅依靠两个细小的支点相互支撑,虽然接触面积小得可怜,但这两块总重近 30 吨的巨石却稳稳地立在那里。进入这片林海奇石风景区,仿佛就有一种神奇的力量赋予了你。你甚至可以尝试推动这块巨石,据说能给你带来好运。有句传说说得好:"推动石和树,金银财宝装满库。"从地质学的角度来看,这块花岗岩石是受到构造节理的控制,加之长期的风吹雨打,才形成了如今球状的外观,它是花岗岩球形风化的完美呈现,同时也是风化作用的生动教材。

3. 金鼠岩

我们现在所处的中区,也被誉为拟态奇石景观区。这里的象形石千姿百态,每一块都仿佛是大自然的精心雕琢。请大家顺着我手指的方向看去,那块形状酷似老鼠的岩石,就是我们所说的"金鼠岩"。但这不是一只普通的老鼠,仔细观察,你会发现它的头顶似乎戴着一顶王冠,这象征着它是一只鼠中之王,颇具王者风范。

4. 鹦鹉岩、卧佛脚

此处,一块经过长期球形风化的岩石,形态酷似一只展翅的鹦鹉,因此得名"鹦鹉岩"。它仿佛是大自然的杰作,生动而形象。这鹦鹉岩又好似一位忠诚的哨兵,以微笑的姿态迎接着每一位来访的客人。而在其右侧,一块巨大的风化岩石又形似一只佛脚,静静地横卧在地,被人们称为"卧佛脚"。这两块岩石相映成趣,为这片山林增添了不少神秘与诗意。

5. 玉壶石、元宝石

眼前这两块象形石是大自然的又一神来之笔。经过长期的球形风化作用,它们呈现出了独特的形态。玉壶石形似一只无嘴的壶,仿佛寓意着财富只进不出,被人们视为宝壶。而另一侧的元宝石则因其形状与中国古代的金元宝相似而得名。这两块石头不仅形态奇特,更承载着人们对美好生活的期许。

6. 睡马岩

各位游客,此刻我们已站在景区的最高点,海拔高达703米。在这里,您可以尽情领略林海奇石景区的壮丽景色。您会发现,这里的山有多高,石头就有多高;石头有多高,树木就有多茂盛。这种奇特的自然现象定会让您流连忘返。

7. 幽谷、剑道、天道

深入探索,我们首先来到了神秘的"幽谷"。这里是由近东西和近南北向的劈裂带经过岁月的演变转化而成的张裂隙节理,仿佛是大自然的裂痕,透露着古老的秘密。正是这些独特的地质构造,孕育出了"剑道""天道"和"天桥"等令人惊叹的景观。特别是"天道",其中段有一处宽阔的平台,岩壁上赫然露出两组细晶花岗岩岩脉。这些岩脉上劈理密集,仿佛记录了亿万年的地质变迁,每一处痕迹都具有极其重要的科普价值。站在这里,我们仿佛翻开了一本久远的教科书，每一页都充满了信息，每一个足迹都见证了这片石林的成长历程。

8. 来世缘

继续前行，一处由岩石坍塌堆积而成的景观映入眼帘，这便是"来世缘"。顶端两块经过风化的岩石，形状宛如一对久别重逢的恋人，他们紧紧相依，仿佛在那促膝长谈，诉说着无尽的思念。然而，他们座下的岩石历经亿万年的地质变迁和风霜雪雨，已经显得脆弱不堪，仿佛随时都可能分崩离析。尽管如此，这对恋人依然坚信着来世有缘，永不分开。游客们常常被他们的坚贞所感动，纷纷在红布条上写下自己和心中所爱之人的名字，寄托美好的愿望，祈求永恒的爱情。

9. 玉兔岭、金蟾戏松

再往前走，便是高低错落的"玉兔岭"。这座山体因受断层影响而形成了独特的形态，远远望去，宛如一只玉兔俯卧在地。紧接着，"金蟾戏松"的景观便跃然眼前。金蟾作为民间的吉祥物，象征着财富与好运。而红松作为伊春的市树，受到严格的保护。你看那金蟾正目不转睛地守护着红松，仿佛在告诉我们：红松是森林的瑰宝，需要我们共同呵护。

10. 钟馗崖

最后来到的是陡直的"钟馗崖"。这座岩壁高耸入云，顶部三角状的岩石宛如钟馗的官帽。在差异风化作用下，细晶花岗岩脉形成了钟馗狰狞恐怖的眼睛、鼻子和牙齿，而流水的侵蚀又造就了他长长的胡须。这一切仿佛出自国画大师的神来之笔，生动逼真。钟馗崖的岩壁顺着宏大的剪切节理而劈开，高度直达30余米。岩壁上布满了多条垂直裂隙，形成了菱柱状石柱的雏形，这也是峰林的萌芽阶段。站在这里，我们不禁为大自然的鬼斧神工所折服。

汤旺河林海奇石风景区，一个充满神秘与美丽的地方，它的每一个角落都散发着大自然的独特魅力。希望这片自然的宝藏能够永远保持其原始与纯净，让更多的人能够领略到大自然的壮丽与神奇。

第十一节　冰雪大世界

一、导游词

亲爱的游客们：

大家好！欢迎来到充满冰雪魅力与梦幻的哈尔滨冰雪大世界。我是您的导游，将带领您领略这片洁白无瑕的冰雪奇观。

哈尔滨市是中国冰雪文化的发源地之一，作为中国地理纬度最高的大城市，为哈尔滨发展冰雪文化提供了肥沃的土壤。严寒的气候曾经是哈尔滨的一大劣势，而如今，哈尔滨转劣势为优势，开创了独一无二的冰雪文化。

冰灯是流行于中国北方的一种民间艺术，早期的冰灯是松嫩平原的农民和松花江流域的渔民的照明工具。后来人们在春节和元宵节期间也制作冰灯摆在门前，用以增加节日气氛，灯具从最初的油灯、蜡烛，发展到后来的灯泡、霓虹灯。直到近年采用绿色节能发光二极管。从1963年第一届哈尔滨兆麟公园冰灯游园会开始，冰灯真正走向了艺术领域。现在的冰灯游园会已经发展成世界上规模最大的室外冰灯艺术博览会，占地面积6.5万平方米，展出1000余件冰灯艺术品。2015年的兆麟公园冰灯游园会，以"冰雪动漫·梦幻乐园"为主题，规划设计八大景区，引进13项冰雪游乐设施，荟萃冰雪艺术作品2000余件，总用冰雪量2万立方米。与省内最大动漫基地龙江动漫合作，将动漫卡通形象植入冰灯游园会，融入高科技和时尚音乐元素，冰雪艺术与动漫文化完美演绎，打造冰雪嘉年华动漫王国。

而闻名中外的中国哈尔滨国际冰雪节就是在此基础上发展而来的。创办于1985年，是中国大地上第一个以冰雪为主题的节庆活动，初名为哈尔滨冰雪节，2001年提升为中国哈尔滨国际冰雪节，它只有开幕式，没有闭幕式，每年的1月5日开始，在长达一个多月的冰雪节期间，哈尔滨街道、广场张灯结彩，冰雪艺术、冰雪体育、冰雪饮食、冰雪经贸、冰雪会展等各项活动在银白的世界里有声有色地开展起来。中国哈尔滨国际冰雪节与日本札幌冰雪节、加拿大魁北克冬季狂欢节和挪威滑雪节并称为世界四大冰雪节。冰雪节包括了太阳岛雪博会、冰灯艺术博览会、冰雪大世界等冰雪活动。是集参与体验性、艺术观赏性、科技创新性、国际交融性为一体的国际冰雪盛会。按照省、市发展要求,将传统的活动进一步整合升华,开展冰雪旅游、冰雪文化、冰雪时尚、冰雪经贸、冰雪体育等共百余项活动。冰雪旅游融合文化时尚创新发展,冰雪旅游产品融入了更多的文化时尚元素,游客参与性更高、体验性更强、选择性更多、趣味性更大,将极大提升哈尔滨"冰城夏都"的影响力和知名度。

中国哈尔滨冰雪大世界作为一个以冰雕雪雕景观为主的主题公园,是中国哈尔滨国际冰雪节的重要组成部分之一。中国哈尔滨冰雪大世界始创于1999年,是由哈尔滨市政府为迎接千年庆典神州世纪游活动,凭借哈尔滨的冰雪时节优势,而推出的大型冰雪艺术精品工程,哈尔滨冰雪大世界现落户于松花江北岸。夏季存冰,冬季造景,单体量最大,种类繁多,各种视频和创新让游客应接不暇、流连忘返。

冰雪大世界位于中国的北国冰城哈尔滨,是哈尔滨国际冰雪节的龙头品牌。自1999年年底诞生以来,冰雪大世界便以其恢宏壮阔的冰雪景观、丰富多样的冰雪活动,吸引了世界各地的游客。每年的12月下旬至次年3月初,这里都会成为冰与雪的极致浪漫之地,为世人展现一场场视觉与心灵的盛宴。

一走进冰雪大世界,您就会被眼前的景象所震撼。一座座精美的冰雕矗立在您的眼前,它们或栩栩如生,或造型奇特,或大气磅礴。最引人注目的,莫过于那座壮观美丽的城堡了。这座城堡不仅让您仿佛置身于童话世界,更有着让人流连忘返的冰迷宫。迷宫内的冰砖结实而干净,如同镜子一般,让人在欣赏美景的同时,也感叹于工匠们的精湛技艺。

除了冰雕景观,冰雪大世界还为您提供了丰富多彩的冰雪娱乐活动。冰秋千、冰雪滑梯、冰上魔术、冰上杂技、冰上芭蕾等,每一项都让您感受到冰雪带来的无尽乐趣。特别是冰雪滑梯,当您手握气垫,从滑梯上飞驰而下时,那种刺激与快感,绝对会让您难以忘怀。

当夜幕降临,冰雪大世界的灯光秀更是美不胜收。璀璨的灯光映照在冰雕上,犹如梦幻般的仙境。此时,您可以漫步在冰雪世界中,感受那份宁静与美好。当然,您还可以参与各种冰雪活动,与亲朋好友一起度过一个难忘的冰雪之夜。

冰雪大世界不仅是一个观赏冰雪美景的好去处,更是一个了解冰雪文化、体验冰雪魅力的绝佳场所。在这里，您可以领略到北方名城哈尔滨的冰雪文化和冰雪旅游魅力，感受到冰雪与艺术的完美结合。

此外，冰雪大世界还注重生态自然风光的建设。周边的太阳岛西区，与冰雪大世界共同构成了一个美丽的旅游度假区。这里不仅有国际标准的高尔夫球场、水上乐园等体育娱乐设施，还有充满欧陆风情的景观，让您在欣赏冰雪美景的同时，也能享受到自然风光的魅力。

在冰雪大世界里，您不仅可以欣赏到冰雪艺术的精髓，还可以亲身参与到各种冰雪活动中，感受到冰雪带来的快乐与激情。这里是一个集思想性、艺术性、观赏性、参与性、娱乐性于一体的冰雪乐园，是您冬季旅游的最佳选择。

如今，中国哈尔滨冰雪大世界、兆麟公园冰灯游园会和国际雪雕艺术展览会已经成为哈尔滨冬季旅游的名片，向世人展示了北方名城哈尔滨的冰雪文化和冰雪旅游的独特魅力。

冰雪，对于哈尔滨人来说已经不仅是一个符号，它渗透到了人民生活的方方面面。

总之，哈尔滨冰雪大世界是一个充满冰雪魅力和乐趣的地方。无论是与家人共度美好时光，还是与朋友一起探险寻乐，这里都能让您留下难忘的回忆。我相信，在这片洁白无瑕的冰雪世界里，您一定能找到属于自己的那份纯真与快乐。

二、冰雪大世界景区介绍

听闻瑞雪降落，捧来霓虹做衣；梦见江河冰封，剪裁窗花添喜。俯瞰中国最东北方，绿水青山正在幻化成为冰天雪地。中国·哈尔滨冰雪大世界（Harbin Ice and Snow World，China），始创于1999年，是由黑龙江省哈尔滨市政府为迎接千禧年的到来，庆典神州世纪游活动，凭借哈尔滨的冰雪时节优势，而推出的大型冰雪艺术精品工程，展示了北方名城哈尔滨冰雪文化和冰雪旅游魅力。

2024年1月5日，哈尔滨冰雪大世界被认定为世界最大冰雪主题乐园，获得吉尼斯世界纪录称号，并被评为2024年冰雪文化十佳案例。

在历年哈尔滨冰雪大世界中，都会有一座巍峨壮观的冰雕城堡，它是冰雪大世界的标志性建筑，吸引了无数游客的目光。这座冰雕城堡高约20米，占地面积约800平方米，由雕刻师们用巨大的冰块雕刻而成，展现出了冰雪大世界的独特魅力。

城堡的外观采用了欧洲古典建筑风格，雕刻精细，线条流畅。在阳光的照射下，冰块闪烁着晶莹剔透的光芒，仿佛整个城堡都是由钻石堆砌而成。每当夜幕降临，城堡内部灯火辉煌，与外部冰雕交相辉映，营造出一种梦幻般的氛围，仿佛将人们带入了童话世界。

城堡内部也是别有洞天。游客们可以穿过拱形门洞，欣赏到冰雕大师们的杰作。冰雕作品形态各异，有的生动逼真，有的抽象独特，展现出了雕刻师们高超的技艺和无限的创意。在城堡的顶部，有一个观景台，站在这里俯瞰整个冰雪大世界，壮美的冰雪风光尽收眼底。

除了冰雕城堡外，冰雪大世界还有许多其他景点。其中最引人注目的莫过于那片广袤的雪原。在雪原上，游客们可以尽情地滑雪、滑冰、打雪仗、堆雪人，体验冰雪带来的快乐。此外，冰雪大世界还有许多冰雕和雪雕作品，这些作品形态各异，有的展现了中国传统文化元素，有的则融入了现代创意，让人流连忘返。

除了娱乐项目外，冰雪大世界还有许多特色演出。在这里，游客们可以欣赏到精彩的冰上舞蹈、冰雪杂技、雪地摩托表演等。这些演出不仅展示了冰雪运动的魅力，还为游客们带来了独特的视觉享受。此外，冰雪大世界还为游客们提供了丰富的餐饮和购物服务。在景区内的餐厅和美食街，游客们可以品尝到各种地道的东北美食和特色小吃。同时，景区内还有许多特色商店和纪念品店，供游客们选购冰雪主题的纪念品和手工艺品。

（一）冰雪世界的艺术与娱乐盛宴

在寒冷的冬季，冰雪成了大自然的主角，为世界带来了别样的美和乐趣。而在中国的冰雪大世界里，这种美被放大、被塑造，被展现得淋漓尽致。这里不仅有壮观的雪雕展，还有丰富的冰雪娱乐项目和精彩的演出活动，为游客提供了一个完美的冰雪体验。

每年，冰雪大世界都会举办国际冰雕比赛，吸引了来自世界各地的冰雕艺术家们。他们用冰雪塑造出千姿百态、各具特色的作品，展现了自己独特的艺术视角和精湛的雕刻技艺。这些雪雕作品不仅形态逼真，而且富有创意和想象力,让人惊叹不已。在冰雪大世界里,游客可以欣赏到来自世界各地的雪雕艺术家的杰作,感受雪雕艺术的魅力。

除了雪雕展,冰雪大世界还有许多冰雪娱乐项目,让游客可以亲身体验冰雪带来的乐趣。狗拉雪橇是一项传统的冰雪运动,让游客在雪地上飞驰,感受刺激和速度。雪地摩托则是一种更为灵活的冰雪交通工具,游客可以在雪地上自由驰骋,探索冰雪大世界的每一个角落。对于喜欢安静的人来说,滑雪和滑冰则是最好的选择。在宽阔的雪地上,游客可以尽情地享受滑雪带来的流畅和滑冰带来的优雅,感受冰雪带来的宁静和美感。

除了各种冰雪娱乐项目,冰雪大世界还会上演各种冰雪主题的演出活动,为游客带来精彩的视觉享受。冰上舞蹈是一种充满活力和美感的舞蹈,舞者在冰上翩翩起舞,展现出优美的舞姿和动人的情感。杂技和魔术则是另一种视觉盛宴,演员们在冰雪大世界里展现了高超的技艺和神奇的魔法,让观众惊叹不已。这些演出活动不仅丰富了游客的冰雪体验,也为他们带来了难忘的回忆。

在冰雪大世界里,游客可以尽享冰雪带来的乐趣和美感。这里不仅有壮观的雪雕展,还有丰富的冰雪娱乐项目和精彩的演出活动,为游客提供了一个完美的冰雪体验。无论是雪雕艺术家、冰雪运动爱好者还是喜欢观看演出的观众,都可以在这里找到自己的乐趣和满足。

除了以上的活动和项目,冰雪大世界还有许多其他值得探索的景点和体验。例如,游客可以在冰雕馆内欣赏到各种形态各异的冰雕作品,感受冰雕艺术的独特魅力;在冰雪城堡里,游客可以感受到仿佛置身于童话世界中的奇妙感觉;在雪地高尔夫球场和雪地足球场,游客可以体验到不同于常规的高尔夫球和足球运动的独特乐趣。

此外,冰雪大世界还为游客提供了各种便利设施和服务,以确保游客能够舒适地享受冰雪之旅。这里有各种类型的住宿选择,包括豪华酒店、经济型酒店和露营地等,以满足不同游客的需求。同时,这里还有各种美食选择,从传统的地方特色美食到国际化的餐饮体验,让游客可以品尝到美味佳肴。

总的来说,冰雪大世界是一个集冰雪艺术、运动、娱乐和休闲于一体的综合性旅游胜地。这里不仅有壮观的雪雕展、丰富的冰雪娱乐项目和精彩的演出活动,还有各种便利设施和服务,让游客可以尽情享受冰雪之旅的乐趣和满足。无论你是寻求刺激的冒险家,还是热爱艺术的文艺青年,或者是希望与家人共度美好时光的温馨家庭,都可以在冰雪大世界里找到属于自己的乐趣和回忆。

总之,冰雪大世界是一个充满魅力和活力的旅游胜地。在这里,游客可以尽情享受冰雪带来的乐趣和美感,探索属于自己的冰雪奇缘。无论是在壮观的雪雕展中感受艺术的魅力,在丰富的冰雪娱乐项目中挑战自我,还是在精彩的演出活动中享受视觉盛宴,都可以让游客留下难忘的回忆和宝贵的体验。让我们一起走进冰雪大世界,共同探索这个美丽的冰雪奇缘吧!

(二)历届活动

1.哈尔滨第一届冰雪大世界

第一届冰雪大世界时逢千年庆典,千载难逢,为了迎接这一旷世盛典,哈尔滨人民以其特有的魄力,在松花江上建起一座冰雪迪斯尼乐园——哈尔滨松花江冰雪大世界。

为迎接 2000 年的到来,国家旅游局和中央电视台在世纪庆典之际举办了千年庆典活动。哈尔滨以中国北方最具特色的旅游名城成为与国家旅游局联办神州世纪首游的唯一城市。为了使千年庆典神州世纪游活动办得更加隆重热烈,哈尔滨市政府决定第一届冰雪节开幕式于 1999 年 12 月 31 日与哈尔滨千年庆典神州世纪游首游式同时举行。面对千载难逢的历史性机遇,充分发挥哈尔滨的冰雪时空优势,进一步运用大手笔,架构大格局,哈尔滨隆重推出规模空前的超大型冰雪艺术精品工程——哈尔滨松花江冰雪大世界,向世人展示北方名城哈尔滨冰雪文化和冰雪旅游的独特魅力。中央电视台通过卫星向全世界转播了庆典盛况。届时还举办了规模盛大、场面壮观的大型焰火晚会和千年庆典狂欢夜大型群众活动,显示了哈尔滨独具特色的冰雪魅力。

哈尔滨松花江冰雪大世界位于松花江段江心沙滩,全长 1030 米,最宽处 25 米,总占地面积近 20 万平方米,总用冰量 6 万立方米,总用雪量 13 万立方米,工程项目 500 余项,总投资 3000 多万元。5000 余名建筑工人参加建设,投入大小运冰车辆 600 余台。工程于 1999 年 11 月 22 日开始前期工作,12 月 4 日始进行施工,历时 33 天,于 12 月 25 日竣工验收。整个园区建设以"世纪门""欢乐门""卡通门"3座大门为中心,形成东、西、中三大部分,包括"世纪之声""卡通世界""冒险乐园""冰上风情""雪场欢歌"五大景区:一是以千年庆典活动为主题的"世纪之声"景区,由神龙、世纪钟楼、回归之声和世纪舞台四个广场组成,主要包括千禧龙、世纪门、二龙戏水、世纪钟、华表、欢乐柱廊、香港会展中心、澳门大三巴牌坊、台湾赤嵌楼、哈尔滨50年辉煌成就展廊等景观;二是以少年儿童娱乐活动为主题的"卡通世界"景区,设有玉兔迎春、北国风光、雪地逐鹿、松鹤延年、海底世界、白雪公主、圣诞老人、俄罗斯之旅八个组团式景区和七彩宝塔、雪山卧佛、古堡情思、雪孩子、雪屋子等多处景点,以及长城、动物造型的滑梯和欢乐迷宫等适合少年儿童年龄特点的冰雪娱乐设施;三是以趣味性参与活动为主题的"冒险乐园"景区,设有雪山索道、攀冰岩、北极寻踪等惊险刺激的娱乐项目;四是以冰上活动为主题的"冰上风情"景区,设有滑冰场、冰雕区、抽冰尜区、神秘峡谷、时光隧道等冰上娱乐项目,以及供游人取暖、休息的暖房、蒙古包风情园;五是以雪上活动为主题的"雪场欢歌"景区,设有滑雪场、雪地足球场、雪地摩托项目,以及雪塔、塞外风车等景点。松花江冰雪大世界工程气势恢宏、匠心独具、魅力独特,融思想性、趣味性、观赏性、参与性、娱乐性于一体。

2. 哈尔滨第二届冰雪大世界

第二届冰雪大世界于2000年12月25日至2001年2月28日在中国哈尔滨市举行。园址位于哈尔滨市美丽的松花江畔斯大林公司及江心沙滩。占地29万平方米,分四大区域、23个主题景区。总用冰量7万立方米,总用雪量15万立方米,是当时世界上最大的人工冰雪游乐园。包括彩色冰制品在内的数千件冰雪艺术精品遍布园区各个角落,令人目不暇接、赏心悦目。几十项雄伟壮观的巨型冰建筑和巍峨的雪山群雕具有强烈的视觉冲击力和震撼力,使人大开眼界、看得过瘾。溜冰、滑雪、堆雪人、打滑梯、迪士高、化装舞会、冬季垂钓、民俗村冬令营等上百项娱乐活动,使人玩得开心、乐而忘返。园内设有餐饮、各式冰点、俄式快餐、特色旅游纪念品、出租棉衣和运动器械等全套商务服务,大饱口福的同时也带回了珍贵的记忆。

第二届冰雪大世界首次引进"人造小太阳"、激光组合等高科技手段,让园区夜晚成为奇幻多姿、绚丽夺目的人间仙境。

3. 哈尔滨第三届冰雪大世界

第三届冰雪大世界位于江北哈黑公路东侧上坞区，总体布局以现有的道路为骨架，结合地形地貌，沿上坞堤布园置景。园内利用青杨路作为中轴线建成两轴一环园内道路，连接景区景点；园外利用榔榆路、上坞堤路和龙柏路形成围合整个园区的周边环路。

4. 哈尔滨第四届冰雪大世界

第四届冰雪大世界总占地面积40万平方米，总用冰量15万立方米，用雪量12万立方米。由国际广场、龙江风貌、中国园林、南亚掠影、欧美风情、俄罗斯之旅、冰雪长城、极限世界八大主题景区组成，整体规划突出创新性、情感性、主题活动多样性。

5. 哈尔滨第五届冰雪大世界

第五届冰雪大世界于2003年12月24日在中国哈尔滨隆重举行。园区集天下冰雪艺术之精华，融冰雪游乐活动于一园。冰雪艺术景观最多、冰雪娱乐项目最全，是夜晚景色最美的冰雪游园会。

6. 哈尔滨第六届冰雪大世界

第六届冰雪大世界认真贯彻中央提出的中国·俄罗斯年的精神，园区规划主题为"中俄友好年"，总体规划占地面积28万平方米，用冰量12万立方米，用雪量8万立方米，景观数量2000多件。

（1）和平广场。

该景区位于全园中部，是全园的高潮，以和平为表现主题。由贯穿东西的主轴线和三大景点组成。东侧主入口为40米长、14米高仿欧洲君士坦丁凯旋门设计的主入口"和平门"，象征着人们努力争取和平，希望凯旋的心情。入院后，经过门前广场，为20米宽、130米长由冰板铺成的灯光大道，道路两侧为55对冰柱连成的廊道，喻示着国庆55周年；冰道尽头为直径60米的仿北京天坛公园内的圜丘坛建造的"冰坛"供开幕式表演使用，喻示着人们企盼世界和平的愿望。园区中部偏西为仿冰岛大教堂样式建造的占地面积达5600平方米，直径为84米，三层基座高3.6米，总高46米的"冰塔"，举办大型仪式时，供贵宾使用，是全园的中心，也是哈尔滨有史以来最高的冰建筑。在"冰塔"和"冰坛"之间是占地达7200平方米的和平广场，供举办开幕式、大型活动使用。在广场的北侧是冰群雕"和平"，主景以毕加索"和平鸽"为中心,将联合国总部广场上的"破碎的地球""扭曲的手枪""世纪宝鼎"等造型以冰灯的形式表现出来,凸显"和平"的主题。在"冰塔"主体西侧70米是长度达到100米的大型牌楼,与西侧冰建筑"卢浮宫"形成了这一景区的结束部分,体现中法文化年的继续。

(2) 繁荣龙江。

这一景区以党的十六大提出的"支持和加快改造东北地区老工业基地"和省委工作会议提出"努力快发展,全面建小康"的号召为表现内容,通过黑土地上的自然景观、城市景观、工业景观、农牧业景观来显现黑龙江省地大物博、资源丰富、工业基础雄厚、城市景观独特的特点。景区布置在东门主入口的北侧,以一组带有现代气息的冰牌楼为该景区的主入口,进入正门,首先映入人们眼帘的是以"开放的龙江欢迎您"为主题的大型透雕彩冰屏;在冰屏的北侧是代表龙江精神的代表人物——王进喜形象的冰雕。围绕着铁人雕像布置具有黑龙江地域特点和代表性的工农业产品,东侧是雪组雕"大森林",以雪屋、森林、小火车为造型,映衬在雪山的背后,反映龙江森林资源;在其北侧是以大庆"磕头机"——采油机实物和冰雕组成的油田景色,强调黑龙江省石油工业取得的辉煌成就;在雕像的西侧是大型冰组雕"丰收图",按照中国年画题材,以传统的粮囤、麦穗、龙灯、"鲤鱼跃龙门""欢庆锣鼓"等体现粮食大省,庆祝粮食大丰收,体现黑龙江省广大农民对国家实施粮农补贴政策的喜庆心情;再北侧是大型雪组雕"老工业的新生",以哈飞的飞机、汽车,三大动力的汽轮机、电机等为造型,经过艺术加工,有机地组合成一组工业产品雪雕作品,反映老工业基地在国家的支持下,焕发青春,成功实现改造的场景;在景区西侧是代表哈尔滨市哈尔滨工业大学在现代航天工业做出巨大成就,具有代表性的火箭、卫星、三塔等造型组成的"航天风采"景区。在景区的北侧山坡上,设计人工大型仿真火炬,象征着黑龙江的各项事业将蓬勃发展,蒸蒸日上。

(3) 中华锦绣。

该景区以原有的土山为基础,以闻名世界的皇家园林景观——北京颐和园为蓝本,建立冰雪园林奇葩。在山的顶部建立15米高的"冰佛香阁"鸟瞰全园,从佛香阁沿山脊分别向东西设计大滑梯、滑雪场,可供游人爬雪山。在山脚下是冰场,模仿湖面,围绕湖面建设著名的"冰石舫""冰长廊""玉带桥""冰铜牛"等颐和园著名的建筑。在该区还设立每年作为冰雪大世界的传统景观大佛、第五届纪念物长鼓等，形成了北高南低的布局。

（4）娱乐天地。

该景区位于园区的西南区域。该园区主要以游乐为主，园区以城堡雪场、攀冰活动为中心设立游乐项目，在设计上，按照现代人喜欢冒险的心理，设计了"迷宫（包括冰城堡、雪城堡）、孔雀开屏滑梯、飞机式的冰滑梯、大小雪孩、儿童小滑梯，增加趣味性、冒险性、参与性、互动性、新奇性的冰雪活动，增加了冰雪大世界的吸引力。

（5）欧陆风。

该景区位于全园南部，紧邻"和平广场"景区，以举办2004年奥运会的雅典卫城的建筑与奥运会使用的橄榄枝等为中心与"和平广场"北侧的"和平"雕塑共处于统一的南北轴线上，强调了"和平广场"主题，表述了全世界人民盼望和平的愿望。为突出冰雪大世界世界建筑的主题，在该区规划了法国巴黎火车站、巴黎歌剧院、俄罗斯圣彼得堡教堂等建筑，在冰建筑之间规划建设圣诞老人、冰马车、七个小矮人、卡通人等，形成以欧洲特色建筑为主的区域。

（6）民族风。

该景区位于园区的东南角，整个园区突出中国地方特色及园林特色。由大殿、牌楼、门、围墙、小桥、假山、鱼池、冰树挂、梅园、亭、福禄寿三星祝福、12生肖等组成，其中"大殿"设为冰展馆，长50米，宽14米，高14.5米，殿内净面积190平方米。俄罗斯风情园也设在该园。

7.哈尔滨第七届冰雪大世界

第七届冰雪大世界游园会于2005年12月25日在中国哈尔滨隆重开园。夜晚景色最美的本届冰雪大世界贯彻了中央提出的中国·俄罗斯年的精神，确定主题为"中俄友好年"。

8.哈尔滨第八届冰雪大世界

第八届哈尔滨冰雪大世界总规划面积、用冰和用雪量创历届之最，全园五大主题景区2000件冰雪艺术作品中，百米长龙、万平方米滑冰场、230米长冰滑梯等多项作品也创历届之最。

2006年的冰雪大世界推出多项免费项目。免费观看的文艺演出有韩国风情歌舞表演、俄罗斯国家级冰上芭蕾表演、俄罗斯卡通巡游、万人迪士高表演、焰火燃放表演、冰雕表演。免费游戏项目包括大滑梯、攀冰岩、抽冰尜、滑冰、小滑梯、迷宫、雪地激战、雪地足球、世纪钟、朝鲜鼓、冰沙壶球、冰台球、冰划子等。本届冰雪大世界邀请韩国演艺界著名艺人李英爱等在冰雪大世界现场与观众见面,举办具有韩国特色的演艺活动,如扇舞、假面舞、丰收舞、僧人舞等。

9. 哈尔滨第九届冰雪大世界

第九届冰雪大世界以迎接2008年北京奥运会为主要表现内容,确定主题为"冰雪世界,奥运梦想",以梦幻般的冰雪景观诠释"同一个世界,同一个梦想"的奥运口号。

第九届冰雪大世界,规划为奥运圣火景区、奥运微宝景区、2009大运会景区、奥林匹斯亚山景区、欢乐天地景区、奥运情怀景区六大景区。

其中最大看点是世界首创的雪地彩色高尔夫,还有高40米的奥运圣塔、攀冰岩等。灯光的全方位设计为冰雪大世界的夜晚增添了更多魅力。

10. 哈尔滨第十届冰雪大世界

北国的冬天千里冰封、万里雪飘。在银装素裹的松花江北岸,有一个极好的旅游去处——哈尔滨冰雪大世界。在这里,冰城的能工巧匠用智慧与技巧,以冰雪雕塑艺术语言描绘着一幅幅壮丽的画卷。

随着哈尔滨冰雪大世界知名度的提升,每年都吸引着数百万的国内外游客在冰雪节期间来哈尔滨旅游。多位党和国家领导人、多国驻华使节都曾亲临参观哈尔滨冰雪大世界,均给予了高度赞誉。2004年,哈尔滨冰雪大世界被文化部授予"全国文化产业示范基地"称号;2006年哈尔滨冰雪大世界在澳门获得由世界华商协会授予的文化艺术特殊贡献奖。冰雪大世界已经成为哈尔滨市的一张冰雪旅游名片。

11. 哈尔滨第十一届冰雪大世界

第十一届冰雪大世界以"冰雪大世界喜迎大冬会"为主题。通过新的设计理念,将文化与娱乐活动相结合,景观与冰雪体育相结合,先进的LED灯光技术与冰雪景观相结合,形成一个集观赏性、娱乐性、文化性为一体的特色冰雪主题游乐园。

冰雪大世界总占地面积40万平方米,用冰量12万立方米、用雪量10

万立方米，冰雪艺术作品2000余件，娱乐活动项目30余项，均创世界冰雪艺术之最。

冰雪大世界园区内设置了滑雪、溜冰、雪地摩托、滑梯、冰尜、雪地足球、雪圈、攀冰岩、冰球射门、雪地彩色高尔夫练习、雪地悠拨球、太空体验等30余项娱乐活动，其中大滑梯200余米长，最为惊险刺激；每晚北方特色动物表演、俄罗斯风情歌舞表演、冰上芭蕾表演、冰上迪士高表演、焰火表演、雪幕电影等文艺活动轮流上演，异彩纷呈。

第十一届冰雪大世界规划5个主题景区。

冬运圣火城景区——以主塔高40米的冬运圣火城堡为主建筑，突出大冬会的主题。

魅力哈尔滨景区——选择哈尔滨标志性建筑为造型的冰雪建筑为主景，向游客介绍冰城哈尔滨。

激情大冬会景区——通过集中的各类冰雪活动，掀起冰雪活动热潮。

梦幻新时代景区——结合全国LED灯光博览会的契机，与冰景相结合，创造表现力更加丰富的冰雪景观。

瑰丽冰雪世界景区——参照迪士尼各类活动组织模式，将各类表演、庆典活动与卡通冰雕结合在一起，使景区活动更加丰富多彩。

12.哈尔滨第十二届冰雪大世界

第十二届冰雪大世界于2010年12月24日开放，2011年1月5日正式开园迎客。整个园区向北平行迁移1500米，迁移后，面积扩大到60万平方米，景观数量及体量增加一倍。

开园期间，每晚都推出包括"Cool哈尔滨"冰上杂技及"冰雪欧秀"大型舞蹈等大型演出，这些演出都是首次引入冰雪大世界。观众观看演出将统一使用冰雪大世界入园通票，不再另外收取费用。

第十二届冰雪大世界以"冰雪世界童话王国"为主题，全园分为七个区域，较往年增加了六个新亮点。

本届冰雪大世界的七个区域如下：①欢乐城堡中心区——以"天鹅堡"为中心，大气恢宏；②冰雪迪士尼展区——集结迪士尼经典卡通形象于一园，生动形象；③安徒生童话冰雪展区——展示各种童话故事；④梦幻西游展区——栩栩如生的西游人物，回顾古典名著的独特魅力；⑤璀璨丛林展区——体验惊险刺激的丛林探秘；⑥冰雪活动体验区——体验大规模的冰上娱乐项目；⑦冰雪实景演出区——震撼的户外实景演出，美轮美奂。这七个区域的冰景，较往年增加了如下六大亮点。

亮点一：大型演出，第十二届冰雪大世界共有三场大型演出：以欧洲红磨坊式的风情舞蹈表演为主的"冰雪欧秀"、大型冰上杂技秀"cool 哈尔滨"以及场面震撼、气势磅礴的大型户外实景演出"激情冰雪——哈尔滨"，给中外游客带来了全新的视觉体验，震撼的演出场面。

亮点二：用冰量，本届冰雪大世界迁址新建，规模空前，占地 60 万平方米，规模扩大 2 倍，用冰量 18 万立方米，再创历史之最。

亮点三：童话王国，本届冰雪大世界与美国迪士尼授权中方机构合作，建设迪士尼卡通故事园区，将童话王国的主题进行到底。

亮点四：玻璃观赏长廊，本届冰雪大世界增加建设百米长的玻璃观赏廊道，内设酒吧、商场、快餐、卡座，游人通过大玻璃窗观赏外面冰雕雪景的同时，可以取暖、购物、休息。

亮点五："火箭蹦极"，初次引进惊险刺激的"火箭蹦极"大型娱乐项目，将人抛升高度可达 70 余米，惊险刺激无极限。

亮点六：就餐更方便，增设经营项目，在原有的经营项目之上增加了经营种类，同时引入 8 家日本餐饮企业，为游客提供优质舒适的就餐环境。

13.哈尔滨第十三届冰雪大世界

2012 年，第十三届冰雪大世界以北国风光为重点，结合国际动漫节，确定主题为"林海雪原 动漫天地"。用冰量和用雪量分别为 18 万立方米和 16 万立方米。共分为庆典广场、冰亭玉塔、古堡传奇、林海雪原、梦幻冰湖、动漫王国、欢乐天地七个景区。本届冰雪大世界将大型冰雪景观展示、冰雪活动、实景演出、花车巡游、歌舞表演、互动游戏、焰火燃放、现代三维立体灯光演示、旅游购物、特色餐饮等一系列室内外活动有机地组合在一起。

14.哈尔滨第十四届冰雪大世界

第十四届冰雪大世界于 2012 年 12 月 31 日试开园。本次活动以"梦幻炫动冰火·神奇冰雪动漫"为主题，占地 60 万平方米，共分为冰晶宫景区、神话园景区、海螺湾景区、冰河世纪景区、冰啤波尔卡景区、探冰川景区、迪士尼景区、国际冰雕大赛景区、欢乐颂景区九个景区。

第十四届冰雪大世界设有大型冰雪景观展示、冰雪活动、实景演出、花车巡游、歌舞表演、互动游戏、焰火燃放、现代三维立体灯光演示、旅游购物、特色餐饮等一系列室内外活动有机地组合在一起，通过完善园区各项功能，合理规划项目，建设一座综合性的冰雪游乐园。

15.哈尔滨第十五届冰雪大世界

第十五届冰雪大世界于2013年12月29日盛大开幕，以"世界冰雪之梦，环球动漫之旅"为主题，为游客打造了一场梦幻般的冰雪盛宴。本届冰雪大世界景区精心设计了七个区域，包括冰雪动漫 Family 主塔、十国动漫岛、国际组合冰雕赛区、动漫 Rock 大舞台、冰雪互动项目娱乐区、冰雪狂欢派对和滑雪场。园区内首次引进了法国裸眼 3D 视频秀和冰雪霓裳大型服装秀 T 台秀，为游客带来前所未有的视觉体验。此外，还特别邀请了朝鲜平壤国家冰上杂技艺术团进行精彩演出。

16.哈尔滨第十六届冰雪大世界

第十六届冰雪大世界于2014年12月22日至31日试开园，以"雪国胜境，冰天大观"为主题，占地面积达80万平方米，为游客提供了一个宏大的冰雪乐园。本届冰雪大世界在展示内容上创新性地分为一轴三环六区，一轴由景区大门、三阳开泰、中心的冰雪精灵主塔、雪域佛国构成南北纵向景观轴；三环则是由春夏秋冬精灵城堡等五十余个景观合围构成的内、中、外三条环形游览动线；六区则包括主题观赏区、激情运动区、冰艺创新区、中华盛景区、冰雪演艺区以及综合服务区。

17.哈尔滨第十七届冰雪大世界

2015年12月22日，第十七届冰雪大世界试开园营业。本届冰雪大世界以"冰筑丝路·雪耀龙疆"为主题，总体分为冰筑魅力、丝路探险、雪耀奥运、龙江印象四大主题区，冰雪景观数量达74个，总用冰雪量突破33万立方米。

18.哈尔滨第十八届冰雪大世界

2017年1月5日，作为央视鸡年春晚分会场之一，第十八届冰雪大世界正式开园纳客。

开园仪式在央视鸡年春晚分会场所在的"天坛祈年殿"冰雪景观下举

行。装饰一新的"天坛祈年殿",在灯光的映衬下格外绚丽。身着彩衣的舞蹈演员们在《冰雪飞扬》的歌声中翩翩起舞,犹如冰雪精灵降临在冰雪大世界。百人威风锣鼓震天响,七彩烟花将夜空点亮,冰雪盛宴正式拉开帷幕。

本次冰雪大世界向世界来宾奉献了以下精彩纷呈的特色主题区域。

(1)原创主题城堡。

(2)欢乐家族狂欢派对。

(3)冰雪家族的狂欢派对——由18根高低不等的晶莹冰柱群建成的欢乐主塔,象征冰雪王国从第一届到第十八届的辉煌。

(4)冰雪家族的月光圣殿——在这里,你将登上广寒宫与嫦娥仙子共舞。

(5)冰雪家族的梦幻餐厅——在这里,你将变成小矮人,与鸡蛋哥和草莓姐合影留念。

(6)冰雪家族的宠物乐园——在这里,你将遇到十二生肖的动物朋友,共同演奏冰雪欢乐颂歌。

(7)冰雪家族的爆炸实验室——在这里,你将穿梭时空,来到蒸汽时代,触摸未来世界。

(8)冰雪家族的游乐场——在这里,你将驾驭欢乐的龙舟,与小伙伴们畅游欢乐世界。

(9)激情雪圈——6条超级雪道铸就的激情雪圈,独家开创三维立体式冰雪滑道,将惊险刺激进行到底。

(10)超级大滑梯——4条长达340米的世界最长冰滑梯让你体验全新的冰雪速度与激情。

(11)冰上运动——全新打造冰海运动会正式开幕,双轨战车、炫舞冰靴、冰上自行车、冰爬犁等几十种全新面世的项目,足以让你跃跃欲试。

(12)六大直播秀场:第十八届冰雪大世界首次采用全媒体传播方式,全景展现六大冰雪秀场——冰雪T台、冰雪欧秀、冰雪巡游、万人狂欢、冬泳表演、欢乐直播。场场精彩、天天爆满,秀出青春、秀出自信、秀出真我的风采,来到冰雪大世界,你就是主角。

（13）五大节庆活动：第十八届冰雪大世界全新策划欢乐圣诞夜、欢乐迎新年、欢乐冰雪节、欢乐小年夜、欢乐情人节五大节庆主题活动，全民参与的欢乐盛宴。

19.哈尔滨第十九届冰雪大世界

2017年12月18日，哈尔滨第十九届冰雪大世界试营业。

第十九届冰雪大世界园区总占地面积80万平方米，用冰量18万立方米，用雪量15万立方米，冰雪景观共计2000余个，互动娱乐项目30余处。

第十九届冰雪大世界在园区内15000平方米的区域修建世界首个《王者荣耀》冰雪主题景区。将《王者荣耀》推出的全新版作战地图及10个英雄形象进行完美复制，由世界冰雪雕艺术协会主席尤哈尼利尔伯格先生亲自参与设计，完成世界首次最大的冰雪雕艺术与文创产品的融合。

20.哈尔滨第二十届冰雪大世界

2018年12月23日，第二十届冰雪大世界开园，以"筑梦冰天雪地，共享金山银山"为主题迎来创立20周年，浓缩历届精华，融合全新亮点，迎接各国来客。

冰雪大世界在本届突破暖冬带来的采冰晚、工期短等困难，在确保工程安全、优质情况下创造"15天造一座城"的奇迹。全园打造上百个冰雪景观群，总占地面积60万平方米，用冰量11万立方米，用雪量12万立方米。

冰雪大世界与当红网游《王者荣耀》再度携手打造"冰雪王者"区域，由雕刻匠人精心雕琢出女娲、梦琪、王昭君等英雄角色的"冰雪之躯"；在"冰雪情缘"区域设立许愿池、情人桥、冰雪婚礼圣殿等，展现冰雪与爱情的纯洁唯美；打造300余米的世界最长冰滑梯。

21.哈尔滨第二十一届冰雪大世界

2019年12月，以"冰雪共融 欢乐同行"为主题的第二十一届冰雪大世界园区正在加紧施工。本届冰雪大世界占地面积60万平方米，用20多万立方米的冰雪打造出一座"冰雪梦工厂"。

2019年12月23日，第二十一届冰雪大世界正式开园。

22.哈尔滨第二十二届冰雪大世界

2020年12月20日，第二十二届冰雪大世界冰建施工现场，工人们正加紧进行冰景建设。据了解，各冰雪景观的主体已基本完工，工人们在进行最后的收尾工作，再过几天，冰雪大世界将开园迎客。本届冰雪大世界以"和"为设计精髓，通过"三轴两环"的格局形成五大核心景区，用冰雕艺术完美展现各国著名建筑。

23. 哈尔滨二十三届冰雪大世界

2021年12月22日，第二十三届冰雪大世界于12月25日16：00试营业。

24. 哈尔滨第二十四届冰雪大世界

在第二十四届冰雪大世界中，4万立方米的存冰陆续投入使用。2022年12月17日，第二十四届冰雪大世界迎来试开园。

25. 哈尔滨第二十五届冰雪大世界

第二十五届冰雪大世界以"龙腾冰雪 逐梦亚冬"为主题，园区占地面积81万平方米，总用冰和总雪量为25万立方米，将2025年哈尔滨亚冬会与龙江地域文化、冰雪文化结合起来进行创作，为世界各地游客打造一座集冰雪艺术、冰雪文化、冰雪演艺、冰雪建筑、冰雪活动、冰雪体育于一体的冰雪乐园。

2023年11月，第二十五届冰雪大世界的建设拉开帷幕。本届冰雪大世界将迎来历史最大规模，主塔"冰雪之冠"位于园区恢宏的主轴线上，是整个园区的灵魂。"冰雪之冠"高43米，相当于16层楼高，用冰量1.3万立方米，是园区内最高、单体最大的冰塑景观。主塔以传承、创新、发展为理念，体现龙江腾飞和振兴龙江的精神。而网红项目超级冰滑梯将从8条滑道增加到14条。

2023年12月17日16时许，第二十五届冰雪大世界点亮近千处冰雪景观、备好大部分娱乐项目，开通所有已建成的场馆，进行试运营。

2023年12月18日11时，第二十五届冰雪大世界正式开园，开园不到3小时，预约游玩人数已达4万。因排队时间过长，游客无法玩到想玩的热门项目，现场有人大喊"退票"，冰雪大世界冲上热搜，当地政府迅速反应，处理问题，将游客合理诉求尽力满足的同时，又用真诚和热情迎来了更多游客的喜欢和青睐，甚至达到了一票难求的盛况。

2024年2月15日24时，第二十五届冰雪大世界闭园，运营61天累计接待游客271万人次。

2023年第十九届中美电影节的纪录片《冰建王国》在洛杉矶进行展映，以光影艺术讲述哈尔滨故事，向世界推广冰雪文化的独特魅力。《冰建王国》讲述了堪称世界最大冰雪主题乐园，晶莹剔透、流光溢彩的哈尔滨冰雪大世界这一宏伟壮观的冰雪王国的诞生记。该片曾获得19个国际电影节的最佳纪录片提名和9个最佳纪录片大奖，成功将哈尔滨的冰雪文化推向了世界。纪录片拍摄过程中，全面贯彻"绿水青山就是金山银山、冰天雪地也是金山银山"的理念，充分利用东北地区的独特资源和优势，成片以生动的画面和真实的故事展现哈尔滨市的冰雪奇观和独特的建筑风格，激发观众的兴趣和好奇心。通过电影发行和宣传向观众展示了哈尔滨市作为冰雪旅游目的地的独特魅力，提升城市的形象和知名度，带动经济、文化和旅游的可持续发展。

第十二节　虎头旅游景区

一、导游词

亲爱的游客朋友们：

大家好！在这阳光明媚的日子里，我们欢聚一堂，共同踏上探索虎头旅游景区的旅程。我是你们的导游，非常荣幸能够与大家共度这段美好的时光。

首先，请允许我为大家描绘一下虎林市的美丽画卷。这座城市坐落在黑龙江畔，与俄罗斯隔江相望。这里四季分明，夏季凉爽宜人，是避暑胜地；冬季银装素裹，是冰雪童话世界。地貌特征则以平原和丘陵为主，为各类生态景观提供了丰富的土壤。在这片土地上，我们可以感受到大自然的神奇魅力，也可以领略到人文景观的厚重底蕴。

说到虎林市的文化底蕴，那可谓是深厚而独特。这座城市历史悠久，曾是多个民族和文化的交汇点。在这里，我们可以感受到虎林市人民热情好客、勤劳朴实的品质，以及他们独特的传统文化和生活方式。无论是民间艺术、手工艺品，还是风味美食，都让人流连忘返，陶醉其中。

而我们的虎头旅游景区，更是虎林市文旅资源的一颗璀璨明珠。这里旅游资源丰富而独特，既有二战史话的沉重，又有要塞遗址的神秘；既有湿地风光的秀美，又有奇峰秀色的壮丽。接下来，就请大家跟随我的脚步，一起领略这片土地上的美丽与传奇。

首先，我们来到了侵华日军虎头要塞博物馆。这是一座充满历史沧桑感的建筑，它见证了那段黑暗而残酷的历史。当我们走进博物馆，仿佛穿越到了那个战火纷飞的年代。在这里，我们可以看到日军侵华的罪证，感受到战争的残酷和无情。要塞的规模和坚固程度令人叹为观止，它是二战时期的重要历史见证，也是我们铭记历史、珍爱和平的重要场所。站在这里，我们不禁要深思：和平来之不易，我们要倍加珍惜。

接下来，我们将欣赏到乌苏里江的美景。乌苏里江从虎头镇流过，为这里带来了丰富的水资源和秀美的江景。江水清澈见底，波光粼粼，仿佛一条银色的丝带在大地上蜿蜒流淌。沿江而下，我们可以欣赏到两岸的风光，感受大自然的宁静与和谐。而乌苏里江第一塔则是观赏全景的绝佳地点。站在塔顶，俯瞰整个虎头镇和对面的俄罗斯风光，美景尽收眼底。这一刻，我们仿佛置身于一幅壮丽的画卷之中，感受到了大自然的神奇魅力。

此外，虎头旅游景区还有"天下第一虎"这一标志性建筑。它雄伟的气势和精湛的工艺吸引了众多游客驻足观赏。这座雕塑高达数十米，形态逼真，栩栩如生。它不仅是虎头旅游景区的象征，也是中华文化的瑰宝。站在它面前，我们不禁要感叹人类的智慧和创造力。

当然，我们也不能错过珍宝岛国家级湿地自然保护区这一生态亮点。这里保存了最原始和最典型的沼泽生态系统，是众多珍稀动植物的家园。在这里，我们可以近距离感受大自然的神奇和魅力。漫步在湿地的栈道上，我们可以看到各种各样的鸟类在空中翱翔，也可以在草丛中发现各种珍稀的小动物。这里是大自然的乐园，也是我们心灵的归宿。

最后，我们还将登上神顶峰，它是完达山山脉的最高峰，也是观日出的绝佳地点。清晨，当第一缕阳光洒满大地时，我们站在山顶，眺望着远方的天际线。太阳缓缓升起，将整个大地染得金黄一片。那一刻的宁静与美丽将永远留在我们的心中。站在神顶峰上，我们仿佛可以触摸到天空的边际，感受到大自然的无穷魅力。

在虎头旅游景区的旅程中，我们不仅可以欣赏到美丽的自然风光，还可以领略到丰富的历史文化。这里既有历史的厚重感，又有现代的气息。无论是古老的关帝庙，还是现代的旅游设施，都为我们提供了一个舒适而愉快的旅游环境。

在这里，我们还可以品尝到虎林市的美食。这里的菜肴以当地特产为主，口味独特，让人回味无穷。无论是鲜美的江鱼，还是香气四溢的烤肉，都能满足您的味蕾。在这里，您可以尽情享受美食带来的愉悦和满足。

虎头旅游景区的美丽与传奇还远远不止这些。在这里，我们还可以参加各种丰富多彩的活动。比如，我们可以乘船游览乌苏里江，感受江水的波涛汹涌；我们可以参观当地的民俗博物馆，了解虎林市的文化传统；我们还可以参加当地的民俗表演，感受这片土地上的热情和活力。

总之，虎头旅游景区是一个集历史、文化、自然风光和人文景观于一体的综合性旅游景区。在这里，我们可以领略到丰富的旅游资源，感受到历史的厚重和文化的魅力。在虎头旅游景区的每一个角落，都隐藏着美丽的故事和传奇。让我们用心去感受这片土地上的魅力与神奇吧！我相信，在这次旅行中，我们不仅能够收获美丽的风景和难忘的回忆，更能够领略到人生的真谛和自然的奥秘。

最后，我要感谢大家对我的支持和信任。在这次旅行中，我将竭尽所能为大家提供优质的服务和讲解。如果大家在旅行中有任何疑问或需要帮助，请随时告诉我。让我们携手共度这段美好的时光，共同创造难忘的回忆！

谢谢大家！愿我们的虎头之旅充满欢乐与收获！

二、虎头旅游景区介绍

（一）虎林市城市特色

1. 城市形态

（1）地理位置与中俄交流的核心地带。

虎林市，坐落于黑龙江省东南部，与俄罗斯的滨海边疆区仅一江之隔，其特殊的地理位置使得这座城市在中俄交流中占据了重要的地位。它不仅是两国文化和经济交流的桥梁，更是中俄友谊的见证者。

在这片土地上，中俄两国的历史、文化、经济等领域都留下了深刻的印记。虎头镇，作为虎林市的重要组成部分，更是中俄交流的前沿阵地。这里不仅有丰富的中俄贸易活动，更有深入的文化交流，使得虎林市成为中俄文化交流的重要窗口。

（2）行政区划与多功能的城市中心。

虎林市下辖多个乡镇，这些乡镇各具特色，共同构成了这座城市的丰富面貌。其中，虎头镇以其独特的地理位置和丰富的资源，成为虎林市的政治、经济、文化中心。

作为政治中心，虎头镇集中了市政府的各个职能部门，为城市的运行提供了坚实的保障。作为经济中心，这里汇聚了大量的企业和商户，推动了城市的经济发展。作为文化中心，虎头镇拥有丰富的文化资源和活动，为市民提供了丰富的精神食粮。

（3）气候特征与生态环境的多样性。

虎林市的气候属于温带大陆性季风气候，四季分明，每个季节都有其独特的魅力。春季，万物复苏，生机勃勃；夏季，绿树成荫，鸟语花香；秋季，硕果累累，金黄满地；冬季，银装素裹，雪景如画。

这种多变的气候特征，使得虎林市的生态环境具有多样性。平原、丘陵、河流、湖泊等自然景观相互交织，构成了一幅美丽的画卷。同时，丰富的动植物资源也为这座城市增添了无尽的生机与活力。

（4）地貌特征与资源的丰富性。

虎林市的地貌以平原和丘陵为主，地势平坦，土地肥沃。这种地形条件为农业的发展提供了良好的条件，使虎林市成为重要的粮食生产基地。同时，丘陵地带还蕴藏着丰富的矿产资源，为城市的工业发展提供了物质基础。

此外，虎林市还拥有丰富的水资源。河流纵横交错，湖泊星罗棋布，为城市的生态环境和农业发展提供了有力的支撑。这些自然资源为虎林市的可持续发展提供了坚实的基础。

（5）交通状况与便捷的出行环境。

虎林市的交通网络发达，公路、铁路等交通干线贯穿全境，连接着城市与周边地区。便捷的交通使得市民和游客可以轻松地前往各个乡镇和旅游景点,感受这座城市的魅力。

此外,随着中俄贸易的不断发展,虎林市的口岸建设也得到了加强。口岸的开放和便利的通关条件,为中俄两国的贸易往来提供了有力的支持。同时,这也为虎林市的经济发展注入了新的活力。

(6)城市名片与独特的旅游魅力。

虎林市以其独特的地理位置、丰富的自然资源和深厚的文化底蕴,成为黑龙江乃至全国的一张亮丽名片。虎头旅游景区更是这张名片上的一颗璀璨明珠,以其独特的景观和深厚的文化内涵吸引着无数游客前来探访。

在这里,游客可以欣赏到壮观的乌苏里江风光,领略到中俄边境的独特风情;可以探访侵华日军虎头要塞遗址博物馆,了解那段沉重而悲壮的历史;还可以登上神顶峰,俯瞰整个景区的壮丽景色。这些独特的旅游资源为虎林市增添了无尽的魅力与吸引力。

总之,虎林市以其独特的城市特色、丰富的旅游资源和深厚的文化底蕴,成了一个令人向往的旅游胜地。

2. 城市文脉

(1)历史沿革。

在古老的中华大地上,虎林市犹如一颗璀璨的明珠,镶嵌在东北边陲。她的历史沿革,宛如一部厚重的史诗,见证了中华民族的兴衰与变迁。

在遥远的周、秦时期,虎林市属于肃慎的领地。那时,乌苏里江以东的海滨地区,都是中华大地的内地。随着时间的推移,历史的车轮滚滚向前,两汉、三国、魏晋时期,这里又归属于挹娄的统治之下。到了南北朝,这片土地又成为勿吉的疆域。

隋朝时期,虎林市划归室韦靺鞨号室部管辖。那时,这里的山水草木都充满了野性的美。唐朝时,渤海国兴起,虎林市归安远府管辖。在这个时期,这里的文化开始与中原地区交融,形成了独特的地方特色。

辽朝时期,虎林市又归东京道五国部管辖。金朝时,这里属于移马猛安,归速频(恤品)路管辖。那时,这里的民族风情更加丰富多彩,各种文化在这里交汇融合。

元朝时期,虎林市归辽阳行中书省水达达路阿速骨几千户所管辖。在这个时期,这里的经济得到了进一步的发展,人民的生活水平也有所提高。

明朝时期,虎林市为木伦部所管辖。明永乐五年(1407年),明政府在乌苏里江流域设立了亦速里河卫,虎林地区归其管辖。随后,又设立了亦麻河卫,这里成为奴儿干都使司的领地。到了明万历年间,女真族领袖努尔哈赤的儿子阿巴泰来到这里招服,这里又归属于打牲部索伦部管辖。

后金时期,皇太极统一了女真各部,这里被称为尼满部。随着清朝的建立,这里依然保持着尼满河的名称。在清朝的统治下,这里的政治、经济、文化都得到了进一步的发展。

然而,历史的变迁总是充满了曲折。咸丰十年(1860年),由于不平等的《北京条约》的签订,乌苏里江以东地区被划归俄国,虎林市从此由内地变为边境地区,内河乌苏里江也变成了界江。这一历史事件给虎林市带来了深远的影响,它的命运也随之发生了巨大的变化。

在清朝末年和民国初年,虎林市的行政归属多次变更。光绪年间,这里先后归属于富克锦协领、蜂蛮山招垦局等机构管辖。宣统年间,设立了呢玛厅,后改为虎林厅。中华民国成立后,虎林厅改为虎林县,先后归属于吉林省依兰道、吉林省、合江省、牡丹江省等管辖。

在抗日战争时期,虎林市遭受了日本侵略者的残酷统治。然而,在党和人民的共同努力下,虎林市终于迎来了解放的曙光。中华人民共和国成立后,虎林市划归黑龙江省领导,开始了新的历史篇章。

在社会主义建设时期,虎林市的经济、文化、教育等各项事业都得到了长足的发展。特别是改革开放以来,虎林市抓住机遇,大力发展经济,人民生活水平不断提高。

1996年10月,虎林县撤县设市,标志着虎林市的发展进入了一个新的阶段。如今的虎林市,已经成为一个经济繁荣、文化昌盛、人民安居乐业的现代化城市。

回顾虎林市的历史沿革,我们不禁为它的辉煌历程而骄傲。从一个古老的边陲小镇,发展成为一个现代化的城市,虎林市的历史是一部充满奋斗与拼搏的史诗。在未来的岁月里,我们相信虎林市将继续书写更加辉煌的篇章,为中华民族的伟大复兴贡献自己的力量。

(2)民俗特征。

虎林市的民俗文化丰富多彩,充满了浓厚的地方特色。这里的民俗活动种类繁多，既有传统的节庆活动，如春节、元宵节、端午节等，又有富有地方特色的民俗表演，如东北大秧歌、二人转等。这些民俗活动不仅丰富了市民的文化生活，也展示了虎林市独特的文化魅力。

虎林曾是赫哲族、满族等少数民族的故乡，他们的渔猎文化、萨满信仰等非物质文化遗产，如今依旧在这片土地上熠熠生辉。赫哲族的鱼皮画、桦树皮工艺品，以其独特的材质和精湛的技艺，展现了古老民族的智慧与创意。满族的剪纸、刺绣等手工艺品，则以其细腻的画工和丰富的文化内涵，成为虎林文化的瑰宝。

除了民族文化的传承，虎林市还见证了历史的变迁与时代的更迭。在这里，你可以听到抗联战士在白山黑水间浴血奋战的英勇事迹，可以感受到珍宝岛自卫反击战中边防军民捍卫领土的坚定信念。这些历史事件不仅铸就了虎林人民坚韧不拔、勇往直前的精神品质，也为这座城市留下了宝贵的历史文化遗产。

走进虎林，你会发现这座城市的文化底蕴不仅体现在历史的厚重感上，更体现在现代文明的蓬勃发展上。这里的教育事业蒸蒸日上，黑龙江八一农垦大学（虎林校区）等高等教育机构为城市培养了一批批优秀人才，他们为虎林的发展注入了新的活力。同时，虎林市还注重科技与文化的融合，通过举办各类文化活动、建设文化设施等方式，让市民在享受现代文明成果的同时，也能感受到传统文化的魅力。

虎林市的文脉之深厚，还体现在其独特的自然风光和人文景观上。这里有着得天独厚的生态环境，森林覆盖率高，空气清新宜人。在虎林，你可以欣赏到壮丽的日出日落，感受到大自然的神奇与美丽。同时，这里还有着丰富的人文景观，如古老的寺庙、庄严的纪念碑、别具一格的民居建筑等，它们见证了虎林的历史与文化，也为这座城市增添了几分神秘与韵味。

此外，虎林市还以其独特的美食文化吸引着八方游客。这里有着丰富的绿色食材，如虎林大米、黑蜂雪蜜、野生蓝莓等，它们以其独特的口感和营养价值，成为虎林美食的代表。在虎林的餐馆里，你可以品尝到地道的东北菜，如锅包肉、地三鲜等，它们以其浓郁的口味和丰富的营养，让人回味无穷。

虎林市的文脉，是一部生动的历史长卷，是一幅美丽的文化画卷。它既有历史的厚重感,又有现代的活力与朝气;既有传统文化的韵味,又有现代文明的魅力。在这里,你可以感受到东北人的豪爽与直率,也可以领略到边疆小城的淳朴与热情。这座城市以其独特的文化魅力和深厚的文脉底蕴,吸引着越来越多的人前来探访、品味与欣赏。

而在这个文脉传承的过程中,护林事业在不断地探索与创新。他们注重挖掘和传承本土文化,让古老的文脉在现代社会中焕发出新的生机与活力。同时,他们还积极引进外来文化元素,促进文化多元化的发展。这种包容并蓄的文化态度,使得虎林市的文脉更加丰富多样、充满活力。

3. 城市精神

虎林如同一颗璀璨的明珠,镶嵌在完达山山脉与乌苏里江的怀抱之中。这里不仅拥有得天独厚的自然风光,更有着坚韧不拔、开放包容的城市精神,这种精神深深烙印在每一个虎林人的心中,也深深影响着这片土地上的每一个角落。

虎林的城市精神,首先体现在它的坚韧不拔上。这里的人民勤劳朴实,勇于创新,他们在面对困难和挑战时,总是能够保持一种积极向上的精神风貌。无论是艰苦的创业初期,还是面对自然灾害的考验,虎林人民都展现出了不屈不挠的斗志和毅力。他们用自己的双手和智慧,在这片土地上创造了一个又一个奇迹,使虎林成了一个充满活力和潜力的城市。

同时,虎林的城市精神也体现在它的开放包容上。作为一个边境城市,虎林自古以来就是多元文化交融的地方。这里接纳来自四面八方的游客和商人,与周边地区和国家进行广泛的交流与合作。这种开放包容的精神,使得虎林成了一个充满活力和创新力的城市。在这里,不同的文化和思想得以碰撞和融合,为城市的发展注入了新的活力和动力。

这种坚韧不拔、开放包容的城市精神,也深深影响着虎头旅游景区的发展。作为虎林市的一大亮点,虎头旅游景区以其独特的历史遗迹、自然风光和人文景观吸引着越来越多的游客前来探访。在景区的发展过程中,虎林人民始终保持着一种积极向上的态度,不断推陈出新,为游客们带来了更加丰富多彩的旅游体验。同时,景区也积极与周边地区和国家进行合作与交流,不断提升自身的知名度和影响力。

此外,虎林市还注重城市文化内涵的挖掘与塑造。通过广泛征集城市精神、城市形象宣传语等活动，让市民们更加深入地了解和认同城市的精神内核。同时，虎林市还积极开展各种文化惠民活动，让群众在享受文化生活的同时，也能够感受到城市的温暖和关怀。

在虎林，你可以看到街头巷尾的文化氛围日益浓厚，群众文化活动品牌多样性不断提升。无论是音乐、舞蹈还是其他形式的文艺表演，都有越来越多的群众参与其中。这些活动不仅丰富了群众的精神文化生活，也提升了他们的文化素养和艺术鉴赏能力。

同时，虎林市还注重基层文化设施的建设和投入。通过建设新时代文明实践所、站等基层文化阵地，为群众提供了更多更好的文化活动场所。这些场所不仅成为群众思想提升、文化活动的主阵地，也成了城市文化建设的重要载体。

总的来说，虎林的城市精神是一种坚韧不拔、开放包容的精神。这种精神不仅体现在每一个虎林人的身上，也深深烙印在城市的每一个角落。正是这种精神，使得虎林成了一个充满活力和魅力的城市，也使得虎头旅游景区成了一个备受游客喜爱的旅游胜地。在未来的发展中，相信虎林会继续发扬这种城市精神，为城市的繁荣和发展注入新的动力和活力。

4. 文旅资源

虎林市的文旅资源丰富多样，既有自然风光，又有历史文化。虎头旅游景区就是其中的一颗璀璨明珠。这里旅游资源丰富而独特，既有二战史话的沉重，又有要塞遗址的神秘；既有湿地风光的秀美，又有奇峰秀色的壮丽。无论是喜欢历史的游客，还是喜欢大自然的游客，都能在这里找到属于自己的乐趣和收获。

（1）历史文化底蕴深厚。

虎林历史悠久，人文荟萃。早在6000年前，肃慎人就开始在这片土地上繁衍生息，孕育了独具特色的满族文化和赫哲文化。这些文化元素不仅体现在虎林人民的日常生活中，也融入了城市的每一个角落。在虎林，游客可以参观到各种历史遗迹和文化景点，感受到这座城市深厚的历史文化底蕴。

近代以来，虎林人民在抗击日本军国主义、自卫反击战、军垦拓荒等各个重要历史时期，团结一心，英勇斗争，谱写了一曲曲壮丽的史诗。这些历史事件不仅塑造了虎林人民坚韧不拔、勇敢顽强的精神风貌，也为虎林留下了丰富的红色旅游资源。如今，这些红色景点已经成为虎林旅游的一大亮点，吸引着越来越多的游客前来参观。

（2）自然风光壮美迷人。

虎林市山清水秀，生态优良，三分之二的土地被森林、草原、湿地、水域所覆盖。这里的大气质量国家一级，水体质量国家二级，是国家级生态示范区和中国优秀旅游城市。中俄界江——乌苏里江，蜿蜒千里，清纯秀丽，是全国唯一一条未被污染的大江河。游客们可以在这里欣赏到美丽的江景，品尝到鲜美的江鱼，感受到大自然的神奇魅力。

在虎林，月牙湖、虎头、珍宝岛湿地、珍宝岛景区、神顶峰五大品牌景区各具特色，让人流连忘返。月牙湖景区观三月觅三奇，天上一月、水中一月、月牙湖自身像月；虎头旅游景区景观相对集中，拥有载入吉尼斯世界纪录的"天下第一虎"、被誉为"东方第一庙"的关帝庙等景观景点；珍宝岛湿地风景区大气磅礴，壮美天成，是同纬度地区保留最原始和最典型的沼泽生态系统；珍宝岛景区曾经历过战争的洗礼，如今岛上的英雄树，枝繁叶茂，庄严肃穆；完达山主峰——神顶峰景区巍峨雄峙，松青柏翠，是我国夏季最早见到日出的地方。这些景区不仅展现了虎林独特的自然风光，也承载了丰富的历史文化内涵。

（3）民俗风情浓厚独特。

虎林市是一个多民族聚居的地方，这里不仅有汉族、满族、赫哲族等民族，还有俄罗斯族等少数民族。这些民族在长期的历史发展中，形成了各自独特的民俗风情和文化传统。在虎林，游客可以参与到各种民俗活动中，感受到浓厚的民族氛围和文化气息。例如，游客可以观看赫哲族的鱼皮制作技艺、满族的剪纸艺术等传统手工艺表演；还可以品尝到各民族的美食佳肴，感受到不同民族的饮食文化魅力。

（4）旅游服务完善便捷。

虎林市高度重视旅游业的发展，不断完善旅游服务设施，提高旅游服务质量。目前，虎林市已经建成了多个星级宾馆、旅行社等旅游服务机构，为游客提供了便捷的住宿、交通和导游服务。同时，虎林市还推出了多条精品旅游线路，满足了不同游客的需求。在旅游旺季，虎林市还会举办各种文化活动和节庆活动，丰富了游客的旅游体验。

综上所述，虎林市的文旅资源丰富多样，既有深厚的历史文化底蕴，又有壮美的自然风光和浓厚的民俗风情。这些资源为虎林市的旅游业发展提供了坚实的基础和广阔的前景。在未来，虎林市将继续加大文旅资源的开发和利用力度，推动旅游业的快速发展，为游客提供更加优质、丰富的旅游体验。

（二）虎头旅游景区概况

1. 历史遗迹——侵华日军虎头要塞遗址博物馆

在黑龙江省鸡西市虎林市的虎头镇，一座庄重而肃穆的建筑静静矗立，它就是侵华日军虎头要塞遗址博物馆。这里，不仅是虎头旅游景区的重要组成部分，更是历史的见证者，是那段黑暗岁月的无声讲述者。

博物馆占地面积广阔，建筑风格古朴而庄重。走进这座博物馆，仿佛打开了一扇通往过去的大门，历史的洪流扑面而来。馆内陈列着大量珍贵的历史文物和照片，它们无声地诉说着日军当年在虎头镇修建要塞的残忍与疯狂。

一展厅内，历史的画卷缓缓展开。那些泛黄的历史照片，让我们看到了那个饱受欺凌、痛苦挣扎的时代。东北的广袤大地上，日军的铁蹄肆意践踏，无辜的百姓在苦难中挣扎。而虎头要塞，这座庞大的军事工事，更是日军残暴统治的象征。它的每一块砖石，都浸透着中国人民的血与泪。

二展厅则更加深入地展现了劳工的血和泪，以及虎头要塞之战的惨烈。那些锈迹斑斑的武器、破损的衣物，都是那段历史的见证。它们静静地诉说着过去的故事，让我们感受到了当年战争的残酷和无情。虎头要塞之战，是第二次世界大战的最后一战，也是中国人民反抗侵略、争取自由的壮丽篇章。在这里，我们看到了中国人民的坚韧与不屈，也看到了侵略者的凶残与疯狂。

除了展厅内的展品，博物馆还设有虎东山地下遗址工事供游客参观。这些地下工事是当年日军修建的要塞的一部分，如今已经成为历史的遗迹。走在阴暗潮湿的地下通道中，我们仿佛能听到当年战争的喧嚣声，能感受到那股压抑而沉重的气氛。这些地下工事不仅是日军残暴统治的见证，更是中国人民反抗侵略的见证。

博物馆附近还有苏联红军纪念碑和军用神社等历史遗迹。苏联红军纪念碑高耸入云，洁白如玉，象征着和平与胜利。它见证了反法西斯战争的胜利，也见证了中俄两国人民的友谊。而军用神社则是当年侵华日军留下的罪证之一，它的存在提醒着人们要警惕军国主义的复活，要珍惜来之不易的和平。

侵华日军虎头要塞遗址博物馆不仅是一个展示历史的地方，更是一个爱国教育基地。它通过各种形式的展示和活动，让人们更加深入地了解历史，认识到和平的珍贵。同时，博物馆也积极开展国际合作与交流，推动世界和平与发展。在这里，我们可以感受到历史的厚重与深沉，也可以感受到和平的温暖与力量。

如今，侵华日军虎头要塞遗址博物馆已经成为一个重要的旅游景点。每年都有大量的游客来到这里，感受历史的厚重，思考和平的意义。站在博物馆前，我们不禁会想起那段艰难的历史，也会更加珍惜现在的和平生活。

总之，侵华日军虎头要塞遗址博物馆是一个充满历史气息的地方。它让我们更加深入地了解了那段黑暗的历史，也让我们更加珍惜现在的和平生活。让我们铭记历史、珍惜和平，为未来的繁荣与发展贡献自己的力量！

2. 自然风光——乌苏里江畔

乌苏里江畔，是东北大地上的一颗璀璨明珠，它以其独特的自然风光和厚重的历史文化，吸引着无数游客前来探访。站在江畔，你不仅可以感受到大自然的壮丽与宁静，还可以领略到历史的沧桑与厚重。

乌苏里江，这条发源于长白山系的壮丽河流，自北向南蜿蜒流淌，与黑龙江汇合后流入鞑靼海峡。江水清澈见底，碧波荡漾，在阳光的照射下闪烁着迷人的光芒。沿江而下，两岸风光旖旎，绿树成荫，鸟语花香。春天的乌苏里江畔，万物复苏，野花竞相开放，仿佛是大自然为游客们精心准备的一场视觉盛宴。夏天的江畔，则是避暑的好去处，清凉的江水和微风拂面，让人流连忘返。秋天的乌苏里江畔，层林尽染，红叶满山，构成了一幅幅绝美的秋日画卷。而到了冬天，银装素裹的江面结冰，更是成为冰雪运动的绝佳场所。

除了自然风光，乌苏里江畔还承载着丰富的历史文化。这里曾是肃慎族系的聚居地，诞生过渤海国这样的古代文明。在漫长的历史长河中，乌苏里江畔见证了无数民族的兴衰更迭和文化的交融碰撞。这里还有神秘的盗墓素材、古老的玉器文化，以及日军要塞的遗址等，都让人对这片土地充满了无尽的遐想。

值得一提的是，乌苏里江畔的小南山遗址，更是为中国玉文化的起源增添了浓墨重彩的一笔。这个距今 9000 年的遗址，出土了中国最早的玉器，将中国玉文化的起源向前推进了 1000 年。这些玉器不仅展示了古代先民的智慧和审美，也为我们揭示了乌苏里江畔在史前时期就已经发展出了独特的文明。

此外，乌苏里江畔的赫哲族文化也是一道亮丽的风景线。赫哲族是肃慎族系的一支，他们以渔猎为生，创造了丰富的渔猎文化。在赫哲族人的生活中，鱼不仅是食物，更是他们文化的重要组成部分。他们用鱼皮制作衣物、绳子和各种手工艺品，展现了赫哲族人的智慧和创造力。同时，赫哲族的渔猎文化也反映了人与自然的和谐共生，让我们对这片土地上的自然生态有了更深地认识。

在乌苏里江畔，你还可以感受到中俄文化的交融。作为中俄边境的一部分，这里曾经是两国人民交流的重要通道。如今，虽然边境线已经划定，但两国人民之间的友谊和交流依然络绎不绝。在乌苏里江畔的小镇上，你可以看到中俄两国的建筑风格相互融合，形成了一道独特的风景线。

乌苏里江畔是一个充满魅力的地方，它以其独特的自然风光和厚重的历史文化吸引着无数游客前来探访。在这里，你可以感受到大自然的壮丽与宁静，也可以领略到历史的沧桑与厚重。无论是欣赏自然风光，还是探寻历史文化，乌苏里江畔都会给你带来一次难忘的旅行体验。

3. 人文景观——"天下第一虎"与关帝庙

雄踞乌苏里江畔的"天下第一虎"以及那座历史悠久的关帝庙，这两处人文景观，不仅以其独特的魅力吸引着无数游客，更承载着深厚的历史文化底蕴，成为虎头旅游开发区的标志性建筑。

首先，让我们走进"天下第一虎"的世界。这尊铜虎，以其巨大的身躯和生动的形态，成为虎头旅游景区的一大亮点。长 25 米，高 16 米的铜虎，仿佛一只真正的猛虎跃然眼前，它的每一根毛发、每一个细节都经过精心雕琢，栩栩如生，让人仿佛能够感受到它的呼吸和力量。这只铜虎以其雄伟壮观的姿态，成为虎林人民精神的象征，也展现了中华民族对于力量与勇气的崇尚。

"天下第一虎"不仅是一件艺术品，它更是虎林人民对于家乡的热爱与自豪的体现。每当人们看到这只铜虎，都会为它的雄姿所震撼，为它的气势所折服。它仿佛在诉说着虎林人民坚韧不拔、勇往直前的精神风貌，也寄托着他们对于美好生活的向往和追求。

而关帝庙，则是虎头旅游景区的另一处重要人文景观。这座庙宇始建于清朝雍正年间，已有数百年的历史。它古朴典雅，庄严肃穆，每一砖一瓦都透露出浓厚的历史气息。关帝庙的存在，不仅是为了祭祀关羽这位历史上的英雄人物，更是为了传承和弘扬中华民族的优秀传统文化。

关羽，作为三国时期的著名将领，以其忠诚、勇猛、仁义的形象深入人心。他的事迹被广为传颂，成为中华民族传统文化中的一部分。而关帝庙的建立，就是为了纪念这位英雄人物，同时也是为了传承和弘扬他的精神。在关帝庙中，人们可以领略到中华文化的博大精深，也可以感受到那份对英雄的敬仰和对历史的尊重。

关帝庙的建筑风格独特，庙宇内的神像栩栩如生，每一尊都经过精心雕刻，形态各异，栩栩如生。在这里，人们可以感受到那种庄严肃穆的氛围，也可以领略到中华民族传统建筑的魅力。同时，关帝庙还承载着丰富的历史文化内涵，它见证了虎头镇的历史变迁，也见证了中华民族文化的传承与发展。

除了建筑风格和神像雕刻外，关帝庙还承载着许多民间传说和文化活动。据说，关帝庙的香火一直十分旺盛，每年都会有大量的信众前来祈福求平安。同时，这里也是当地举办各种文化活动的重要场所，如庙会、戏曲表演等，吸引了众多游客前来观赏和参与。

在虎头旅游景区中，"天下第一虎"与关帝庙相互辉映，共同构成了一幅壮丽的人文画卷。它们不仅吸引了无数游客前来观光游览，更成为虎林人民的精神寄托和文化象征。每一次来到这里，都能让人感受到那种深厚的文化底蕴和历史积淀，也能让人更加深入地了解和认识中华民族传统文化的魅力所在。

此外，"天下第一虎"与关帝庙还承载着虎林人民对于未来的美好期许。它们见证了虎林的发展历程，也见证了虎林人民对于家乡的热爱与自豪。在未来的日子里，这两处人文景观将继续承载着虎林人民的美好愿景，成为他们追求幸福生活的精神动力。

虎头旅游景区中,"天下第一虎"与关帝庙不仅是两处重要的人文景观,更是中华文化的生动体现。它们承载着深厚的历史文化内涵,展现着中华民族的精神风貌,也寄托着人们对于美好生活的向往和追求。在这里,我们可以感受到中华文化的魅力所在,也可以领略到中华民族的精神力量。因此,无论是对于游客还是对于当地人民来说,"天下第一虎"与关帝庙都是值得珍视和传承的文化瑰宝。

同时,我们也应该意识到,保护和传承这些人文景观是我们每个人的责任。我们需要共同努力,加强对这些文化遗产的保护和管理,让它们能够永远地留存下去,为后人留下更多的历史记忆和文化财富。只有这样,我们才能够更好地传承和弘扬中华民族的文化传统,让中华文化的魅力在世界范围内得到更好的展现和传承。

4. 珍稀生态——珍宝岛与湿地自然保护区

在黑龙江虎林市的东北部,乌苏里江主航道中方一侧,隐匿着一颗璀璨的明珠——珍宝岛。这颗明珠不仅因其独特的自然景观和丰富的生态资源而备受瞩目,更因其在历史长河中留下的深刻印记而名扬四海。

珍宝岛,一个面积仅 0.74 平方公里的小岛,却拥有无尽的魅力。这里的湿地广袤无垠,是乌苏里江沿岸重要的生态环境系统组成部分。湿地内生物多样性丰富,各种珍稀动植物在此繁衍生息,构成了一幅生机勃勃的自然画卷。每年春夏之交,成千上万的候鸟从远方飞来,在这里筑巢繁衍,为这片土地带来了无尽的生机与活力。

然而,珍宝岛的历史并非只有自然的美丽与和谐。1969 年,这里爆发了一场震惊中外的自卫反击战。苏联军队试图侵犯我国领土,而我们的边防战士则英勇地捍卫了国家的尊严和领土的完整。这场战斗虽然短暂而激烈,但它却在中苏关系史上留下了浓重的一笔。如今,珍宝岛已经成为历史的见证,它提醒着我们永远不忘历史,珍惜和平。

战争的硝烟散去后,珍宝岛逐渐恢复了往日的宁静。这里的生态环境得到了有效的保护,成了一个生态环境优美的旅游胜地。游客们可以在这里欣赏到美丽的江景,感受到大自然的神奇魅力。同时,这里也成了爱国主义教育的重要基地。每年的特定时节,都会有大量的游客和学生来到这里,缅怀历史,学习先辈的英勇事迹。

珍宝岛湿地国家级自然保护区的建立,更是为这片土地增添了厚重的生态价值。这里总面积达445平方公里,是同纬度地区保留最原始和最典型的沼泽生态系统。在这片广袤的土地上,各种珍稀动植物得以自由生长,构成了一个完整的生态链。保护区的建立不仅保护了这些珍稀物种,也为科学研究提供了宝贵的资源。

在珍宝岛上漫步,你可以感受到大自然的神奇与美丽。这里的一草一木都充满了生命的力量,每一处风景都如同一幅精美的画卷。清晨,当第一缕阳光洒在江面上时,整个岛屿都沐浴在金色的光芒中。夜晚,星空璀璨,仿佛无数颗宝石镶嵌在夜空中。

除了自然风光外,珍宝岛还承载着深厚的文化底蕴。这里的历史遗迹和人文景观都见证了这片土地的沧桑巨变。在岛上的博物馆里,你可以了解到更多关于珍宝岛的历史和文化。那些珍贵的文物和照片,都在无声地诉说着这片土地的故事。

珍宝岛,一个充满故事的地方。它让我们看到了自然的神奇与美丽,也让我们感受到了历史的厚重与深沉。在这里,我们可以找到心灵的归宿,也可以找到前行的力量。让我们共同守护这片土地,让它的故事永远传颂下去。当我们站在珍宝岛上,望着眼前这片广袤的湿地和滔滔的江水时,心中不禁涌起一股豪情。这里是大自然的杰作,也是人类文明的瑰宝。它让我们看到了生命的顽强与坚韧,也让我们看到了人类的智慧与勇气。而珍宝岛的故事还在继续,它将继续见证着中国的崛起和世界的变迁。而我们,作为新时代的中国人,更应该铭记历史,珍惜和平,为实现中华民族的伟大复兴而努力奋斗。

珍宝岛,这颗璀璨的明珠,将永远闪耀在乌苏里江上,成为我们心中永恒的记忆与骄傲。让我们共同守护它,让它的美丽与魅力永远流传下去。在这个美丽的季节里,让我们一起踏上珍宝岛的旅程吧!去感受大自然的神奇魅力,去缅怀历史的英勇事迹,去追寻心中的梦想与信仰。在珍宝岛的怀抱中,我们将找到前行的力量与勇气,也将收获一份难忘的回忆与感动。

5. 登高望远——神顶峰

神顶峰,这座屹立于完达山山脉的巍峨巨峰,以其险峻的山势和绝美的景色，吸引着无数游客前来探寻。站在神顶峰之巅，俯瞰群山连绵，云海翻腾，仿佛置身于天地之间，心灵得到了前所未有的震撼与洗涤。

神顶峰的魅力，首先在于其四季皆景的变幻之美。春天，万物复苏，山花烂漫，仿佛整个山峰都被五彩斑斓的花朵所覆盖；夏天，绿树成荫，凉风习习，是避暑纳凉的绝佳去处；秋天，层林尽染，红叶如火，仿佛整个山峰都被染成了金黄色；冬天，银装素裹，白雪皑皑，神顶峰又变成了一片纯净的雪域天堂。

然而，神顶峰最为吸引人的，还是那令人震撼的日出景观。清晨，当第一缕阳光洒满大地时，站在山顶俯瞰四周，只见云海翻腾，霞光万道，仿佛整个世界都被染成了金黄色。这一刻，所有的疲惫和烦恼都烟消云散，只剩下对大自然的敬畏和对生活的热爱。

除了日出，神顶峰的松涛和云海也是不可错过的景观。浩瀚林海遮天蔽日，清风吹过，松涛此起彼伏，如同大自然的交响乐在耳边响起。而云海则是神顶峰的一大奇观，雨后初晴时，站在峰顶常常能看到变幻无穷的云海，时而山峦浮现，时而淹没在云海之中，仿佛置身于仙境之中。

神顶峰不仅是风景胜地，也是天然的动植物园。这里资源丰富，动植物种类繁多，为游客提供了一个近距离观察大自然的机会。无论是漫步在原始森林中，还是欣赏山间的野花野果，都能让人感受到大自然的神奇魅力。

此外，神顶峰还有着丰富的文化内涵。这里流传着许多美丽的传说和故事，为这座山峰增添了几分神秘色彩。游客在欣赏美景的同时，也能感受到当地的文化底蕴和历史传承。

总的来说，神顶峰是一个集自然风光、文化底蕴和休闲娱乐于一体的旅游胜地。无论是想要登高望远、欣赏美景，还是想要探寻文化、感受历史，神顶峰都能满足你的需求。所以，如果你还没有来过神顶峰，那么不妨抽个时间，来这里感受一下大自然的魅力吧！

（三）结语

虎头旅游景区以其丰富的历史遗迹、秀美的自然风光、独特的人文景观和珍稀的生态资源，吸引了无数游客前来探访。在这里，游客们可以感受到历史的厚重，领略到大自然的神奇，体验到人文的温暖。无论是喜欢历史的游客，还是喜欢大自然的游客，都能在这里找到属于自己的乐趣和收获。虎头旅游景区是值得一游的美丽之地。

随着旅游业的不断发展，虎头旅游景区也在不断完善和提升。未来，这里将会推出更多丰富多彩的旅游活动和文化体验项目，让游客们能够更加深入地了解这片土地的历史和文化，感受到这里独特的魅力。同时，虎头旅游景区也将加强生态环境保护工作，确保这片美丽的土地能够永远保持其原始和纯净的面貌。

总之，虎头旅游景区是一个集历史、文化、自然风光和人文景观于一体的综合性旅游景区。它以其独特的魅力和丰富的内涵，吸引着越来越多的游客前来探访。相信在未来，虎头旅游景区将会成为国内外知名的旅游胜地，为虎林市乃至整个黑龙江省的旅游业发展注入新的活力。

第十三节　亚布力滑雪旅游度假区

一、导游词

游客朋友们：

你们好！欢迎来到中国亚布力滑雪旅游度假区。亚布力滑雪旅游度假区，作为国家AAAA级旅游景区，坐落在哈尔滨尚志市西南方向约20公里的地方，距哈尔滨市中心约193公里。这里不仅包括三座长白山脉山峰，而且海拔超过1374.8米，以其丰富多样的滑雪、滑冰、雪地摩托等冰雪活动而著称。它也是中国北方最大的滑雪场，同时也集冰雪竞技、冬令营、培训、旅游、度假为一体，并被认定为国家南极考察训练基地之一。

亚布力，原名为"亚布洛尼"，因境内有三座大锅盔状的山峰而得名，意为"果木园"。这个位于北纬44.6°、东经128.5°的度假区，四季分明，年平均气温在1℃~10℃，冬季则异常寒冷，每年积雪最长时可达120天。度假区的森林覆盖率高达96%，是哈尔滨市周边生态环境保护最好、自然资源最为丰富的地区之一。这里的空气负氧离子浓度高达每立方厘米5万个，是名副其实的天然氧吧。

亚布力滑雪场的历史可以追溯到1980年。随着时间的推移和发展，如今已经成为中国规模最大、设施最先进的滑雪场之一。整个滑雪场由5座竞技训练场地及2个旅游滑雪场构成：1座竞技训练场地包括1条长1782米、宽40米、落差63米的高山滑雪道（现已改造成新雪具大厅）、1条自由式滑雪道（现为全国唯一的国家级跳台滑雪训练基地）、2座跳台滑雪道（现已停用）、1条越野滑雪雪道和冬季两项雪道各1条。两个旅游滑雪场分别是三锅盔旅游滑雪场和二锅盔旅游滑雪场，后者由原来的二锅盔滑雪场扩建而来，拥有5条高、中、初级雪道。其中，三锅盔旅游滑雪场提供10条中级雪道、1条初级雪道，以及1条越野雪道，总长30公里；二锅盔旅游滑雪场则提供6条中级雪道、2条初级雪道，以及3条越野雪道。

自1974年开始，松花江地区就开始开发建设滑雪场，但直到1984年才被改造为国家南极科考训练场所。1994年，亚布力滑雪旅游度假区正式成立，并成为黑龙江省首批省级度假区之一。同年，风车山庄的建成和亚运会的举办，使亚布力声名大噪。随后，2001年，亚布力被评定为国家AAAA级旅游景区；2014年，度假区新增中级雪道10条，增设了2条索道，2015年则继续完善了设施。此外，亚布力还积极开发夏季旅游产品，形成了四季游的格局。2020年，亚布力被评为国家级旅游度假区；2021年，景区又被认定为国家体育旅游示范基地；2022年，亚布力入选了"2022年热门冰雪旅游景区（度假区）"名单。

滑雪是冬季户外运动中的一项时尚运动，既能锻炼身体，又能达到身心愉悦的目的。对于初学者来说，滑雪是一项十分刺激的运动。滑雪时，能够充分地感受到滑行带来的快乐，但如果不了解滑雪规则，就会给自己带来危险。滑雪最主要的是要选择好的滑雪道，在没有雪道或不清楚雪道的情况下，不要进行滑雪运动。在较窄的地方滑雪时，要随时注意前面的人，避免与后面的人相撞。选择滑雪道时，要先了解雪场的情况，包括雪质、风向、风速等。滑行姿势应做到：抬头、挺胸、收腹、双脚并拢，双手自然放在膝上，不要把雪杖插进雪道中。在滑行过程中，保持身体直立，身体重心向前倾，要注意避免摔倒和碰撞周围的设施，尤其是与其他滑雪者的碰撞。

亚布力，这里是雪友的天堂。

这里，四季都有精彩。

这里，不会让你失望。

亚布力滑雪旅游度假区已成为亚洲最大的滑雪度假胜地，是国内唯一集滑雪运动、旅游度假、文化娱乐为一体的大型度假区，为游客提供了独一无二的滑雪体验。

亚布力滑雪旅游度假区将以昂扬的姿态、崭新的面貌迎接新时代的到来。我们相信，亚布力滑雪旅游度假区一定会越来越好！

二、亚布力滑雪旅游度假区介绍

（一）前言

亚布力滑雪旅游度假区，作为国家AAAA级旅游景区，坐落于哈尔滨市尚志市西南约20公里的位置，距离哈尔滨市中心则有193公里之遥。这个度假区由海拔超过1374.8米、连绵起伏的三座长白山脉山峰组成。在这里，您可以体验到滑雪、滑冰、雪地摩托、雪橇、马拉爬犁等多种冰雪活动，享受丰富多样的冰雪乐趣。亚布力滑雪旅游度假区不仅是中国北方最大的滑雪场，也是国内著名的集冰雪竞技、冬令营、培训、旅游、度假为一体的综合滑雪旅游目的地。此外，它还是中国南极考察训练基地之一，为中国培养了大量的优秀冬季运动人才。2022年12月，亚布力滑雪旅游度假区推出了3款冰雪文化主题的数字藏品，这是该景区首次将其藏品以NFT形式展现给公众。这些藏品分别是《冰雪英雄》《雪天使》和《冰雪世界》，它们将带领观众深入了解亚布力度假区的独特魅力。

1. 自然地理

亚布力是俄语"亚布洛尼"的音译名，即"果木园"的意思。亚布力滑雪旅游度假区中心位置位于北纬44.6°，东经128.5°。这里四季分明，气候特征为典型的中温带大陆性季风气候。年平均气温波动在1℃~10℃，冬季寒冷且漫长，积雪期约有120天（从11月持续至次年4月），而植物生长的旺季则在6月、7月和8月。平均每年的降雨量约为650毫米，这片土地非常适宜果树的生长。因此就有了"果木园"这个名称。

亚布力滑雪旅游度假区位于长白山山脉、小白山系、张广才岭西麓中段，由长白山山脉海拔1374.8米的主峰大锅盔山、海拔1258米的二锅盔山、海拔1000.8米的三锅盔山三座山峰组成。依附于三座山峰。度假区的森林覆盖率高达96%，其中大部分区域更是达到了98%以上，负氧离子浓度极高，每立方厘米高达5万个。在这样一个清新自然的环境中,漫步林间小径,呼吸着大自然最纯净的空气,不仅心旷神怡,也能增强人体免疫力,提高生命活力。锅盔山景区拥有一片完整的原始森林景观,它被誉为"东北生物物种基因库"。植被丰富多样,垂直分布极为明显,特别是海拔从1262米的岳桦林向下至1000.8米以下的针阔混交林,植物种类繁多,层次分明。在这里,您可以欣赏到高达三四十米的古树,它们历经岁月沧桑,见证了时光的流转。这片广袤无垠的森林不仅是人们休闲娱乐的理想之地,也是进行科学考察的宝地。无论是登山爱好者还是科学工作者,都能在这里找到自己的乐趣。

2. 景区交通

乘车前往亚布力滑雪旅游度假区的方式有火车、汽车和自驾等方式。

在哈尔滨火车东站乘坐K7047次列车,大约需要3小时才能到达亚布力火车南站。下车后,您可以选择乘坐小巴直达亚布力度假区,全程约5分钟车程。哈尔滨火车站前的龙运客运站及其他车站均提供大巴服务,可轻松抵达亚布力,车程约3小时。

亚布力滑雪场距离哈尔滨约193公里,距离牡丹江市约120公里,是位于301国道通往绥芬河方向的关键位置。从哈市出发,经过多个城市后,沿301国道向东北方向行驶,从哈市行驶通往阿城方向,途经阿城、亚沟、玉泉、小岭、平山、帽儿山、乌吉密、尚志、一面坡、苇河、亚布力,通过收费口后,沿亚雪公路行驶25公里左右即可到达亚布力滑雪场。这里有众多私人雪场可选,如天美滑雪场、阳光度假村、红松林国际旅游度假区等,应有尽有,最终到达中国最大的亚布力体育局滑雪场。

3. 历史沿革

亚布力滑雪场,作为中国最大的滑雪场和雪上训练中心,拥有悠久的历史和丰富的文化内涵。该滑雪场始建于1980年,最初是清朝皇室和贵族在此狩猎的围场。经过多年的建设与发展,它已成为中国规模最大、设施最先进的滑雪场之一。

亚布力滑雪场由高山、自由式、跳台、越野和冬季两项五个竞技训练场地以及两个旅游滑雪场构成。这些场地各具特色,其中包括5条高山滑雪道、1条自由式滑雪道、2座跳台滑雪道、3条越野滑雪道和1条冬季两项雪道。

自 1974 年以来，松花江地区开始开发建设滑雪场，逐渐成为冰雪运动员的训练基地。1984 年，国家决定将其改造为国家南极科考的训练场所。1994 年，亚布力滑雪旅游度假区成立，成为黑龙江省首批省级度假区之一。1996 年，随着风车山庄的建成和亚运会的举办，亚布力声名大噪，吸引了众多国内外游客前来体验冰雪运动的魅力。2001 年，亚布力滑雪旅游度假区被评定为国家 AAAA 级旅游景区。在 2014 年，滑雪场新增中级雪道 10 条，新增索道 2 条，并对原有雪道进行了整修。2015 年，滑雪场继续完善各项设施。此外，亚布力还依托森林资源优势，积极开发夏季旅游产品，逐步形成了集"春赏花、夏避暑、秋观景、冬滑雪"于一体的四季游格局。2020 年 12 月，被评为国家级旅游度假区。2021 年 11 月 25 日，认定为国家体育旅游示范基地。2022 年 1 月，入选"2022 年热门冰雪旅游景区（度假区）"名单。

4. 主要景点介绍

亚布力滑雪旅游度假区，是由高山竞技滑雪场、旅游滑雪区、雪山水上大世界、亚布力森林温泉、锅盔山景区、亚布力企业家论坛永久会址组成，占地面积 22.55 平方公里。

（1）高山竞技滑雪场。

位于亚布力东部，海拔 1374~1262 米的大锅盔，海拔 1262 米的二锅盔，以及二锅盔与三锅盔之间的海拔 988 米的高地，是国际标准的高山竞技滑雪场。这些区域分别设有 9 条滑雪道、7 条越野道、6 条滑雪缆车以及索道、魔毯等辅助设施。在三锅盔（海拔 1000.8 米），则建有一座大型旅游滑雪场。这里提供高、中、初级不同级别的雪道，全长达到 30 公里，其中包括 5 公里的 5 号雪道、环形越野滑道以及供越野滑雪的其他雪道。此外，还有跳台滑雪区、单双板滑雪区和自由滑雪区，提供多种雪地运动项目。

1996 年成功举办第三届亚洲冬季运动会之后，亚布力滑雪场迅速崛起，成为中国最大、设施最先进、条件最优越的雪上运动场所，拥有最先进的设施和最完备的配套服务。2009 年，这项赛事再次让世界瞩目，第 24 届世界大学生冬季运动会在这里盛大开幕。

(2) 旅游滑雪区。

风车山庄，这座由中国国际期货经纪有限公司投资建设的世界级旅游滑雪胜地，无论春夏秋冬，全年无休地向游客开放。它的前身是第三届亚洲冬季运动会亚布力运动员村，在这里，来自亚洲甚至世界各地的雪上运动爱好者和游客齐聚一堂，共同享受滑雪的激情与乐趣。作为中国第一座达到国际标准的大型旅游滑雪场，这里拥有得天独厚的雪质资源和丰富的冰雪运动设施，提供了多种雪道和众多娱乐项目。无论是初学者还是资深滑雪爱好者，都能在此找到适合自己的滑雪场。其中包括7条滑雪道，总长达到6.4公里，覆盖了1.9平方公里的区域。这些滑雪道既有适合初学者的平缓滑道，也有刺激的高山速降赛道，满足不同水平的滑雪需求。此外，还设有雪橇滑雪、雪地摩托、雪圈滑雪、雪地自行车等雪上娱乐项目，让您在冬季的户外活动中尽情体验速度与激情。在儿童娱乐区，孩子们可以在这里堆雪人、打雪仗，体验纯真的快乐。传统滑雪区则配备了先进的高科技雪具设备，如魔毯索道、雪上飞碟、雪地滑板等，为游客提供安全舒适的滑雪体验。同时，游客还可以在多功能厅观看精彩的文艺表演，欣赏东北二人转、杂技、马戏等传统艺术节目。除了滑雪场本身，风车山庄还配套建设了完善的服务设施，如雪具出租店、滑雪学校、酒吧、快餐店、购物中心等，为您的旅行提供全方位的便利。风车山庄地域广阔，西接松花江，北靠张广才岭，四季景色宜人。这里不仅拥有风格各异的风车别墅群，还有具有发电功能的"大地之子"风车，因此被誉为"世界风车博物馆"。

(3) 雪山水上大世界。

雪山水上大世界占地面积33.8万平方米，立足"站位高、主题新、产品特、质量优"，坚持夏季与冬季结合，文化与体验结合，水上与陆地结合，开发亲子欢乐区、探险趣味区、戏水娱乐区、竞技闯关区、陆地体验区五大区域，建设飓风喇叭、彩虹竞技、超级漩涡、尖峰疾驰、冲天回旋、迷旋组合滑梯、双龙大回环、欢乐大水寨、梦幻漂流河水上娱乐产品组合和正在建设中的过山车、太空棱、激流勇进、狂呼、遨游太空、神州飞碟、飞行塔、豪华转马、滑行龙、太空大战等陆地娱乐产品组合。

拥有亚洲最大的超级漩涡式滑道，乘坐浮圈从22米高空呼啸疾驰而下；

6并列竞赛滑道,从18米高空急速降落;从16米高空穿越飞驰滑道,俯冲巨碗之中;尖峰疾驰让游客在大声呐喊中释放无限激情,尽情感受垂直失重的极限快感;1360米的梦幻漂流河,时隐时现,变幻莫测;3.8万平方米可同时容纳1万人的全国面积最大、造浪系数最高、变化最多的造浪池海啸池,领先全国水上世界新潮流。

(4)亚布力森林温泉。

亚布力森林温泉坐落于黑龙江省亚布力旅游度假区,位于张广才岭南麓,毗邻著名的亚布力滑雪场。这里的森林覆盖率高达98%,空气中负氧离子含量之高,远超市区的300倍。

森林温泉酒店占地面积达到5万平方米,堪称一家集休闲养生度假为一体的酒店。它不仅提供宾馆服务,还提供温泉水疗、汗蒸、餐饮娱乐等多样化服务。其中最引人注目的是四级阳光温泉大厅,这是东北地区规模最大的室内温泉馆之一,拥有超过1.2万平方米的宽敞空间。大厅内以棕榈、芭蕉等热带植物为主要装饰,营造出一派热带园林的风情。

亚布力温泉富含硒元素,被誉为"生命之源",具有高价值的抗癌水疗药浴功能。这是北方地区难得一见的山区寒地优质养生温泉。在这个天然氧吧中,游客可以享受到极致的温泉体验。

(5)锅盔山景区。

亚布力锅盔山景区,这一新兴的热门景区,全长8.8公里。它从灵芝湖畔起步,蜿蜒至日月湖边,沿途经过四大景区,每一段都各具特色。

首先是宿营休闲景区,这里遍布60多处野外宿营地,为游客提供了丰富多样的露营选择。此外,还有100多处休闲桌椅供游客休息。

其次是浴足休闲景区,长达100多米的小径让游客在徒步中享受大自然的馈赠,体验山间的美景。

接下来是云中漫步区,设有170多米的空中缆索和高山栈道,让人仿佛置身云端。

最后是日月湖景区,可供游客垂钓、划船、游泳以及沙滩上的休闲活动。

在这些景区之间,点缀着形态各异的植物造型、动物雕塑以及奇石,共同构成了一处集自然风光与文化于一体的旅游胜地。

（6）亚布力企业家论坛永久会址。

亚布力企业家论坛永久会址坐落于风景秀丽的亚布力滑雪旅游度假区，这里不仅是滑雪胜地，也是中国民营企业家的聚集地。永久会址占地大约2.2万平方米，建筑面积约为1.6万平方米。夜幕降临时，它宛如一顶巨大的帐篷，而在阳光下，建筑又显现出雄伟的雪山轮廓。这座集会议中心、商学院、智库三大功能于一体的建筑，其独特之处在于白天与夜晚截然不同的景象：当太阳升起时，建筑仿佛一座庄严的雪山，而夜晚则变成了温暖舒适的帐篷。2020年11月18日，在全国工商联等领导的见证下，亚布力企业家论坛永久会址正式成为全国民营企业家培训基地，它不仅是一座博物馆，更是中国企业家们的精神家园。

其拥有超过20间的现代化会议室，以满足不同规模的会务需求。精心设计了多个功能各异的会议室：1000人的主会场1间，可容纳150人的分会场8间，以及350人的报告厅1间，和80人的理事会厅1间。此外，还有8间功能性会议室，提供了独立休息和采访的空间，确保企业家们的活动顺利进行。中心配备了顶级的扩声系统、同声传译服务、多媒体中控设备、舞台灯光、视频会议系统，以及LED大屏幕系统等先进设施。其中，主会场面积为105平方米；报告厅面积为69平方米；亲橙堂的LED大屏幕系统可实现对开效果，让企业家们在会议间隙欣赏户外美景。

5. 接待设施

亚布力滑雪度假区内拥有南极宾馆、雅旺斯酒店、广电国际酒店、风车贵宾楼、亚雪酒店、雪具大厅、电力宾馆等接待设施9家。其中，雅旺斯酒店和广电国际酒店是五星级的装修风格；而风车贵宾楼则是四星级的设施。

（1）奥林匹克宾馆。

奥林匹克宾馆是国家省体育局直属单位，于2009年第26届世界大学生冬季运动会前夕建成，并在赛后转型为2800平方米的商务度假酒店。酒店拥有全新装修的豪华客房、时尚餐厅和一流会议设施，提供24小时热水供应。

（2）新闻宾馆。

新闻宾馆原名为"亚布力新闻招待所"，沿用至今。新闻宾馆是全国唯一以新闻命名的酒店，自1996年开始接待亚洲各国家的冬奥运动员及媒体记者。如今，它仍然承担着这一使命，接待来自各地的新闻界朋友。新闻楼共有49间客房，可容纳120人入住；其多功能厅可同时接待150人用餐。此外，宾馆内设有一个专业录音室，满足新闻工作者的需求。

（3）电力宾馆。

电力宾馆位于亚布力旅游度假区的中心，交通便利，距离火车站仅需10分钟车程。宾馆内设有多个会议室，提供餐饮、住宿、娱乐、休闲和度假等全方位服务。无论是商务会议还是家庭聚会，都能满足不同需求。

6. 特色美食

亚布力滑雪度假区以其丰富的东北传统美食而闻名，其中不乏酸甜可口的锅包肉。在炎炎夏日里，品尝一碗清凉的朝鲜冷面也是不错的选择。度假区内设有一些农户经营的饭店，这些饭店不仅提供地道的东北菜肴和农家特色小吃，还为游客们准备了火炕上的美味佳肴。例如小鸡炖蘑菇，这是一道传统的东北菜肴，选用当地农家散养的土鸡，搭配鲜蘑菇和粉条一同炖煮。猪肉炖粉条则是另一道受欢迎的炖菜，选用新鲜猪肉和东北特产的粉条，肉质酥软、汤汁浓郁。除此之外，还有杀猪菜、飞龙汤、地三鲜、酸菜血肠等令人垂涎三尺的美食。此外，各种野菜和菌类也是不可错过的美味。甜玉米、大发糕、黏豆包、麻团等小吃以及坚果也是不容错过的美味。

7. 风物特产

亚布力，这片被群山环抱的广袤土地，自古以来就孕育了独特的农业传统。自20世纪30年代起，当地农民便开始种植黄烟。由于这里特有的气候条件，所产黄烟色泽金黄，香气纯正，品质上乘，曾远销俄罗斯和日本。然而，随着时代变迁，现代科技已成为主流，但亚布力人仍坚守着祖辈传下的古法种植技艺。他们利用人畜粪肥、豆饼水、豆油渣等绿色原料精心培养，使得烟叶既厚实又硕大、烟气持久而清新。

鹿茸，作为东北的珍贵特产，被誉为"东北三宝"之一。它不仅富含多种营养物质，而且性质温和，深受人们喜爱。

猴头菇，学名猴头菌，也称猴头蘑，是一种著名的珍稀食用菌。它之所以得名，是因为其菌伞顶部长着毛茸状的肉刺，形态酷似金丝猴头。在中国，猴头菇与熊掌、燕窝、鱼翅并称为"四大名菜"。这种美味佳肴源自一个古老的传说：古时有位猎人在深山中迷路，幸遇一位年迈的老人指点方向，走出了森林。当他饥渴交加时，偶然拾到了一只野猴，剥下猴头做成菜肴，让他恢复了体力。这位猎人后来定居下来，开设了一家餐馆，以烹制这种独特的菜肴而闻名，成为一代名厨。猴头菇不仅肉质鲜嫩，而且营养丰富，被誉为"素中荤"。野生的猴头菇极为珍贵，故被列为山珍之首。

亚布力山野菜生长在高山草甸、森林沼泽、溪流附近，由人工采集和栽培的野生植物。亚布力山野菜种类繁多，有蕨菜、柳蒿、薇菜等。

地处中国东北最大的野生葡萄生产基地，这里纬度高，昼夜温差大，是山葡萄生长的最佳温度环境。所产葡萄皮薄肉厚，营养丰富，是加工山葡萄酒的主要原料，深受百姓喜爱。

8. 节庆活动

（1）五花山观赏节。

亚布力的秋天，被誉为最美的季节。每年9月下旬，这里将举办"五花山"观赏节，届时游客们可以欣赏到这一自然奇观。在这个时候，亚布力风车山庄会成为游客们的聚集之地。除了观赏美景，还有自驾游龙江、摄影展等丰富多彩的活动。自1999年以来，"五花山"观赏节已经成功举办了7届，每一届都吸引了大量游客前来参观和体验。

亚布力是黑龙江省重点国有林场，在长期的林业生产实践中，亚布力林场在保持林区生态环境、维护林区社会稳定和林业发展方面，作出了重大贡献。亚布力林场长期坚持"以林为本"的经营思想，实行"绿色银行"工程，大力发展林业经济，特别是在人工林的建设和发展上积累了丰富的经验。亚布力生产的植被有落叶松、樟子松、桦树等。这里是黑土地的代表，是森林与湿地完美结合的典范，也是亚布力经济发展的支柱产业。

落叶松是亚布力的主要树种，也是亚布力林区的主要造林树种，目前为国家一级保护植物，具有很高的经济价值和生态价值。落叶松分布在亚布力林区的主要林分有两个类型：一是天然更新形成的幼龄林，分布在亚布力东部；二是人工营造的中龄林，分布在亚布力中部和西部。落叶松由于人工采伐而形成的林分，具有更新能力差、生产力低、病虫害多等特点，已成为亚布力林区经营管理中的突出问题，必须通过封山育林进行改造。

樟子松为常绿乔木，树高可达40米，胸径1米左右，树皮灰褐色或黑褐色，树冠呈伞形或圆形。主干挺直，有明显的主干。叶互生，小枝较细，无毛。圆锥花序顶生；花两性；花萼钟状，裂片三角状或三角形；花冠淡黄白色。果实为翅果，种子黑褐色，具光泽。分布在黑龙江、吉林等地。

桦树为落叶乔木，高达20米，树皮灰褐色或灰白色；小枝灰色，无毛；顶芽圆柱形，芽鳞几无毛。叶条形或条状披针形，长8~16厘米，宽3~6厘米，先端渐尖或长渐尖，基部楔形或钝，上面有柔毛或无毛，下面沿脉上被短柔毛；叶柄长1~1.5厘米，被短柔毛。果序圆锥状圆筒形；种子肾形，褐色。

黄菠萝，又名金莲木、野木莲，属被子植物门，双子叶植物纲，松科，黄菠萝属，乔木或灌木，高3~8米；树皮灰褐色或灰黑色。小枝圆柱形，无毛或被微柔毛。叶纸质或近革质，倒卵圆形或椭圆形，长7~15厘米，宽3.5~9厘米，先端圆钝或急尖至渐尖，基部楔形或阔楔形；上面深绿色，无毛；下面淡绿色，沿脉有短柔毛；叶柄长3~5厘米。产于黑龙江省、吉林省和内蒙古自治区。多生于河滩、林缘、荒坡和灌丛中。

亚布力的刺五加，属五加科落叶灌木或小乔木，又名五加条、五加皮、东北五加皮等。亚布力地区的野生刺五加分布在海拔800~2500米的山谷林下、灌丛中、山坡草丛中。这里气候温和，年平均气温3℃~4℃，年均降水量在800~1000毫米，土壤为棕壤。它耐低温、耐瘠薄、耐干旱，喜湿润而排水良好的土壤。在亚布力地区生长着许多种类的植物，有野生人参、刺五加、五味子等。

（2）中国·黑龙江国际滑雪节。

独特的地理位置赋予了亚布力丰富的滑雪旅游资源。自1998年起至今，中国·黑龙江国际滑雪节已经成为一个国家级及国际性的旅游节庆活动。通过举办这一活动，黑龙江省旨在充分利用其滑雪旅游资源，推动旅游产业的发展，塑造其作为滑雪旅游大省的形象，并以此促进该地区社会经济的整体提升。首届中国·黑龙江国际滑雪节于1998年12月5日在中国亚布力滑雪中心盛大开幕。活动由黑龙江省旅游局、国家体育总局冬季运动管理中心、中国滑雪协会和哈尔滨市人民政府联合主办，并主要邀请了来自全国各地的新闻媒体参与报道。本届滑雪节开创了三个"第一"：首先是中国第一个国际性滑雪节；其次是第一个滑雪旅游专业委员会——中国滑雪旅游专业委员会的成立；最后是第一个滑雪俱乐部——哈尔滨华风滑雪俱乐部的创立。此外，滑雪节与哈尔滨冰雪节形成了联动效应，共同推广黑龙江的滑雪旅游。这不仅加深了黑龙江作为"中国滑雪旅游胜地"的形象，也为黑龙江带来了前所未有的宣传效果，使得"北国好风光，尽在黑龙江"的口号深入人心。

截至目前，滑雪节已经成功举办了15届，每一届都以其特色和创新吸引着国内外游客的目光。它不仅见证了黑龙江滑雪产业的成长与壮大，更反映了黑龙江省在滑雪旅游产业上的积极发展与影响力。随着时间的推移，我们期待这一节日能够持续发展壮大，进一步加强黑龙江省在世界旅游界中的影响力。

（3）亚布力企业家论坛。

2023年3月17日，备受瞩目的亚布力中国企业家论坛第二十三届年会在黑龙江省哈尔滨市亚布力开幕。本届年会以"弘扬企业家精神聚力高质量发展"为主题，会聚了多位杰出企业家和官员，共同聚焦中国经济发展的热门议题。

自1992年以来，亚布力论坛年会每年于元宵节期间如期举行，已经成为中国最重要的企业家论坛之一。在过去的二十三年中，论坛致力于促进民营企业家的健康成长和企业的可持续发展。2023年的年会得到了众多重量级嘉宾的支持，他们将通过激烈的思想碰撞，推动社会各界对经济热点问题进行深入探讨。

9.温馨提示

滑雪是冬季户外运动中的一项时尚运动，既能锻炼身体，又能达到身心愉悦的目的。对于初学者来说，滑雪是一项十分刺激的运动。滑雪时，能够充分地感受到滑行带来的快乐，但如果不了解滑雪规则，就会给自己带来危险。

要严格遵守滑雪场的安全管理规定。

（1）选择自己能够达到的最高速度和最远距离上进行滑雪运动，切勿太快或太慢。

（2）滑雪时应穿戴好头盔、护具等保护装备。

（3）注意选择好滑雪道和雪场，不要在没有雪道或不清楚雪道的情况下进行滑雪运动。

（4）在滑行过程中要与前后及两侧的人保持一定的距离，避免相撞。

（5）在较窄的地方滑雪时，要随时注意前面的人，避免与后面的人相撞。选择滑雪道时，要先了解雪场的情况，包括雪质、风向、风速等。

（6）滑行姿势应做到：抬头、挺胸、收腹、双脚并拢，双手自然放在膝上，不要把雪杖插进雪道中。在滑行过程中，保持身体直立，身体重心向前倾，要注意避免摔倒和碰撞周围的设施，尤其是与其他滑雪者的碰撞。

（7）在-10℃~-5℃的环境里，穿一件薄羊毛或者羊绒的冲锋衣就足够了，如果要在-30℃~-20℃的环境里，可以在里面再加一件羊绒衫。雪鞋、雪板、手套、头盔等是专门为滑雪设计的，在选择装备时一定要根据自己的实际情况和爱好进行选择。

（8）在滑行中遇到前方有障碍物时，应采用"点刹"的方法，即双脚微微抬起，身体向障碍物方向倾倒，利用身体重心对雪板的压力来减速或停下。在滑雪过程中，如出现刹车失灵情况时，一定要保持冷静。这是因为滑雪和其他运动一样，都有一定的速度，如果遇上刹车失灵的情况，控制不好就容易发生事故。在这种情况下千万不要慌乱，应根据当时的情况采取相应措施。通常情况下可以尝试用双手握拳向下敲打地面或雪道来减速。如果无法停止刹车或无法控制速度时，就应该向侧方停下了。如果是在下坡时发生这种情况，还应同时抬起双腿向下滑行，这样可使雪板向下压而停止滑行。

（二）结论

亚布力，这里是雪友的天堂。

这里，四季都有精彩。

这里，不会让你失望。

亚布力滑雪旅游度假区是中国最早的雪上运动开展基地，这里是东北地区滑雪运动最早发展的地区，这里是中国第一个滑雪度假基地。亚布力滑雪旅游度假区已经成为中国冬季旅游产业中的一颗璀璨明珠。

亚布力滑雪旅游度假区将冰雪产业作为发展的重点，经过多年的发展，已形成了以冰雪体育、冰雪娱乐、冰雪文化、冰雪装备为特色的产业体系。目前，亚布力滑雪旅游度假区已成为亚洲最大的滑雪度假胜地，是国内唯一集滑雪运动、旅游度假、文化娱乐为一体的大型度假区。其中，亚布力国际滑雪场是世界一流水平的国际雪场之一，也是国内目前唯一同时具备欧洲标准和美国标准的滑雪场,为游客提供了独一无二的滑雪体验。

亚布力滑雪场在服务品质和服务态度上都为游客提供了良好的保障,包括完善的硬件设施、人性化的服务理念、优质的服务质量,以及专业的培训体系等,让游客在滑雪的过程中倍感舒适和愉悦。每到冬季,游客可以在亚布力享受到优质的滑雪体验。

亚布力滑雪旅游度假区也一直致力于打造世界级品质的旅游度假目的地,先后获得了"中国最佳冰雪主题休闲度假区""中国最受欢迎的旅游度假目的地"等称号。在不断提升自身品质的同时,亚布力滑雪旅游度假区也始终致力于推动冰雪产业高质量发展,通过自身的努力,带动中国冰雪产业与世界接轨。

"十四五"期间,亚布力滑雪旅游度假区高标准推进度假区发展。要加快区域冰雪产业布局,做优做强冰雪产业基础;要加速构建多元化的旅游产品体系,实现冬季旅游、夏季避暑、四季运动、观光休闲等多业态融合发展;要加大冰雪人才培养的力度,积极搭建"产学研"合作平台,培育具有国际影响力的冰雪品牌;要加强旅游服务设施建设,全面提升旅游服务水平。

亚布力滑雪旅游度假区将以昂扬的姿态、崭新的面貌迎接新时代的到来。我们相信,亚布力滑雪旅游度假区一定会越来越好!

第十四节 大兴安岭漠河市北极村旅游景区

一、导游词

亲爱的游客朋友们:

欢迎您跟随我的脚步,来到中国最北的村落,开启这极致浪漫和具有意义的希望之旅。北极村旅游景区,这一位于中国最北端的景点,坐落于黑龙江上游的南岸,毗邻大兴安岭山脉的北麓,面向俄罗斯。这里不仅是中国版图的最北端,也是唯一能够观赏到北极光和白夜奇景的地方。在全国范围内,北极村享有"金鸡之冠""神州北极"和"不夜城"等美誉。朋友们若想体验一番"极北"之旅,北极村无疑是最佳选择之一。它已经成功晋升为国家AAAAA级旅游景区,并以其古朴自然、宁静清新的风景和良好的生态环境而受到赞誉。每年都吸引着无数国内外游客前来探索。作为一个地理位置极其特殊的景区,北极村以其独特的地理特征和丰富的旅游资源,赢得了诸多荣誉称号。它曾被评为"全国文明村镇""中国最值得外国人去的50个地方之一""全国首批特色景观旅游名镇""龙江十景"、全国"最具魅力旅游景点景区""全国首批全域旅游示范区"创建单位和黑龙江省唯一的"中国国际特色旅游目的地"创建单位等荣誉称号。这些荣誉证明了北极村不仅是一个普通的村庄,还是一个值得一探究竟的旅游胜地。

北极村,一处四季风景如画的绝美之地。当您漫步于北极村,您不仅能欣赏到神州北极的独特魅力和北陲一线的神奇天象,还能在这里探寻丰富的自然美景与宁静的生活环境。从"华夏第一哨"开始,您将经历四季的美景盛宴。春日里,漫山遍野的杜鹃花点缀着山间;夏日中,绿树葱茏,绿树成荫,鸟语花香,空气清新;秋天里,色彩斑斓,宛如一幅幅油画;而冬天则变成了冰雪童话般的童话世界。可谓是春季万里杜鹃;夏季绿满山川;秋季五花山色;冬季冰雪连天,四季皆有不同的风采,每一个季节都有它独特的韵味。来北极村,您可以尽情享受大自然的馈赠,无论是探索神秘的北文化,还是品味淳朴的民风,或是寻找心灵的宁静,北极村都能满足您的需求。这个充满无限可能的地方,无疑是一个科普修学、养生度假、旅游观光的理想选择。欢迎您来北极村,体验这片神奇土地的独特魅力。

北极村,原名漠河村,于咸丰十年(1860年)首次有人在此定居。到了同治五年(1866年),此地已发展通往胭脂沟为江上的重要驿站。1888年,随着金矿的繁盛,这一地区设立了三十站。至光绪三十二年(1906年),卡伦在此设置;宣统元年(1909年),总卡衙门在此成立。1914年,这里成为设治局公署的驻地。1917年,它被升级为二等县域的所在地。1947年,漠河县并入了呼玛县。1981年,漠河县得以重建,漠河乡和兴安乡也划归漠河县,而西林吉镇则被选为县址。现在,北极村是北极乡政府的所在地。

北极村以其独特的自然和人文景观而闻名。黑龙江缓缓流经此处,两岸风光秀丽,宛如一幅流动的画卷。在这片土地上,北极光时现时隐、变幻莫测,为大自然赋予了无限的神秘色彩。大兴安岭原始森林广袤无垠、郁郁葱葱,构成了一片充满生命力的绿色海洋。界江风光气势磅礴,见证着古往今来的沧桑变迁。木刻楞民房、田园式农家院风情古朴典雅,无不令人心驰神往。这里的居民在历史的长河中留下了许多珍贵的文化遗产，诸如宝藏之地、珍禽奇兽的栖息之所、香菌锦鳞的繁衍之地等。这里标志性的旅游景点有"神州北极广场""神州北极石""北陲哨兵""北极洲""最北第一家"等诸多旅游景点。

在北极村的黑龙江边，坐落着一个名为"神州北极广场"的地标。这里与俄罗斯接壤，是中俄界河黑龙江的入海口。广场中央矗立着一块巨大的"神州北极"石碑，其上雕刻有雍正第九代孙爱新觉罗·启骧题写的"神州北极"四字。这块石碑不仅象征着中国大陆的北端，形成了"南有天涯海角，北有神州北极"的对比，成为游客朋友们"走南闯北"的真实印证。许多人会在此留下自己的身影，以此作为旅行的纪念。

北极哨所，是中国人民解放军驻黑龙江省大兴安岭地区漠河县北极村边防某连队的中俄边境瞭望哨，它是中国最北部的一个瞭望哨。该哨所的塔呈六面柱体，高度约为35米，塔顶面积达10平方米，在这里可以用高倍望远镜观赏俄罗斯的壮丽景色。此外，139号界碑也位于此处。该哨所采用砖混结构建造，其他楼层设有铁梯，而一楼和塔顶则相对较为宽敞。北极村境内立有136、137、138、139四块界碑，138号界碑离中国最北点较近，因此，也是朋友们旅程中的一处打卡点。

北极洲，作为金鸡之冠的最高部分，位于中国最北端，不仅是中国大陆的最北点，也是金鸡冠上的最高一片陆地。这里植物覆盖率达到惊人的98%，并保持着宁静而清新的环境，空气清新、无污染，宛若世外桃源。在这座岛上，游客朋友们可以欣赏到众多特色景观，包括金鸡之冠、北斗七星桩、北极定位广场、玄武广场、森林浴场、祈福神树、星座平台等，每一处都有其独特之美。其中最为人所知的是最北点北望垭口广场。广场上矗立着一尊用青白玉石制成的"北"字雕塑，它由清代大书法家邓石如的小篆体雕刻而成，造型端庄大气，三面合围，完美地展现了字的轮廓。底座上还刻有北极村距离全国各省会、直辖市、特别行政区的距离和纬度，以供游客参考，现已成为游客到达北极村重要的打卡地之一。

中国最北一家，位于北极村，是唯一的餐饮景点。这里不仅有木刻楞小木屋，还挂着由美国加州中国书画院院长杨墨纯亲自题写的牌匾。在这个餐馆中，您可以品尝到地道的北方饮食，如山野菜、小笨鸡炖蘑菇、野生江鱼以及野味山珍。这里的菜单上琳琅满目,既有家常风味,也不乏北方特色美食,满足了来自世界各地游客对地道农家风味的向往。无论是追求视觉享受还是味觉体验,这里都能让您感受到北极风情,体验不一样的生活方式。说起当地的特色建筑,一定不会忽略木刻楞,这种俄罗斯族的典型民居,因其冬暖夏凉、结实耐用而备受赞誉。它位于墙裙下方,由大块石料作为基础,由粗长的圆木或长条木板构成墙壁。房屋的屋顶通常不加修饰,主要装饰在于房檐、门檐和窗檐。建成后,这些建筑物可以刷成清漆,以保持原木本色,也可以根据居民的喜好进行涂色,常见的颜色包括蓝色和绿色,因此也被称作"彩色立体雕塑"。

这是一个充满活力、色彩斑斓的季节,也是大自然赐予我们的珍贵礼物。让我们在这片神奇的土地上,尽情领略大自然的无穷魅力吧!

二、大兴安岭漠河市北极村旅游景区介绍

(一)地理位置与区位交通

北极村,这座位于中国最北端的小镇,是与俄罗斯的伊格娜思依诺村隔江相望的边陲小镇。它不仅面积广阔,达到了16平方公里,拥有13159亩耕地和2806位常住居民。这个小镇距离漠河县城仅83公里,它位于北纬53°27′00″~53°33′30″。如果你站在北纬53.5°的边境线上,面南背北,呈现在你眼前的,便是整个中国。北极村在祖国版图上有着不可比拟的地缘优势,是祖国北部"天涯",如果把中国地图比作一只金鸡,北极村就在金鸡冠的顶尖上,素有"不夜城"之称。

交通便利,航空、铁路、公路三路畅达,漠河机场已开通北京、天津、哈尔滨航线,嫩林铁路干线纵贯全区,哈—漠、黑—漠、呼—漠、大—漠、加—漠公路纵横交错,构成了四通八达的现代化交通网络。2018年南航深圳分公司曾开通深圳—哈尔滨—漠河航线。该航线由空客A320机型执行,每周三班,每逢执行,航班号CZ8457/8,10:45从深圳起飞,17:45抵达漠河;18:20从漠河起飞,次日01:00抵达深圳。漠河航班的开通,填补了深圳与祖国最北端空中交通的空白,为市民架起两地沟通的桥梁。

(二)主要景点介绍

在这个被誉为"神州北极"的地方,我们可以感受到它那令人心旷神怡

的风景,仿佛置身于一个童话世界。无论你是热爱自然景观还是对古代文化感兴趣,北极村都能满足您的各种需求。这样一个古老的古镇,不仅是一个旅游目的地,更是人们心灵深处对幸福的追求和坐标的象征。这里标志性的旅游景点有"神州北极广场""神州北极石""北陲哨兵""北极洲""最北第一家"等诸多旅游景点。

1. 中国·北极村圣诞邮局

中国·北极村圣诞邮局是中国最北的邮局,位于黑龙江省漠河县最北端的北极村,它在2010年12月20日隆重开业。这不仅是国内首个以圣诞节为主题的邮局,更是黑龙江一张崭新的体验游名片。在这里,游客朋友们可以购买到与圣诞相关的邮票、文具用品,感受不一样的漠河风情。这个冬日的温馨之地,给寒冷中的漠河带来了无限暖意和节日的喜悦。

2. 鄂伦春民族博物馆

鄂伦春民族博物馆是一座集现代科技与原始文化于一体的综合性博物馆。占地面积为795平方米,馆内建筑面积更是超过2800平方米。博物馆内设有三大特色展馆:首先是鄂伦春民族博物馆,它展示了鄂伦春民族的起源、历史和文化;其次是50年成就展馆,回顾了鄂伦春自治旗成立至今的发展历程;最后是鲜卑民族博物馆,以独特的视角向世人展现这一古老民族的风貌。整个博物馆由七个主题展厅组成,这些展厅围绕鄂伦春民族从远古到现代的历史变迁与发展进行了详尽的展览和介绍。参观者可以在这里深入了解这个民族丰富多彩的文化和生活方式。

(三)旅游接待设施

1. 漠河北极接待中心

漠河北极接待中心,位于北极村旅游风景区内,坐落于元宝山下,环境优雅宜人。这里拥有生态养采摘园、垂钓场、林间木桥和鱼池等特色设施。中心设有商务标间和豪华套房,并以东北菜为主,同时融合了山八珍、菌八珍、河鲜、江鱼等特色菜肴,以满足不同宾客的口味需求。

2. 高端木质别墅接待中心

中国顶级的木质别墅接待中心,坐落于黑龙江畔,展现出其独特的唯美、简约、现代和生态的设计风格。该中心的建筑采用了全国首创的全木质结构,不仅彰显了对生态的尊重,更是奢华中的环保典范,被称为"会呼吸的别墅"。别墅内设有住宿和餐饮两部分,其中住宿部分为豪华总统套房、VIP套房、标准客房、家庭套房以及VIP休闲套房等;餐饮部分则包括VIP餐饮包房、VIP烧烤包房、豪华宴会厅及其他餐饮设施。在这里,游客将有机会享受到黑龙江壮丽的自然景色与俄罗斯风光的双重体验。

(四)特色美食

说到北极村的特色美食,不得不提到东北的"山八珍":黄花菜、蕨菜、柳蒿芽、老山芹、四叶菜、鸭嘴菜、蛰麻子。北极村的特色美食很多以山八珍作为原料食材,那北极村的特色美食有哪些呢?接下来请听我细细道来。油炸糕是漠河的传统小吃,以糯米为主要原料,辅以豆馅。油炸糕外皮酥脆,内里软糯,价格亲民且风味独特。白肉血肠是在东北地区颇具盛名的一道菜肴,其选料、制作和调料极为讲究。制作时需选用新鲜的猪瘦肉和猪血,精心调制肉馅并加入韭菜花、腐乳等调料,使得成品色香味俱佳。笨鸡蛋炒毛葱是一道营养丰富、口味鲜嫩、咸鲜的美味佳肴。小笨鸡炖蘑菇是东北地方名菜,小笨鸡肉质鲜美、口感鲜嫩,加之蘑菇的清香,两者搭配相得益彰,成为一道深受欢迎的美食。红烧江鲤鱼是一道由活鱼制作而成的特色菜肴。通常使用胖头鱼或鲤鱼,经过腌制、油炸、烹煮等多个步骤完成。木耳作为常见食材,种类繁多,可用于凉拌、炒菜、煲汤等。酱焖小江鱼的小江鱼肉质细腻,味道鲜美,是众多家庭餐桌上的常客。简单易做、美味可口的地方菜肴还有软炸刺五加、柳蒿芽蘸酱、尖椒炒榆黄蘑、蕨菜炒肉、苦丁拉拉菜、老山芹等。

(五)风物特产

大兴安岭,这片位于中国最北端的广袤土地,以其自然资源丰富和生态环境的绿色环保而闻名于世。这里不仅是中国高纬度地区野生动植物的天堂,更是一处充满自然馈赠的宝地。在这片区域中,栖息着超过400种野生动物,包括紫貂、飞龙、鹿茸、野鸡等珍稀品种。此外,大兴安岭还孕育了80多种珍贵的水产品,如细鳞鱼、鲟鳇鱼等,它们均为当地独有的美味佳肴;60多种野生浆果,包括蓝莓、五味子、红豆等;以及30多种可供食用的真菌,如木耳、蘑菇等,这些都是令人垂涎欲滴的食材。

蛰麻子,学名叫荨麻,春采幼苗高30厘米前全株皆可食用。蛰麻子含有维生素C、维生素B_2等营养物质,其鲜嫩茎叶可以熬汤、凉拌、包饺子,独特的鲜美是肉类无法比拟的；与土豆一起炖排骨，色、形、味、香兼备；用水焯后蘸酱吃，口感鲜、滑、柔、嫩，味道不亚于春菠菜。

鸭嘴菜，学名瓣繁缕，是石竹科繁缕属的植物，其嫩芽为食用部位。鸭舌草营养丰富，部分含蛋白质、脂肪、胡萝卜素、维生素B、烟酸、钙、磷，还含有多种维生素。

四叶菜，来源于轮叶沙参或展枝沙参的嫩苗，柔和适口，营养丰富，人们广为食用。对四叶菜中蛋白质、粗脂肪、氨基酸和无机元素等进行了测定。结果表明，四叶菜中含有16种氨基酸，其中7种为人体必需的氨基酸，占总氨基酸含量的37.31%，含有16种无机元素，其中铁、镁、锌等9种是具有重要营养价值和生理及临床意义的必需微量元素。

老山芹，学名东北牛防风，又叫土当归、山芹菜等。多年生草本，有特殊香气。它口感好，吃法多样，如包饺子、包子、馅饼、炒菜、炝菜、拌菜等，人多喜食之。老山芹菜是一种营养价值特别高的野菜，维生素C丰富，可以凉拌、炒制、制馅、腌渍。

柳蒿芽，柳蒿别名柳蒿菜、水蒿、白蒿等，为菊科多年生草本植物，其嫩茎叶可食用。野外采集一般在5~6月进行，采后用水焯一下，去掉苦味即可炒食、蘸酱或做馅、做汤。柳蒿每100克鲜品中含蛋白质3.7克、脂肪0.7克、碳水化合物9克、粗纤维2.1克、胡萝卜素4.4毫克、维生素B 20.3毫克、烟酸1.3毫克、维生素C 23毫克。每100克干品中含钾1960毫克、钙950毫克、镁260毫克、磷415毫克、钠38毫克、铁13.9毫克、锰11.9毫克、锌2.6毫克、铜1.7毫克。

蕨菜，又叫拳头菜、猫爪、龙头菜，其食用部分是未展开的幼嫩叶芽，经处理的蕨菜口感清香滑润，再拌以佐料，清凉爽口，是难得的上乘酒菜，还可以炒吃，加工成干菜，做馅、腌渍成罐等。

黄花菜又名金针菜、柠檬萱草、忘忧草，为百合科植物，它的花蕾，也就是黄花菜，自古以来就是一种美食。因其花瓣肥厚，色泽金黄，香味浓郁，食之清香、爽滑、嫩糯，常与木耳齐名，为"席上珍品"。黄花菜味鲜质嫩，营养丰富，含有丰富的花粉、糖、蛋白质、维生素C、钙、脂肪、胡萝卜素、氨基酸等人体所必需的养分，其所含的胡萝卜素甚至超过西红柿的几倍。

榛蘑为真菌植物门真菌蜜环菌的子实体。榛蘑滑嫩爽口、味道鲜美、营养丰富，被一些发达国家列为一类食品。榛蘑呈伞形，淡土黄色，老后棕褐色。榛蘑7~8月生长在针阔叶树的干基部、代根、倒木及埋在土中的枝条上。主要分布在黑龙江山区林区浅山区的榛柴岗上。被人们称为"山珍""东北第四宝"。

元蘑子实体中等至稍大，菌盖直径9~12厘米，扁半球形至平展，半圆形或肾形，黄绿色，黏，有短绒毛，边缘光滑，菌肉白色。菌褶稍密，白色带淡黄色，近衍生。菌柄侧生，很短或近乎没有。秋季生于桦树等阔叶树腐木上，呈覆瓦状丛生。分布在我国河北、黑龙江、吉林、山西、广西、陕西、四川、云南、西藏等地区，是木材腐朽菌。

猴头菇又叫猴头菌，只因外形酷似猴头而得名。猴蘑、猴头、猴菇，是中国传统的名贵菜肴，肉嫩、味香、鲜美可口，是四大名菜（猴头、熊掌、燕窝、鱼翅）之一。有"山珍猴头、海味鱼翅"之称。这种齿菌科的菌类，菌伞表面长有毛茸状肉刺，长1~3厘米，它的子实体圆而厚，新鲜时白色，干后由浅黄至浅褐色，基部狭窄或略有短柄，上部膨大，直径3.5~10厘米，远远望去似金丝猴头，故称"猴头菇"，又像刺猬，故又有"刺猬菌"之称。猴头菌是鲜美无比的山珍，菌肉鲜嫩，香醇可口，有"素中荤"之称。

草蘑俗称黑灵芝，以富含维生素C而著称，并能够使人体保持正常的糖代谢与神经传导功能。鲜草蘑中含蛋白质、脂肪、糖、纤维、灰分、钙、磷、铁、钠，以及大量维生素。草菇性凉，味甘、微咸，无毒。

川丁子名蛇鮈。属鲤形目，鲤科，鮈亚科，蛇鮈属。俗称船钉子、白杨鱼、打船钉、棺材钉、沙锥。体延长，略呈圆筒形，背部稍隆起，腹部略平坦，尾柄稍侧扁。头较长，大于体高。吻突出，在鼻孔前下凹。口下位，马蹄形。唇发达，具有显著的乳突，下唇后缘游离。上下唇沟相通，上唇沟较深。口角须1对，其长度小于眼径。眼较大。背鳍无硬刺。侧线完整且平直。体背部及体侧上半部青灰色，腹部灰白色。体侧中轴有一条浅黑色纵带，上有13~14个不明显的黑斑。背部中线隐约可见4~5个黑斑。胸鳍、腹鳍及鳃盖边缘为黄色；背鳍、臀鳍及尾鳍为灰白色。一般用于油炸。

细鳞鱼为冰期自北方南移的残留种，属冷水性山麓鱼类。生活于秦岭地区海拔900~2300米的山涧溪流中，除洪水期，很少在平原平流中见到。多在水流湍急、水质清澈、大型砾石底质的河段活动。最小性成熟年龄3+~5+龄。性成熟个体2~3月产卵，产卵场多在浅水砂石底处。产卵水温低于10℃。为肉食性鱼类，幼鱼主要以水生无脊椎动物为食，成鱼除摄食鱼类外，也食被风吹落的陆生昆虫。

江鲤鱼，中粗强的褐色鱼，鲤鱼鳞大，上颚两侧各有二须，单独或成小群地生活于平静且水草丛生的泥底的池塘、湖泊、河流中。在水域不大的地方有洄游的习性。

重唇鱼，鲤科动物，体较长，稍侧扁，头长，吻钝而圆，眼大，侧上位，长于头侧中轴之上。口下位，呈马蹄形，唇发达，肉质，下唇两侧叶宽厚，一般具褶皱，唇后沟中断，间距甚窄。颌须一对，略短于眼径。分布于长江流域的岷江、嘉陵江、汉水等水系及黑龙江流域各水系中。

（六）民俗风情

1. 捕鱼和冬捕

北极村至今已有150年的历史。多数居民来自山东、河北地区，沿着黑龙江一路来到这里定居。由于气候极端严寒，这里的冬天异常寒冷，气温常降至-40℃以下，真正做到了滴水成冰、哈气成霜。北极村，作为一个"镇"。这里设有邮局、税务所、通信和移动分站以及派出所等一系列服务机构。走在村里，你会发现客栈、家庭旅馆和农家院遍布其间。居民们大多数采用当地材料建造房屋，这些房屋大多保持了当地古朴原始的风格。村北边紧挨着中俄边界河——黑龙江源头，清澈的河水在夏季汛期不深，河床平缓且铺满了鹅卵石。为了捕鱼以维持生计，村民们常使用粘网捕捞。他们将绳子绑在竹竿上，然后把渔网沉入河中，等待鱼儿入网。鱼一旦被粘住就很难逃脱，因此收获颇丰。常见的鱼类包括白鱼、江鲫、江鲤等，而小鱼多通过瓶子连线和鱼饵诱捕，尽管成功率不高。这片广袤的土地远离工业发展与污染，孕育出了丰富多样、味道鲜美的冷水鱼资源。在黑龙江北岸的北极村，村民们更是展现出了非凡的智慧与技术，他们将冰面凿开，使用自制的渔网捕捞着鱼儿。现在，就请您跟随我的指引走进北极村，亲身体验这份独特的冬季捕鱼乐趣吧！

2. 马拉爬犁

马拉爬犁是东北地区过去的一种传统交通工具。马拉爬犁，又名"雪地行走"或"马拉雪橇"。这是一种将马拉作为动力来源的户外运动，人们可以在冰面、雪地或是雪中的地面上行走。在冰雪覆盖的世界里，由于摩擦力相对较小，因此在冰面上的行进速度可以达到每小时45公里以上，仿佛是在天空中行走一般。这种独特的体验深受当地人的喜爱，他们认为在这样的冰天雪地中，比开车还要快。

3. 篝火

夏季的北极村，夜晚来临时，人们聚集在黑龙江畔，伴随着江灯闪耀和熊熊燃烧的篝火，一场激情四溢的篝火晚会就此拉开帷幕。在这片充满欢乐与浪漫气息的夜空下，人们在篝火的光芒中尽情舞动，抛开一切束缚，释放心中的激情，享受这难得的狂欢时刻。当火光点亮了整个夜空，每个人都能感受到那份属于北极的热情与活力。在这里，每一个人都能找到属于自己的狂欢方式。游客朋友们，快来参与其中吧，来感受北极村民如火的热情和他们极致的浪漫。

4. 泼水成冰

泼水成冰是指水在空中凝固成冰晶的现象，类似于云的形成。它通常发生在气温较低、水温相对较高的环境中。当开水被泼向空中时，会发出清脆的结冰声，而温水或凉水则无法达到这样的效果。这一活动习俗在年轻人当中很流行。北极村曾举办多次壮观的千人泼水成冰活动。这一活动不仅吸引了众多游客前来体验，也让他们感受到了冰雪文化的独特魅力。通过这些活动，游客们有机会亲身体验冰雪带来的奇妙感觉，充分领略到冰雪世界的美丽与魅力所在。

亚里士多德早在2000多年前就注意到了一个现象：水一旦被加热，就会更容易结冰。他在其著作中详细记载了这个现象，并描述了一种奇特的冬季捕鱼方法。在黑海南岸的本都，当地居民在冬季进行垂钓时，会将温暖的水倾倒在芦苇之上，使之迅速结冰。"泼水成冰"的现象，并非真实的水在极寒环境下自然结冰，而是利用水蒸气在低温条件下凝结形成的小水滴或微小冰晶。这种现象与北方漫长冬季中常见的大雾有异曲同工之妙。在大雾弥漫的景象中，那些看似飘忽不定、随风扩散的小冰晶实际上都是极小的颗粒，它们在空气中游荡，形成了一种朦胧而神秘的视觉效果。热水由于比冷水更易吸收热量，因此它产生的水蒸气量也更大，从而使得结冰过程加速。

要实现快速结冰，关键在于水滴必须足够细小，人们因此经历了一个美丽而奇妙的结冰过程。

（七）节庆活动

1. 中国·漠河冬至文化节

借助其得天独厚的冰雪资源以及北极圣诞村的独特优势，以每年的冬至为契机，精心策划并成功举办了中国·漠河冬至文化节。这一活动不仅提升了北极冰雪文化的品牌价值和影响力，而且还强化了北方传统的冬至文化，传播了北方的冬至习俗，极大地促进了冬季旅游产业的繁荣发展。随着时间的推移，中国·漠河冬至文化节已成为一个代表性的符号，它向世界展示了黑龙江这片土地上独特的地域文化特色，预示着大兴安岭地区乃至整个黑龙江地域文化的全面繁荣发展，展现出一种向上发展、不断进取的精神面貌。2024年的冬至文化节，将在继承以往成功经验的基础上，持续深化拓展，不断创新与突破，力求为公众带来更多精彩的文化体验。

2. 中国漠河国际冰雪汽车越野赛

自2004年起，每年3月，一场世界级的冰雪汽车越野赛事在漠河盛大开幕。这不仅是一项国家级专业国际赛事，而且由国家体育总局汽车摩托车运动管理中心正式批准。这一赛事由中国汽车运动联合会、黑龙江省体育局以及大兴安岭地区行署共同主办，并被誉为中国冰雪"达喀尔"。

自创办以来，这项赛事已经成功举办了16届，每年吸引成千上万的国内外游客前来观赏。它不仅极大地提升了中国冰雪汽车运动的品牌，还促进了漠河乃至中国北方冬季旅游的蓬勃发展。如今，每年的3月28日都成为国际冰雪汽车越野赛的固定日期，象征着冰雪运动在中国大地上的又一个重要里程碑。

3. 中国·漠河北极光节

中国·漠河北极光节自20世纪90年代初开始，每年的夏至日都会如期举行。作为黑龙江省首批国家公共文化服务示范项目之一，它已成为一项知名文化品牌活动。从1991年至今，漠河北极村每年都会举办中国·漠河北极光节，以展示美丽的自然风光、精彩的文艺表演、热情的篝火狂欢以及壮观的大型水幕激光音乐焰火。这些活动不仅吸引了众多游客和摄影爱好者，也极大地提升了漠河的旅游魅力和知名度。通过连续多年的精心策划和组织,中国·漠河北极光节已经成为大兴安岭的一张亮丽名片,对大兴安岭的旅游经济发展产生了积极的推动作用。

（八）结论

北极村,这个位于中国最北端的小镇,以其独特的北极光和极昼现象而著称。每年的夏至前后,这里24小时几乎全是白昼,让人忘记了时间的流逝。在这样的环境下,人们甚至可以在室外悠闲地下棋、打球。每年的夏至节都会吸引众多国内外游客前来一睹这壮丽的自然奇观。这里是中国唯一能够观测到北极光的地方,幸运的游客们有幸能目睹那绚丽的极光景象。而当太阳直射北回归线时,北半球便迎来了极昼,即整个白天长达18小时。从那时起,世界各地的游客们纷纷从四面八方赶来,只为一睹这难得一见的森林奇观。随着冬至的到来,数九寒天也随之而来,标志着一年中最冷的时期的到来。这是一个充满活力、色彩斑斓的季节,也是大自然赐予我们的珍贵礼物。

漠河小镇坐落于茫茫林海之中,四周被森林和湿地环绕,空气清新宜人。在这片纯净的土地上,每到夜幕降临,20℃的温度不仅温暖人心,还带着松树香和花香味。在这里,享受婴儿般的睡眠几乎不在话下。清晨,伴着林间的鸟鸣开始练习太极,身心舒畅,仿佛置身于仙境。站在林间空地上,聆听风吹过树梢的沙沙声,感受大自然的气息。人生若不为名利所累,何必汲汲于名利之争？愿做一名垦荒人,耕耘土地,播种希望;闲时,悉心照料这些土地,等待收获的喜悦;疲乏之际,如同飞鸟归巢般轻松,享受生命的真谛。对于那些向往自然宁静生活的人,来北极村体验一番无疑是一次难得的旅行机会。让我们在这片神奇的土地上,尽情领略大自然的无穷魅力吧!

第十五节　伏尔加庄园

一、导游词

亲爱的游客朋友们：

大家好!欢迎您踏入这片融合了中俄两国文化精髓的神秘之地——伏尔加庄园。我是您今天的导游,非常荣幸能够陪伴大家共同探索这片充满魅力的土地。

伏尔加庄园,坐落于哈尔滨近郊的阿什河畔,仿佛一颗璀璨的明珠镶嵌在翠绿的河岸边。庄园占地广阔,总面积达到了60多万平方米,这里不仅是国家AAAA级旅游景区,更是中俄文化交流的重要桥梁和纽带。在这里,您可以深深感受到哈尔滨的历史底蕴与俄罗斯文化的独特魅力。

一进入庄园,您首先会被一座宏伟的建筑所吸引——那就是我们庄园的标志性建筑——圣尼古拉教堂。这座教堂俗称"喇嘛台",曾是哈尔滨的地标性建筑,也是世界木质教堂建筑史上的经典之作。在伏尔加庄园,我们按照1∶1的比例和原工艺精心复建了这座教堂,作为建筑艺术博物馆。走进教堂,您会被馆内珍藏的历史照片所吸引,它们见证了哈尔滨百年的城市变迁,那悠远的钟声仿佛在诉说着"东方莫斯科"的辉煌历史。

从圣尼古拉教堂出来,让我们继续前行,前往普希金展览馆。这座展览馆以俄罗斯著名诗人普希金的名字命名,借鉴了莫斯科红场博物馆的建筑风格。馆内陈列着根雕、石雕等艺术品,每一件都凝聚了匠人的心血与智慧。这里不定期举办各类文化艺术展览,是中俄民间文化艺术交流的重要平台。在这里,您可以欣赏到俄罗斯圣彼得堡当代著名画家的油画精品展,感受艺术的无穷魅力。

接下来,我们将来到彼得洛夫艺术宫。这里是俄罗斯美协首个中国创作基地,拥有独特的艺术氛围。金色大厅内展示了列宾美院10幅大型原创壁画,生动展现了俄罗斯贵族的宫廷生活,让您仿佛穿越时空,置身于那个繁华的时代。二、三、四楼则是国际会议中心,举办各类研学、会议、活动和酒会。在这里,您可以领略到俄罗斯艺术的独特魅力,感受中俄两国文化的交流与碰撞。

伏特加展览馆则是庄园内另一处不可错过的景点。这座展览馆以伏特加酒文化为主题,展示了俄罗斯伏特加酒的历史与变迁,以及世界著名品牌的伏特加酒文化。在负一层的伏特加品酒区,您可以品尝到特制的冰酒杯中的伏特加,感受从冰封到燃烧的独特口感。夜晚,这里将变身为音乐酒吧,让您在欢快的音乐中感受伏尔加之夜的魅力与激情。

除了以上这些景点外,庄园内还有一处充满乡村风情的地方——俄罗斯民俗园。这里囊括了乡村别墅区、俄罗斯乡村特色餐和三只熊乐园等丰富项目。木刻楞的乡村别墅让您在独立的空间中品尝俄式乡村特色餐，感受团聚的乐趣。而三只熊乐园则是孩子们梦想中的乐园，这里有各种游乐设施，还有与小动物们亲密接触的机会，让孩子们在欢乐中度过美好的时光。

在庄园中漫步，您还可以欣赏到察里津诺城堡、阿穆尔城堡等欧式建筑的美景。这些城堡建筑交相呼应，四季景致各异，为庄园增添了无尽的艺术美感。春季时，万物复苏，城堡在鲜花的映衬下显得格外美丽；夏季时，绿树成荫，为游客带来一丝清凉；秋季时，金黄的落叶铺满地面，营造出一种浪漫的氛围；冬季时，银装素裹的城堡更是如童话般梦幻。

此外，庄园内还有骑士广场、白桦岛度假酒店等景点等待您的探索。骑士广场上矗立着英勇的骑士雕像，仿佛守护着这片土地；白桦岛度假酒店则是一个理想的度假胜地，由小白桦餐厅、服务中心、16米高的东方独角兽、骑乘区、游乐区等组成；小白桦餐厅是俄罗斯著名设计师拉别奇在参加巴黎国际展览会时设计并获奖的作品，是俄罗斯木结构建筑的经典之作，属19世纪俄罗斯折中主义建筑风格。建筑从四个面看都是正面，它是庄园按设计图纸重新建设的，融入了诸多现代元素，在俄罗斯本土没有原型，在世界上也是绝版建筑。让您在享受美景的同时，也能体验到舒适的住宿环境。

在伏尔加庄园，我们倡导"有文化才能长远，有品位才有价值"的经营理念。这里不仅是一个旅游观光的好去处，更是一个文化交流的平台。我们希望通过这座庄园，让更多的人了解俄罗斯文化，促进中俄两国的友谊与合作。

最后，我想说的是，伏尔加庄园的美景和文化魅力是无法用言语完全表达的。只有您亲自来到这里，亲身感受庄园的每一处风景和细节，才能深刻体会到这座庄园的独特之处。希望您在庄园中度过一段愉快而难忘的时光！谢谢大家！

二、伏尔加庄园景区介绍

（一）概述

阿什河，这条蜿蜒的河流，自尚志市帽儿山发源，历经百公里的旅程，终于流淌至迷人的伏尔加庄园。追溯至金代，这条河流被称为"按出虎水"，它见证了历史的变迁，穿越过金代皇城阿城金上京会宁府的遗址，为这片土地增添了厚重的文化底蕴。

伏尔加庄园，位于阿什河的下游，占地超过60万平方米，是东建公司精心打造的杰作。这片曾经的五荒地，在政府和社会的鼎力支持下，经过十几年的规划与建设，如今已成为中俄文化交融的圣地。庄园内，数十座中俄历史上的经典建筑交相辉映，将城市的历史记忆、建筑的艺术之美与湿地的自然风光和谐地融为一体。

伏尔加庄园不仅是国家AAAA级旅游景区，更是中俄文化交流的重要基地，吸引了俄罗斯美术家协会的艺术家们前来创作。这里还是黑龙江首批研学实践教育基地，承载着培养未来人才的使命。庄园的愿景，是成为一座享誉中外的庄园美景，为城市留下宝贵的文化遗产。

庄园内，生态观光、休闲度假与文化体验相得益彰。游客们可以在这里尽情享受自然的恩赐，感受文化的熏陶。庄园拥有容纳1000人用餐、800人住宿的设施，是国内外游客夏季避暑、冬季赏雪的理想选择。这里，人们可以不出国门，便能领略到异域的风情，感受到文化的交融与碰撞。

伏尔加庄园，一个充满故事与魅力的地方，等待着每一位游客前来探索与发现。

（二）名字的来历

伏尔加庄园，作为哈尔滨这座城市文化交融的杰出代表，其名字"伏尔加"蕴含着中俄文化间深厚的联系与相互交融的寓意。庄园的命名并非仅仅是对俄罗斯历史文化的简单致敬，更是对哈尔滨这座城市独特文化背景的深刻反映。

哈尔滨，一个拥有悠久历史和多元文化的城市，自古以来就是不同文化交流的交汇点。在这里，中俄文化相互碰撞、融合，形成了独特而丰富的城市风貌。伏尔加庄园作为这一文化交融的缩影，不仅在建筑风格、园林艺术上汲取了俄罗斯庄园的精髓，更在文化内涵上融入了哈尔滨人的记忆与情感。

庄园的设计巧妙地将自然景观与人文景致相结合，展现了人类对大自然的敬畏与爱护。庄园内的建筑、雕塑和园林艺术都体现了中俄文化交融的特色，让人在欣赏美景的同时，也能感受到中俄文化的独特魅力。

而"伏尔加"这个名字的选择，更是对中俄文化交融的深刻诠释。伏尔加河，作为俄罗斯的母亲河，承载着俄罗斯文化的深厚底蕴；而庄园所在的阿什河,则是中国北方民族尤其是女真人(满族祖先)的母亲河。两者的交融,象征着中俄文化的和谐共存与共同发展。

(三)著名建筑和景点介绍

1.伏尔加宾馆

走进庄园的初始之地,映入眼帘的便是那座令人心驰神往的伏尔加宾馆。这座建筑的历史可追溯到1896年,由俄罗斯杰出的设计师弗·普·采德列尔亲手绘制蓝图。它曾是全俄展览会农业区的重要展厅,巍峨耸立在诺夫哥罗德市——这座既孕育了伟大作家高尔基,又承载着俄罗斯工业与文化双重荣光的城市。诺夫哥罗德在苏联时期以高尔基之名命名,苏联解体后,它恢复了原名,再次彰显了其深厚的历史底蕴。

面前的这座建筑,三个帐篷式的屋顶并肩而立,纤细而挺拔,如同利剑般直指苍穹,尽显哥特式建筑的独特魅力。这种风格起源于中世纪的法国,常用于宗教建筑,试图通过超凡的技艺表达神秘、哀婉、崇高的情感。当这座建筑初次展现在世人眼前时,它以其独特的设计和精湛的工艺,赢得了无数人的赞叹与敬仰。然而,命运多舛,这座建筑在1925年不幸遭遇损毁,令人扼腕叹息。

为了弥补这一人类建筑艺术的缺憾,伏尔加庄园的建设者们决定在阿什河边按原样复建这座宾馆。如今,它静静地矗立在水边,掩映在白桦林中,仿佛一位历经沧桑的老者,默默诉说着当年俄罗斯的辉煌与荣耀。从功能上看,伏尔加宾馆内设有多种类型的客房、会议室和多功能厅,配套设施一应俱全,为游客们提供了一个舒适而优雅的住宿环境。在这里,您可以感受到俄罗斯文化的深厚底蕴,也可以领略到庄园独特的自然风光。

2.友谊广场

这座独特且充满意义的双熊(雄)雕塑,无疑是中俄友谊的生动象征。它并非出自名家之手,而是庄园内勤劳而富有创造力的员工们亲手制作的。雕塑中,憨态可掬的棕熊与著名的瓦西里大教堂并肩而立,代表着俄罗斯的文化与力量;而中国国宝大熊猫与人类文明史上最伟大的建筑工程——长城,则象征着中国的历史与智慧。

正如习近平总书记在俄罗斯中国旅游年开幕式上所言,"中俄两国山水相连,是彼此间的好邻居、好伙伴、好朋友。"两国人民的友谊源远流长,如同这座雕塑所展现的，是深厚而持久的。

站在双熊（雄）雕塑后侧，可以一览城堡群的壮丽景色。在这里，您可以与雕塑合影留念，记录下这一难忘的瞬间。而对面，一座通往庄园二期的新桥正在建设中，它不仅是连接过去与未来的桥梁，更是中俄两国友谊不断深化的见证。

未来，这座新桥将引领游客们进入庄园二期，那里将建设新的游客中心和中俄友好展览馆。这里将成为中俄文旅交流的新地标，为两国人民搭建起一座更加紧密的文化桥梁。让我们共同期待，未来的伏尔加庄园将成为中俄友谊的又一张亮丽名片。

3. 彼得洛夫艺术宫

彼得洛夫艺术宫，这座以莫斯科某座古老修道院为灵感源泉的宏伟建筑，融合了俄罗斯众多经典建筑元素，独具皇家气派。金碧辉煌的室内装饰令人目不暇接，仿佛置身于一个璀璨的艺术殿堂。艺术宫内部，俄罗斯列宾美术学院的原创大型壁画，以精湛的油画技艺展现了俄罗斯深厚的历史文化和动人故事。这些壁画不仅是对过往岁月的追忆，更是对艺术之美的极致追求。

抬头仰望，上方屹立着由俄罗斯雕塑师为庄园量身定制的12星座守护女神雕塑。这些雕塑栩栩如生，形态各异，每一处细节都经过精心雕琢，彰显着无与伦比的艺术魅力。

作为中俄文化交流的重要基地，彼得洛夫艺术宫不仅展示了俄罗斯的艺术瑰宝，还珍藏了中国人民智慧与技艺的结晶——东阳木雕。这些木雕作品以其精湛的雕刻技艺和独特的文化内涵，为艺术宫增添了浓厚的东方韵味。

彼得洛夫艺术宫的金色大厅，更是举办各类高端活动的理想场所。无论是舞会酒会、展览展示还是婚礼盛典，这里都能提供无与伦比的体验。楼上的会议厅、图书馆等区域，则为研学课程及活动提供了丰富的空间。

门前的彼得广场，优雅而宁静，绿树成荫，让人心旷神怡。广场最前方，是阿什河静静流淌，与宫殿相映成趣。然而，最令人震撼的，莫过于宫殿前广场石碑上镌刻的俄罗斯著名作家陀思妥耶夫斯基的名言："美将拯救世界！"这句话不仅是对艺术的赞美，更是对人类精神世界的深刻洞见。在彼得洛夫艺术宫，我们仿佛能感受到这种力量，这种能够拯救世界的美。

4. 察里津诺堡（堡中堡）

察里津诺堡的入口，矗立着一座哥特式风格的门楼，人们称之为察里门。这座门楼不仅是庄园的门户，更是历史的见证者。察里津诺，这一名称源自俄语中"女皇"的音译，因为这里曾是叶卡捷琳娜女皇的私人庄园，充满了皇家的尊贵与奢华。

庄园的建筑以红砖为主体，辅以白石作为精致的装饰，展现了欧洲中世纪的建筑风格。红与白的色彩搭配，既彰显了皇家的庄重与典雅，又透出一股古朴与神秘的气息。察里津诺堡作为庄园的核心，不仅是活动的中心，更是体验皇家生活的绝佳场所。

在夏季，这里化作一片绿意盎然的高尔夫球场，吸引着高尔夫爱好者们挥杆竞技。而到了冬季，它又摇身一变，成为独具特色的城堡滑雪场。这里尤其适合儿童和初级滑雪者，让他们在冰雪世界中尽情嬉戏，体验滑雪的乐趣。城堡滑雪在哈尔滨乃至中国都是前所未有的尝试，为游客们带来了全新的体验。

有趣的是，察里津诺庄园的建造过程充满了曲折。它建完后，因女皇对细节的不满意而被拆除重建。然而，直到女皇去世，这座庄园也未能完工。幸运的是，在前几年，俄罗斯政府完成了这一历史性的工程，让这座庄园得以重现昔日的辉煌。

察里津诺堡、阿穆尔堡和彼得洛夫艺术宫，这三座城堡相互呼应，形成了一个城堡建筑艺术群。它们环环相扣，首尾相连，构成了美轮美奂的堡中堡童话世界。无论是从远处眺望，还是近处细观，都能感受到它们所散发出的独特魅力。这里也是摄影爱好者的天堂，每一个角落都充满了拍摄的价值，让人流连忘返。

5. 高尔夫球场、高尔夫乡村酒店

庄园内，一片绿意盎然的土地上，精心打造了高尔夫练习场和别具一格的森林高尔夫球场。其中，森林高尔夫球场作为庄园的创新之作，巧妙地将运动的乐趣与自然的美丽融为一体，成为一项集趣味性、娱乐性和运动性于一身的有氧健身项目。

在这里，高尔夫变得简单易学，一杆一球，让您轻松体验挥杆的乐趣。球场的设计独具匠心，蜿蜒起伏的球道巧妙地与城堡相连，仿佛在童话般的

世界中穿梭。更为特别的是，球场还融入了俄罗斯童话卡通人物元素，让高尔夫这项传统运动焕发出新的生机与活力，变得更加妙趣横生。

"带上您的幸运球，开启奇妙的森林之旅吧！"在这里，您可以尽情享受高尔夫带来的乐趣，感受大自然的魅力。而左侧那栋特色建筑，正是为高尔夫爱好者们量身打造的高尔夫乡村酒店。这里住宿设施完善，服务周到，为会员提供专属的尊贵体验。

不仅如此，高尔夫乡村酒店还提供了丰富多样的高尔夫主题团队活动，如高尔夫主题夏令营、亲子游等。无论您是高尔夫的资深爱好者，还是刚刚接触这项运动的新手，都可以在这里找到属于自己的乐趣。让我们一同沉浸在这片绿意盎然的森林高尔夫球场中，感受高尔夫与大自然的完美融合吧！

6. 小白桦餐厅

前方掩映在白桦林中的建筑是小白桦餐厅，它是俄罗斯著名设计师拉别奇在参加巴黎国际展览会时设计并获奖的作品，是俄罗斯木结构建筑的经典之作，属19世纪俄罗斯折中主义建筑风格。亮丽的外表从四个面看都是正面，它是庄园按设计图纸重新建设的，融入了诸多现代元素，在俄罗斯本土没有原型，在世界上也是绝版建筑。

朝霞初升的时候，阳光投射到白桦林中，为小白桦餐厅披上一层金色纱幔，使她仿佛待嫁的新娘，显得极其富有诗意。小白桦餐厅前面的广场，是以爱情为主题的组雕——爱神雕塑园，很有圣彼得堡园林的特色。这里是草坪婚礼、团队活动、野餐露营的首选之地。

7. 圣·尼古拉教堂

庄园的璀璨之心，便是那座庄严而神圣的圣·尼古拉教堂。这座教堂曾是哈尔滨的标志性建筑，屹立于南岗中心广场，俗称喇嘛台。它始建于1900年，出自俄罗斯教会著名建筑师鲍达雷夫斯基的巧手设计，圣母像及教堂内部的壁画则由著名画家古尔稀奇文克倾心绘制，而圣物、圣像及大钟均从莫斯科远道而来。教堂的建造，源于俄罗斯修建中东铁路的宏伟计划，哈尔滨作为铁路的中心，其城市规划之初便规划了这座教堂，它曾是老哈尔滨文化的核心所在。

历史的沧桑赋予了这座教堂独特的魅力，它见证了哈尔滨从一个渔村到现代化都市的辉煌蜕变。出于对哈尔滨历史文化的深沉热爱，庄园于 2007 年在俄罗斯功勋建筑设计师柯拉金博士的悉心指导下，按照 1∶1 的比例和原工艺进行了复建。伏尔加人历经千辛万苦，终于将这座精美的圣·尼古拉教堂完美地呈现在我们面前。消息一经传出，许多当年的俄侨、专家、学者等纷纷前来参观，回忆往昔，感慨万分。

教堂全高 30.5 米，采用木构架井干式结构，内部是一个巨大的穹顶，外部则借鉴了俄罗斯民间木结构帐篷顶的传统形式和希腊十字的八角形布局。教堂的楼顶还悬挂着七口钟，每逢重要的日子，它们都会准时奏响。圣尼古拉教堂从外观到内部都严格按照原样恢复，仿佛时间倒流，让人置身于那个辉煌的时代。

进入教堂内部，馆内陈列的珍贵历史照片，如同时光隧道般将我们带回到哈尔滨 100 多年的风霜岁月。尼古拉教堂是一座俄侨的东正教堂，东正教在俄罗斯的地位举足轻重，被誉为俄罗斯的国教。随着 1898 年中东铁路的修建，大批俄罗斯人涌入哈尔滨，东正教也随之传播至此。教堂在 1899 年 10 月 13 日（俄国圣母节）奠基，于 1900 年竣工，耗资 20 余万卢布。建成后的教堂被誉为"远东地区第一东正教"，更是哈尔滨的地标性建筑。

设计师波德列夫斯基和施工负责人列夫捷耶夫共同铸就了这座教堂的辉煌。教堂内的壁画出自格卢辛科之手，许多细节装饰和雕刻则是中国工匠的匠心独运。这座教堂不仅见证了哈尔滨乃至中国的历史，还承载了无数动人的故事。在一张张照片中，人们仿佛看到了被俘的日军被苏联红军押解着走过尼古拉教堂，听到了 1945 年八一五光复时哈尔滨完全解放的欢呼声，感受到了当时的庆祝活动在尼古拉教堂广场的热烈氛围。

教堂的主教室是神圣而庄严的，这里只允许主教进入，而教徒和女士则无法涉足。主教椅位于主教室的正中央，是主教专属的座椅。在举行大型传教活动时，只有达到一定级别的教徒才有机会进入这个神圣的地方。东正教的教阶体系由教皇、牧首、督主教、大主教、主教、大司祭、司祭、助祭等组成，体现了东正教的严谨和等级分明。

面前这组照片详细记录了复建教堂的艰辛过程。圣尼古拉（教堂）艺术馆于 2007 年 9 月 30 日完成主体建设，2010 年 6 月正式开馆。中央电视台还曾拍摄了一部电视纪录片《圣尼古拉大教堂传奇》，记录了教堂复建的壮丽历程。在这里，人们可以亲眼看到教堂二楼悬挂的七口大钟，这些大钟是划分东正教等级的标志。令人惋惜的是，在1966年教堂遭到破坏后，尼古拉大钟便不知所踪。幸运的是，后来这口大钟在五大连池的一个劳改农场被发现，它曾陪伴劳改人员度过漫长的岁月。如今，这口大钟已成为尼古拉教堂目前发现的唯一文物，现存于东北烈士纪念馆，见证了那段历史的沧桑与变迁。

8. 普希金展览馆

普希金展览馆有着典型的俄罗斯风格，门前伫立着俄罗斯著名诗人普希金的雕像，雕塑与景观建筑完美地融为一体，有着一种浪漫中的沉静之美。展览馆内部装饰考究，陈列着根雕和石雕等艺术品。这里不定期举办中俄文化艺术展览，开展中俄民间文化艺术交流。自开馆以来，成功举办了《高莽中俄名人肖像画展》《哈尔滨人眼中的俄罗斯摄影展》《哈尔滨百年俄侨音乐文化展》等数十次展览，获得了游客的一致好评。现展出的是"章显辉煌"俄罗斯徽章艺术收藏展。

9. 伏特加展馆

以伏特加酒为主题，其原型为毕普城堡，是俄罗斯历史上著名的古堡。整座建筑精雕细刻，属于古典与浪漫结合的风格。原城堡曾经囚禁过俄罗斯的沙皇，又显示出某种神秘；它是俄罗斯历史上著名的城堡要塞，被戏称为保罗一世的大玩具，于1798年建成，保罗一世曾在里面生活过，城堡还曾作过医院、警察局和学校。该建筑在二战期间被烧毁。现在的酒堡展示了伏特加酒的历史与变迁、"战斗民族"的幽默与豪气。用特制的冰酒杯品尝伏特加，体验从冰封到燃烧的感觉，让游客终生难忘。还可以举办奢华浪漫的欧式城堡婚礼。

10. 金环西餐厅

这座建筑曾是1913年哈巴罗夫斯克国际博览会中璀璨夺目的展览馆，不过博览会闭幕之后，它便黯然失色，被岁月遗忘。然而，在俄罗斯专家提供的珍贵建筑照片指引下，庄园的建设者们历经数载筹备，终使这一精美的建筑艺术品重现人间，令人叹为观止。

从外部观之，这座建筑的外形优雅而独特，每一线条都流露出精美的工艺和匠人的心血。步入其中，内部的装饰更是别出心裁，每一处细节都凝聚着匠人的智慧和匠心独运。家具和吊灯均由庄园的设计团队精心打造，它们不仅美观大方，更充满了浓郁的俄罗斯民族风情。

金环西餐厅，作为目前国内最大的俄式西餐厅，不仅提供纯正的俄式西餐，更是一个艺术的殿堂。在这里，您可以一边品尝美食，一边欣赏俄罗斯彩绘和艺术品，感受俄罗斯文化的独特魅力。金环西餐厅更以其卓越的服务和独特的氛围，接待过众多国家领导人和国际友人、著名外交官，成为中外交流的桥梁。

11. 三只熊乐园

三只熊乐园是一项与俄罗斯伙伴携手打造的创新项目，它深度融合了中俄两国的文化精髓。众所周知，熊作为俄罗斯国家和民族的象征，承载着深厚的文化底蕴，是俄罗斯文化的重要符号。而深受孩子们喜爱的《三只熊》动画片更是将这一文化元素带入了千家万户。

在这座乐园中，庄园精心复原了400年前古老俄罗斯农家的生活场景，让您仿佛穿越时空，置身于那段悠远而富有韵味的时光。游客可以漫步在古朴的院落中，参观传统的民居和仓房，感受俄罗斯农家生活的真实与质朴。

不仅如此，您还可以向技艺精湛的俄罗斯技师学习绘制手工艺品，亲手制作俄罗斯特色的面包，甚至参与酿造传统饮料"格瓦斯"。这些亲手制作的物品不仅具有纪念意义，更是中俄文化交流的见证。

而乐园内更是孩子们的梦幻天地。原木搭建的古老游乐设施，以童话故事为蓝本建造的房子和鱼池，让孩子们在玩耍中领略到童话世界的奇妙与美好。此外，孩子们还可以与可爱的小动物们亲密接触，体验与大自然的和谐共生。

三只熊乐园不仅是一个娱乐场所，更是一个融合了中俄文化、历史与自然的综合性体验馆。

12. 乡村别墅

在三只熊乐园对面就是俄式乡村别墅区，采用俄罗斯传统的木刻楞建筑风格，每栋别墅都有自己的后花园，可休闲、享用俄罗斯乡村特色餐，独享欢乐的私密空间，是家庭度假和朋友聚会的理想场所。这里刚刚建成的时候还有俄罗斯的桑拿浴——巴尼亚，后因游客难以享受冬日的桑拿，利用率太低而停用。

乡村别墅和静谧的森林别墅典雅而闲适，与三只熊乐园、钓鱼饭店一起构筑了俄罗斯乡村朴素的美。

13. 玛莎商品店

这座独特的商品店宛如一位盛装打扮的俄罗斯少女，大方而张扬地伫立在河畔，专门销售纯正的俄罗斯工艺品与旅游纪念品。它的建筑风格灵感来源于俄罗斯下诺夫哥罗德市的黄麻纺织厂展厅，那里曾是俄罗斯纺织工业繁荣发展的见证。

在下诺夫哥罗德市，黄麻纺织厂曾是纺织业的璀璨明珠，象征着当时工业革命的浪潮和技术的革新。随着机器织布技术的广泛应用，生产效率大幅提升，黄麻织布厂以其卓越的品质和精湛的工艺，成为下诺夫哥罗德市的主要纺织企业。

如今，这座商品店将那份历史的厚重与文化的传承融入其中，所销售的俄罗斯商品琳琅满目、货真价实。商店秉持着绝不销售假货的坚定理念，致力于为广大顾客提供最优质的俄罗斯工艺品和旅游纪念品。欢迎光临选购，一同领略俄罗斯文化的独特魅力。

14. 幸福桥

这座铁桥属于双孔拱形铁桥，整座桥就像一条纽带，连接两岸最具代表性的两座精美建筑，成为景中之心，画中之眼，从任何角度看都是最美的风景。走过幸福桥，您将一生美满幸福、开心如意！

15. 米尼阿久尔餐厅

米尼阿久尔餐厅仿佛一座停靠岸边的巨轮，它曾经坐落在太阳岛，老哈尔滨人都还记得这座建筑，也是哈尔滨人舌尖上的记忆。该建筑1926年由犹太人卡茨修建，那时许多老哈尔滨人都会在周末带着家人去那里划船、游泳、野餐。可惜的是1997年的一场大火，完全吞噬了这座记录哈尔滨百年时尚的经典建筑。我们在2008年复建了米尼阿久尔餐厅作为中餐厅，目的也是恢复和保留哈尔滨的文化，给老哈尔滨人留下历史的记忆和情怀，也向国内外游人展示这座城市的时尚文化。米尼阿久尔餐厅可同时容纳400人就餐，一楼为中式自助，二楼中式快餐，三楼则是观景平台。站在餐厅观景平台，整个伏尔加庄园尽收眼底，我们看到许多伏尔加庄园的全景照片几乎都是在这里拍摄的。

16. 水畔餐厅

坐在清爽的水畔餐厅，饮上一杯独特的"波罗的海"啤酒，吃上一串地道的俄罗斯烧烤大串，欣赏着迷人的景色，此情此景让您仿佛身处异国他乡。

17. 卡林卡演艺中心

这座演艺中心以俄罗斯沙皇在莫斯科郊外别墅的优雅风情为设计蓝本，其名字则源自哈尔滨20世纪20年代著名的夜总会，在俄语中寓意着"梦幻"般的魅力。它仿佛承载了旧日中央大街的迷人影子，让人仿佛穿越时空，寻觅到20世纪初期哈尔滨夜生活的繁华旧痕。

步入演艺中心，您将有机会欣赏到伏尔加艺术团带来的精彩绝伦的演出，领略俄罗斯文化的独特魅力。而在演出之余，您还可以在酒吧里品味美酒，或在咖啡厅中享受一段宁静的时光，让身心得到充分的放松。

当夜幕降临，广场上的篝火晚会更是热闹非凡。熊熊燃烧的篝火映照出游客们欢快的脸庞，大家载歌载舞，共同沉浸在这欢乐的氛围中。在这里，您不仅能感受到俄罗斯文化的魅力，还能体验到哈尔滨夜生活的独特风情。

18. 伏尔加码头

伏尔加码头，作为泛舟阿什河的起点，承载着无数游客对浪漫与诗意的向往。一旦踏上伏尔加游船，你便能领略到两岸无与伦比的秀美风光。阿什河畔，绿树成荫，草坪如茵，精美的建筑在它们的映衬下若隐若现，仿佛是大自然与人类智慧的完美交融。

教堂的尖顶在蓝天白云的映衬下显得格外庄严，古堡的沧桑诉说着历史的厚重，小桥则宛如一位优雅的舞者，轻盈地横跨在碧波荡漾的河面上。而那盛开的荷花，更是如诗如画，为这浪漫的景色增添了一抹清新的色彩。白桦树挺拔的身姿倒映在水中，与天空中的白云相映成趣，构成了一幅幅动人的画面。

游船缓缓前行，你仿佛置身于一幅流动的画卷之中。微风拂过，带来了丝丝清凉，也带来了两岸花草的芬芳。你可以闭上眼睛，聆听河水潺潺、鸟鸣声声，感受大自然的和谐与宁静。在这里，你可以忘却尘世的喧嚣，让心灵得到真正的放松与净化。

伏尔加码头，不仅是一个出发点，更是一个心灵的归宿。它让你在泛舟阿什河的过程中，领略到无尽的浪漫与诗意，感受到大自然的神奇与魅力。

19. 空中花园

高高山坡上的玛丽亚婚礼教堂则亮丽而多情，像凌空展翅的鸟儿，俯瞰羽下的美丽花园。这里是园区位置最高处，也是离上帝最近的地方。许多年轻人婚礼的仪式是在这里举行的。夏日这里繁花似锦，就是一个空中花园，冬天整个山坡被白雪覆盖，显示着教堂的孤傲与圣洁。婚礼教堂与空中花园和下面的角楼、回廊旋梯，构成了俄罗斯庄园文化的典雅、华丽和高贵的一面。

20. 骑士广场

骑士广场创作灵感来自俄罗斯著名文学家普希金的长篇童话叙事诗《鲁斯兰和柳德米拉》，故事讲述了武士鲁斯兰与公主柳德米拉正在举行婚礼时，柳德米拉被妖魔劫去。鲁斯兰不畏艰难险阻，先后和罗格达伊、巨头、黑海魔王进行了殊死搏斗，同时他不为水妖所诱惑，历尽千辛万苦，最终救回了爱人。

这首长诗是普希金在1817年开始写作的，完成于1820年，当时他才20岁。在这首诗里，普希金歌颂了坚贞的爱情和刚毅的品格，宣扬了正义必将战胜邪恶的正能量。此雕塑由庄园聘请俄罗斯雕塑师倾心打造。

21. 白桦岛度假酒店

这座明黄色建筑是白桦岛度假酒店，它是按照19世纪俄罗斯建筑风格建造的。酒店专为休闲度假人士打造，房型以家庭套房为主，建有健身房、瑜伽室等休闲区，给您和家人带来温馨舒适的度假体验。

度假酒店前方由四季岛、鸽子岛、三勇士岛和白桦岛四个岛组成，整个区域风景别致，是入住度假酒店游客的专属休闲区域。在这里可以享用下午茶、休闲垂钓，慢享休闲好时光。

22. "影像与阅读"书馆

这座独特的书馆坐落于风景秀丽的伏尔加国际摄影俱乐部，它是东三省首家将"影像与阅读"完美融合的书馆。书馆内，琳琅满目的摄影专业书籍整齐排列，这些书籍不仅涵盖了国内外摄影界的经典之作，还包含了最新、最前沿的摄影理论和技巧，为广大摄影爱好者提供了一片浩瀚的学习海洋。

在这里，摄影爱好者们可以尽情畅游在知识的海洋中，汲取摄影艺术的精髓。书馆不仅是一个阅读和学习的地方，更是一个展示和交流的平台。馆内定期举办各类摄影讲座和培训课程，邀请业界专家和资深摄影师前来分享他们的经验和见解，让摄影爱好者们能够直接与大师对话，领略摄影艺术的魅力。

此外，书馆还积极组织各种摄影创作活动，为摄影爱好者们提供了一个展示自己才华的舞台。无论是风光、人像还是纪实摄影，这里都有机会让您的作品得到展示和认可。这些活动不仅丰富了摄影爱好者的业余生活，还促进了他们之间的交流和合作，共同推动摄影艺术的发展。

书馆以其独特的魅力和丰富的资源，深受摄影爱好者的好评。它不仅是东三省乃至全国摄影爱好者的胜地，更是一个连接影像与阅读、展示与交流的艺术殿堂。

23. 克拉希薇婚礼会馆

"克拉希薇"这一名称在俄语中不仅象征着无与伦比的美丽，更蕴含着钻石般尊贵与卓越的服务品质。我们的婚礼会馆，作为庄园内专业的婚礼服务机构，专注于提供一站式的婚礼定制服务，包括个性化的婚礼策划、精致典雅的结婚喜宴以及梦幻般的婚纱摄影，我们致力于塑造中国独一无二的高端婚礼品牌。

在这里，您可以在河边清新的草地上，目睹古老的风车随风轻舞，仿佛时光倒流，将您带回到俄罗斯中世纪的美丽田园。在这片如诗如画的景致中，举办一场浪漫而独特的草坪婚礼，无疑是每位新人心中的梦想。让我们共同见证您的幸福时刻，为您留下永恒的美好回忆。

24. 钓鱼饭店

钓鱼饭店，这座独特的建筑灵感来源于俄罗斯圣彼得堡西部十字岛景区中的知名钓鱼饭店，那里曾是俄罗斯各界名流趋之若鹜的聚会之地。如今，在我们的庄园中，这座钓鱼饭店得以完美重现，让每一位到访的宾客都能体验到那份独特的俄罗斯风情。

饭店坐落于风景如画的阿什河流域旁，河水清澈见底，鱼儿游弋其中。这里秉承着"最美的鱼是自己捕获的"的理念，为宾客们提供了一个亲近自然、享受垂钓乐趣的绝佳场所。在这里，您可以亲自垂钓，感受鱼儿上钩的喜悦，然后将捕获的鱼儿交给我们的专业厨师进行烹饪。经过厨师们的精心料理，一桌色香味俱佳的特色鱼宴将会呈现在您的面前，让您在品尝美食的同时，也能感受到自然与生活的和谐交融。

在钓鱼饭店的右侧，还有一系列休闲小木屋，它们同样备受游客们的喜爱。周末时分，游客可以邀请亲朋好友相聚于此，享受户外烧烤、钓鱼、野餐的乐趣。小木屋周围绿树成荫，空气清新宜人，让您在忙碌的工作之余，能够放松身心，感受大自然的美好。

无论是与家人共度美好时光，还是与朋友畅谈人生理想，钓鱼饭店和休闲小木屋都是您不容错过的选择。

第十六节　金上京历史博物馆

一、导游词

各位来宾：

大家好！欢迎来到"女真肇兴地，大金第一都"的阿城，来到金上京历史博物馆。

金上京历史博物馆为国家二级博物馆，由东南大学建筑研究所所长、中国科学院院士齐康设计，于1998年10月建成开馆，是全国唯一展示金代历史、弘扬金源文化的特色博物馆，现为铸牢中华民族共同体示范基地，展现了以女真族为代表的北方各民族开拓奋进的历史过程。

金上京历史博物馆坐落于哈尔滨市阿城区南郊2公里处（哈尔滨市阿城区金源路49号），从此可遥望金太祖完颜阿骨打陵墓。东面隔条通衢大道，就是金上京故城上京会宁府遗址所在地；馆舍向西200米就是金代开国皇帝完颜阿骨打陵墓，如今这里已被辟为太祖陵园。上京会宁府遗址、金上京历史博物馆、金太祖陵园，三者呈鼎足之势，连缀巧妙，形成可移动文物与不可移动文物有机组合的文物群落。

金上京历史博物馆占地5万平方米，建筑面积6700平方米，展厅面积4800平方米，设1个主展馆、6个副展馆。收藏文物3023件（其中一、二、三级文物共1118件），包括金代的战斗武器、宫廷礼器、官府印鉴、宗教法器、金银饰品等。馆藏比较珍贵的文物有皇帝御辇饰物铜座龙、圆形铜镜之王双鲤纹铜镜、承安宝货、银质铭牌、铜火铳、管水达达民户达鲁花赤之印、龙纹砖、大金得胜陀颂碑拓片、完颜晏墓服饰及生产生活用具等，特别是最具特色的500多面铜镜收藏和陈列，集中展示了金朝从建国1115年至迁都1153年38年间的金上京地区的历史沿革、经济、文化、交通等发展概况，具有鲜明的地域性、民族性和时代特征。其建筑风格体现了金源文化特点，国门闩、刀枪架、中军帐、四帝阶、黄金顶、大峡谷、航船头、年代角、错拐路、透亮窗，十个独具匠心的建筑语言叙说了金代历史，是全国唯一展示金代历史、弘扬金源文化的特色博物馆。

首先，从我们脚下的金代疆域图可见，鼎盛时期的金代疆域国土面积达300余万平方公里，疆域范围北至外兴安岭（今俄罗斯远东地区），东北鄂霍茨克海（今俄罗斯库页岛）及日本海，东南抵鸭绿江与高丽为邻，西达陕西西北地域与西夏交界，南以淮河和大散关为界与南宋对峙。金朝实行五京制，初期是上京（今黑龙江省哈尔滨市阿城区）、东京（今辽宁省辽阳市）、西京（今山西省大同市）、南京（今河南省开封市）、北京（今内蒙古自治区宁城县大明镇）。

我们来到的金上京历史博物馆所在地，是女真民族的发祥地。

1115年，金太祖完颜阿骨打在此建国称帝，并定都于此。12年时间亡辽灭北宋，实现了南宋称臣，西夏、高丽称藩。金朝在此历经太祖完颜阿骨打、太宗完颜晟、熙宗完颜亶、海陵王完颜亮四代皇帝38年，1153年迁都燕京（今北京）。金用了9年时间灭辽，2年时间灭宋，兴起于上京，强盛于中都，灭于南京，历经十帝近120年。

女真族是我国北方古老的少数民族，商周时称肃慎，三国时称挹娄，魏晋南北朝时称勿吉，隋唐时称靺鞨，五代十国时称女真。明代时，分为三大部落，海西女真、建州女真、东海女真，其中建州女真首领努尔哈赤建国"后金"，1635年皇太极改名为清朝，辛亥革命后称为满洲族，现在简称为"满族"。女真完颜部自始祖函普起生活在仆幹水（今天牡丹江），到第四代献祖绥可时，带领部众迁往海古勒水（今阿城料甸的海沟河），因此阿城就有了女真肇兴地的美誉。

现在大家看到的是女真人制造的兵器和农具。阿什河女真语叫做"按出虎水"，是"金水河"的意思，也就是说800多年前这条河流以盛产沙金为主。金史中有明确记载，辽国以镔铁为国号，取其坚硬，女真人认为金坚不坏，于是将国号定为大金。

这一单元您将看到的是金代早期石雕艺术遗存——亚沟摩崖石刻，全国重点文物保护单位，石刻像为一男一女两大人物像，女像模糊，男像身材魁梧，表情威严坚毅，穿圆领窄袖长袍，袍角左撩掖于腰间，肩着披风，足穿高腰靴，左手扶靴右手握剑。

海东青是女真人和满族人用于狩猎的猎鹰，身小而健，其飞极高，能袭天鹅、搏鸡兔，是狩猎中的重要帮手，女真民族和满族的民族图腾，象征着以小搏大、勇敢前进、不弃不舍的民族精神。

铜坐龙。国家一级文物，高19.6厘米，重量为2.1千克，青铜材质。1965年金上京故城西垣段出土，为金朝皇帝辇辂上御用饰物。龙取坐姿，龙头、犬身、麒麟背、狮子尾，左前肢高举，与左后肢间有腾云相连，龙首微扬，张口吟啸，亦动亦静，威武雄壮，浩气凛然。

下面这一幅沙盘示意图是上京皇宫的沙盘示意图，由金史专家郭长海（1946—2022年）根据史料复原设计。皇城周长约2公里。南北长近600米，东西宽500米。其格局与北京故宫的格局十分相像，是以中轴线为对称的形式展现整个皇城的殿、廊、阁、道。在这条中轴线上依次为皇宫的正南门、午门。午门的门址和几座大殿的遗址被列为国家级文物保护单位。

崛起于白山黑水的女真民族，创造了中华民族历史长河中璀璨夺目的金源文化，以女真传统文化为底蕴，广泛吸纳、融汇中原汉文化和东北地区其他民族、部族文化，在与自然界艰苦顽强的斗争中，在争取民族独立与融合的奋斗中，形成了独具金朝时代特色、显著北疆地域特征、鲜明女真民族特点的开放多元的北方古文明，提出了"中外一统、天下一家"的思想，实行了"一国多制"的多民族国家治理模式，奠定了我国北方的疆域；开启了北京作为多民族国家首都的先河；促进了南北经济、文化的融合交流，为推动12世纪东北亚地区经济发展、民族融合、文化繁荣作出了巨大贡献。

金上京历史博物馆、铜镜博物馆、金代音乐文化展览馆全年免费开放，开放时间为：周二至周日09：00—17：00。

感谢您的聆听！

二、金上京历史博物馆文化背景介绍

优秀中华传统文化是铸牢中华民族共同体意识最根本的精神基因和独特的精神标识,是中华民族伟大复兴的突出优势。黑龙江流域是中华多源文明的源头之一,孕育了独特、丰富的历史文脉,鲜卑、契丹、蒙古、女真、满族等北方少数民族及其政权,创造了历史源远流长、文明璀璨夺目的鲜卑文化、渤海文化、金源文化以及满族文化,构筑了东北亚地区古代文明史的高峰,为中华文明的数次大交流、大融合创造了可贵机遇,注入了新鲜血液,丰富了中华民族历史文化的内涵与外延。

在中华民族波澜壮阔的历史长河里曾扶摇而起一个搏击长空的鹰之民族,这个民族就是女真族。

满族的祖先——女真族,自"白山黑水"之间崛起,伐辽建大金,南下灭北宋,最终与南宋划淮而治。明代时,女真族分为三大部落,海西女真、建州女真、东海女真,其中建州女真的首领努尔哈赤在明朝末期由东北一带崛起再次建立王朝,定国号为金,史学家称为"后金"。1635年皇太极改名为清朝,辛亥革命后称为满洲族,现在称为"满族"。女真人为满族人的祖先。

(一)泱泱金源

金上京会宁府(哈尔滨市阿城区)是金源文化肇兴之地,金王朝开国之都。12世纪初,生女真完颜部崛起,辽天庆四年(1114年)9月,生女真完颜部首领完颜阿骨打率众举起反辽大旗,带领2500人马大败辽军。完颜阿骨打统一女真诸部落后,于辽天庆五年(1115年)正式称帝,在这块苍茫黑土地上建立起大金王朝,国号大金,年号"收国",定都上京会宁府(今哈尔滨市阿城区),在此历经金太祖、太宗、熙宗、海陵王四帝,时达38年之久,是金初政治、军事、经济和文化中心,后于1153年迁都燕京(今北京)。金朝处在中国多个王朝、多种政权并存的时代,12年时间亡辽灭北宋,实现了南宋向其称臣,西夏、高丽为藩属。在近120年的恢宏历史中,金朝统治中国北方一个多世纪,曾是12世纪东北亚最大的都市和政治、经济、军事、文化中心,创造出了辉煌灿烂的历史与底蕴深厚的金源文化。

"金源"一词最早见于《金史》,原本为一地域名或地望代名词,特指金代肇兴之地阿什河流域会宁府(今阿城)上京路区域内以按出虎水(今阿什河)为中心流域地区。《金史》卷24《地理志》载:"上京路,即海古之地,金之旧土也,国言'金'曰'按出虎',按出虎水源于此,故名金源,建国之号盖取诸此。国初称为内地,天眷元年号上京。""海古"亦称"海古勒水",今之阿什河支流海沟河。此为"金源"一词最初、最基本之语义与用法。随着女真族不断南进及金灭亡后,"金源"一词的意义开始发生变化或被引申。一些文史学家把"金源"指称整个金代。清代钱谦益《列朝诗集》序载:"《中州》之诗,亦金源之史也。"《满族源流考》称"白山黑水,其名始见于《北史》,而显著于金源"。由此,"金源"有狭义、广义之称。狭义"金源",指以今阿什河流域为中心,以金上京(阿城)的都市文明为核心,涵盖今拉林河流域、呼兰河流域、松花江中游左右两岸,东至牡丹江、西至第二松花江右岸,北至呼兰河上游,南至吉林市地区,与当时金上京会宁府行政区划所辖的地域大体相当。广义"金源",指整个金朝。

金源文化是指以女真民族为主体,以女真传统文化为底蕴,广泛吸纳、融汇中原汉文化和东北地区其他民族、部族文化,在与自然界艰苦顽强的斗争中,在争取民族独立与融合的奋斗中,所形成的独具金朝时代特色、显著北疆地域特征、鲜明女真民族特点的开放多元的北方古文明,既是黑龙江地区古代文明的一个高峰,也是中华民族多源多流、多姿多彩文化宝库中的重要支脉与组成部分。

金源文化总体特征是一种多元文化交流的复合体。具体表现为:古朴、粗犷、尚勇、豁达、以小搏大、善学人长、巧用机遇、富于创造、进取意识、兼容并蓄、雅俗相扶。金源文化的突出特点:一是进取性、志向远大、以小搏大、勇敢精进、不弃不舍;二是包容性、学人之长、彻底而迅速,不断提高自己,完善本民族素质。

(二)赫赫女真

女真族是中国古老民族之一,女真先祖商周时称肃慎,三国时称挹娄。魏晋南北朝时称勿吉,隋唐时称靺鞨,五代十国时称女真,清朝称满洲,民国始称满族。

女真人的基本民族形态大约形成于唐朝时期。11世纪,女真人向契丹称臣，契丹把一部分女真人编入辽籍，被称为"熟女真"，完颜部定居在按出虎水（今黑龙江省哈尔滨市东南阿什河），后完颜部杰出首领完颜阿骨打建国号为"金"，女真语"金"为"按出虎"，认为按出虎水（今阿什河）源于此，所以称金源。

20世纪初在黑龙江阿城发现的《宝严大师塔铭志》的铭文有"西楼秀出，金源荣昌"。阿城松峰山太虚洞发现的曹道士碑，碑文有"金源乳峰古洞""金源杨士才刊"。

2004年，阿城发现金代断碑，碑首残存"金源郡王"四字。从以上碑刻的发现地看，多在今阿什河流域、吉林地区、黑龙江地区，这也说明"金源"一词的地名意义在金代确实是指上京会宁府地区，按出虎水流域地区，指的是女真完颜部落发祥肇兴。

女真人完颜函普，靺鞨部人，辽朝初期，函普从高丽返回靺鞨故地仆干水，因调停完颜部内斗，约定规矩而获赠青牛，函普又以青牛为聘礼，在完颜部安家。函普因制定赔偿条件，使女真民族有了最早的习惯法，被尊为始祖。

从始祖函普止杀，到献祖绥可迁徙至按出虎水，始筑室，有栋宇之制。女真人开始向定居生活转化。《金史·昭祖本纪》记载："生女直无书契，无约束"，昭祖石鲁遂制定律例，统一了本部落，开始设调教，兼并一些小部落，女真人也从一个部落向国家迈进。

金朝初年曾在金上京（今黑龙江省哈尔滨市阿城区）执政过四位皇帝，即金太祖阿骨打、金太宗完颜晟、金熙宗完颜亶、海陵王完颜亮，这四位皇帝共在此执政38年。

第一位皇帝，金开国皇帝阿骨打。金太祖阿骨打（1068—1123年）汉名完颜旻。女真完颜部首领。辽天庆三年（1113年）继任"都勃极烈"。1114年9月，率2500名女真兵在涞流水（今拉林河）誓师伐辽。1115年正月初一称帝立国大金，建元收国。九月克黄龙府（今吉林农安）。后连克辽国数城。天辅七年（1123年）伐辽时染病在返回上京途中病逝于部堵西行宫（今吉林农安）。九月遗体运回金上京，葬于宫城西南，即今太祖陵。在位九年，建猛安谋克制，命希尹制女真文字，卒定灭辽大业。阿骨打作为大金的开国皇帝，女真族的大英雄，在我国北方辽阔的国土上所创造的政治、军事、文化等方面的奇迹，在整个华夏文明史中也是熠熠生辉的。其个人的才能及历史作用既是无法否认的，也是不可低估的。太祖在临终前依照女真人的"兄终弟及"为主，"父死子继"为辅的传位制度。将皇位传给了他的亲弟弟完颜吴乞买。《金史·兵志》记载，阿骨打"用兵如神，战胜攻取，无敌当世，未曾十年遂定大业"。《金史》赞曰："太祖英谋睿略，豁达大度，知人善任，人乐为用……数年之间算无遗策，兵无留行，底定大业，传之子孙。"金太祖完颜阿骨打是金朝的缔造者，是女真文明的代表性人物。阿骨打沉勇雄毅，有勇有谋，豁达大度，从善如流，深谋远虑，一言九鼎，创造了蓬勃向上的开国气象。在他"中外一统""天下一家"的思想指导下，不仅建立了延续十帝120年的金朝，而且使中国的历史开始朝着"不分中外、不分华夷"统一中国的方向发展。完颜阿骨打不愧为中华民族史上最杰出的皇帝之一，是一位划时代的伟大领袖。

第二位皇帝，金太宗完颜晟（1075—1135年）女真名吴乞买，金太祖弟，继兄为帝，在位13年。天会三年（1125年）灭辽，俘获天祚帝。同年发动了对宋战争，五年（1127年）俘宋徽、钦二帝。在位时建立各种典章制度，治历明时，奠定了金王朝的立国规模。依照辽、宋旧制，改革勃极烈制，使之成为中央军政的中枢机构。对原属辽朝的燕云地区，实行汉官制度，设立行台尚书省。对原北宋地区，采取以汉人治汉人的政策，先后立张邦昌、刘豫等楚、齐两个地方政权，进行统治。在军事上，也仿照汉官制度，设立元帅府，任都元帅，左、右副元帅，都监等，统军作战。在经济上，建立赋税制度，设牛头税，并将大批女真人迁往汉地；将所俘之汉人、契丹人迁往女真地区。劝稼穑，轻徭役，以恢复农业生产。下令禁止百官宗室私役百姓，禁买贫民为奴。实行科举制度，录用汉人为官。晚年改变兄终弟及的旧制，立太祖孙完颜合剌（金熙宗）为继承人。《金史》载："天辅草创，未遑礼乐之事。太宗以斜也、宗干知国政，以宗翰、宗望总戎事。既灭辽举宋，即议礼制度，治历明时，缵以武功，述以文事，经国规摹，至是始定。在位十三年，宫室苑无所增益。未听大臣计，传位熙宗，使太祖世嗣不失正绪，可谓行其所甚难矣！"皇太极曰：金太祖、太宗法度详明，可垂久远。

第三位皇帝，力推汉化的金熙宗完颜亶。完颜亶（1119—1149年），女真名合剌，金太祖阿骨打的长孙。自幼学习汉文经典，吟诗玩戏，雅歌儒服，醉心于汉族先进文化，在位15年间，极力实施汉制改革，推行"天眷新制"，改革了女真旧俗，制定了金朝法典，政治上访汉制，实行"三省六部制"，颁行女真小字，实行土地所有制形式和占有关系的变革，加速了大金国由奴隶制向封建制过渡的进程。1135年，金熙宗即位后，废除勃极烈辅政制，采用辽、宋的汉官制度。"大抵皆依仿大宋，其间亦有创立者。"在皇帝之下设三师，即太师、太傅、太保。朝中设尚书、中书、门下三省，其下由左右丞相和左右丞为副相。金熙宗天眷元年（1138年）又作进一步改革，皇统五年（1145年），又颁行皇统新律，共千余条。命百官详定仪制，在宗庙、社稷、祭祀、尊号、谥法、朝参、车服、仪卫及官禁制度等方面进行了大量的建设，正式颁行官制及换官格，即将原女真、辽和宋的官职，依照新制统一换授，按功勋授予女真贵族以不同的勋爵和封国，废刘豫伪齐国之后，置屯田军，将契丹、女真人自东北迁入中原地区，与汉人杂处。按户授予官田，使业耕种，春秋量给衣物、马匹，以资接济；若遇出军，始发给钱米。"凡屯田之所，自燕山之南，淮、陇之北皆有之。多至六万人，皆筑垒于村落间。"进一步加强了相权，并规定了百官的仪制与服色。史称"天眷新制"，对于加速金朝的封建化和接受汉文化方面起到了积极的推动作用。

皇统元年（1141年），南宋与金签署了和议，史称"皇统和议"或"绍兴和议"，南宋称臣，西夏高丽称番。皇统九年（1149年）被右丞相海陵王完颜亮弑杀，葬于皇后裴满氏墓。《金史》载："熙宗之时，四方无事，敬礼宗室大臣，委以国政，其继体守文之治，有足观者。末年酗酒妄杀，人怀危惧。所谓前有谗而不见，后有贼而不知。驯致其祸，非一朝一夕故也。"

第四位皇帝，海陵王完颜亮（1122—1161年）女真名迪古乃，字元功，金太祖阿骨打孙，为太祖庶长子宗干的亲生子，写下"大柄若在手，清风满天下"的诗句，表明了他的志向和野心，女真改革派杰出的代表人物，是一位极力推行汉化的皇帝。完颜亮天辅六年（1122年）正月初六生于金上京会宁府（今黑龙江省哈尔滨市阿城区）。完颜亮与完颜亶皆受名儒张用直、韩昉教育，学习汉文经典，吟诗习字，自幼精通汉语，善与辽宋名士交往，雅歌儒服，能诗善文，学弈象戏、点茶焚香等样样在行，生性风流倜傥，志大才高，能言善辩，喜怒不形于色，而且极能揣摩人的心理。"谈论有成人器。

既长，风度端严，神情闲远，外若宽和而城府神秘，人莫测其际。"变幻莫测的政治风云和完颜亮先天低人一等的出身，培养了他深沉、富于心计的内向性，苦心攻文习武，终至文武双全。金熙宗深忌其才，恐为后患，未敢大用，时任丞相。皇统九年（1149年），年仅27岁的完颜亮弑君而篡位称帝，改元天德。其在位12年，为人残暴狂傲，淫恶不堪，杀人无数。然而，同时，完颜亮也励精图治，鼓励农业，整顿吏政，厉行革新，完善财制，并大力推广汉化，极度加强中央集权，成就《续降制书》，进一步巩固奠定了金王朝本身的华夏正统性和在北方的统治。金天德三年（1151年）四月，下诏迁都燕京，营筑中都，在燕京原有的基础上进行扩建和改建，历时3年燕京皇城建完。又以都城"僻在一隅，官艰于转输，民艰于赴诉"为由，借以摆脱反对派的牵制，于天德五年（1153年）让女真贵族们离开白山黑水间的上京来到燕京，改燕京为中都，府曰大兴，此举开启了北京作为历史都城的先河，促进了北方民族自南北朝以来的第二次民族大融合。正隆二年（1157年）八月，完颜亮下令撤销上京留守司衙门，罢上京称号，只称会宁府，派吏部郎中萧彦良来会宁府督办，毁掉了旧宫殿、宗庙、诸大族宅第及皇家寺院储庆寺，接着把它夷为平地，听任耕种，不留任何痕迹。正隆六年（1161年）大举攻宋。在瓜洲渡江作战时死于完颜元宜等女真保守分子手中，时年四十，后葬于房山金陵。

第五位皇帝，金世宗完颜雍（1123—1189年），女真名乌禄，金太祖阿骨打孙。在位期间修德政，肃纲纪，延揽英雄，克己勤俭，任人唯贤，执政时是金国最强盛时期，南宋的朱熹称赞他是"小尧舜"；清朝人赵翼说："金代九君，世宗最贤。"金世宗本身十分朴素，采取中庸稳固的方式管理朝政，提倡儒学；查问细微以激励官吏，严禁贪污；对经济采取务实的态度，并且免除不合理的赋税，若有天灾发生，立即救济赈灾。当时各族人民纷纷起义，他为了维持统治，利用科举、学校等制度，争取汉族贵族支持，又加强猛安谋克权力，扩大女真族占有的土地。这些都使金朝的经济、文化得到了一定程度的恢复和发展，史称"大定之治"。1189年，金章宗即位前期的政治汉化甚深，文化十分发达，史称"明昌之治"。

金代皇帝世袭表

金（1115—1234年）

庙号	谥号	女真名	汉名	在位时间	年号
始祖	懿宪景元皇帝		完颜函普	未称帝	无
	渊穆玄德皇帝		完颜乌鲁	未称帝	无
	和靖庆安皇帝		完颜跋海	未称帝	无
献祖	纯烈定昭皇帝		完颜绥可	未称帝	无
昭祖	武惠成襄皇帝		完颜石鲁	未称帝	无
景祖	英烈惠桓皇帝		完颜乌古乃	未称帝	无
世祖	神武圣肃皇帝		完颜劾里钵	未称帝	无
肃宗	明睿穆宪皇帝		完颜颇剌淑	未称帝	无
穆宗	顺章孝平皇帝		完颜盈歌	未称帝	无
康宗	献敏恭简皇帝		完颜乌雅束	未称帝	无
太祖	应乾兴运昭德定功明庄孝大圣武元皇帝	阿骨打	完颜旻	1115—1123年	收国 天辅
太宗	体元应运世德昭功哲惠仁圣文烈皇帝	吴乞买	完颜晟	1123—1135年	天会
熙宗	弘基缵武庄靖孝成皇帝	合剌	完颜亶	1135—1149年	天会 天眷 皇统
海陵炀王	圣文神武皇帝（初被废为海陵王，谥号炀）、海陵庶人（再被废为庶人）	迪古乃	完颜亮	1149—1161年	天德 贞元 正隆
世宗	光天兴运文德武功圣明仁孝皇帝	乌禄	完颜雍	1161—1190年	大定
章宗	宪天光运仁文义武神圣英孝皇帝	麻达葛	完颜璟	1190—1209年	明昌 承安 泰和
卫绍王		兴盛	完颜永济	1209—1213年	大安 崇庆 至宁

续表

庙号	谥号	女真名	汉名	在位时间	年号
宣宗	继天兴统述道勤仁英武圣孝皇帝	吾睹补	完颜珣	1213—1224 年	贞祐 兴定 元光
哀宗	敬天德运忠文靖武天圣烈孝庄皇帝	宁甲速	完颜守绪	1224—1234 年	正大 开兴 天兴

（三）鼎鼎金京

金上京是 12 世纪东北亚的政治、经济、文化、军事的中心。鼎盛时期的金代疆域国土面积达 300 余万平方公里，疆域范围北至外兴安岭（今俄罗斯远东地区）、东北鄂霍茨克海（今俄罗斯库页岛）及日本海，东南抵鸭绿江与高丽为邻，西达陕西西北地域与西夏交界，南以淮河和大散关为界与南宋对峙。

金朝实行五京制，初期是上京、东京、西京、南京、北京，海陵王迁都后是中都、东京、西京、南京、北京。金朝先后共建有六个都城，其中西京、北京、东京只是作为陪都。金兴起于上京，强盛于中都，灭于南京，历经十帝近 120 年。

上京会宁府：女真民族的发祥地，位于今哈尔滨市阿城区南 2 公里的白城，金源文化在这里留下了最深刻的记忆，它东依群山，西望松嫩平原，北到松花江，南眺远山，一条阿什河穿城而过，成就了它一代帝王之都。1115 年太祖完颜阿骨打在此建国称帝，并定都于此。历经太祖、太宗、熙宗、海陵王四代皇帝，沿用 38 年。1138 年始建京号，正式有上京的称号。太祖阿骨打称帝时，只设毡帐，晚年开始修筑宫殿，金太宗天会二年（1124 年）始营筑都城，广建宫室，将会宁州升为"会宁府"，熙宗执政时期，两次扩建宫室，在会宁府之上加封"上京"称号，称为"上京会宁府"，即今天阿城区南郊的金代皇城遗址。建南城内的皇城，皇统六年（1146 年）春，仿照北宋都城汴京进行了大规模的扩建。1153 年海陵王迁都燕京后，被削去"上京"的称号，拆毁宫殿庙宇。金世宗大定十三年（1173 年）七月，又重新恢复了"上京"称号，作为金朝的陪都。大定二十一年（1181 年）金世宗复建上京城。

上京皇宫的沙盘示意图,由金史专家郭长海(1946—2022年)根据史料复原设计。皇城周长约2公里。南北长近600米,东西宽500米。其格局与北京故宫的格局十分相像,是由中轴线为对称的形式展现整个皇城的殿、廊、阁、道。在这条中轴线上依次为皇宫的正南门、午门,第一座大殿是"皇极殿",皇极殿原名乾元殿,始建于1124年,为太宗时期的朝殿,熙宗于1138年加以扩建,改名为皇极殿。皇极门与皇极殿之间的广场作为迎接外来使节或举行盛大庆典的场所。第二座大殿为敷德殿,它是中轴线上最大的一个殿,作为皇帝临朝听政的场所。之后是寝宫宵衣殿,皇帝的寝宫。稽古殿,皇帝所使用的书房。今天我们看到的金上京遗址,地面建筑荡然无存,留下的是午门的门址和几座大殿的遗址,被列为全国重点文物保护单位。

中都大兴府:在今北京市西南。海陵王完颜亮认为,燕都地处雄要,北倚山险,南压区夏,若坐堂皇,俯视庭宇,得燕都故能控制南北,反映出金人对北京地位的基本认识。贞元元年(1153年),金迁都于此,改燕京为中都大兴府。金朝在北京建都开创了北京作为中国多民族首都的先河。1153—1214年,金朝在中都立5位皇帝,历经62年(1143—1214年),金朝第八位皇帝金宣宗,为了躲避蒙古人战乱,再次迁都于南京。

东京辽阳府:在今辽宁省辽阳市。

西京大同府:地在今山西大同市区。1123—1226年,大同作为金朝西京历时103年。

南京开封府:1214年,金宣宗完颜珣为避蒙古军锋,迁都"南京开封府"。至金哀宗天兴三年(1234年),南京开封府为蒙古所攻占。金朝在此建都历时20年(1214—1234年)后,于1234年蒙宋联合夹击下结束了金120年的辉煌统治。南宋绍定五年(1232年)蒙古大汗窝阔台,遣使赴南宋,以归还河南为条件约请南宋出兵夹攻金。南宋被骗同意。是时,金南京已经被蒙军所围,金哀宗出奔归德(今商丘),天兴二年(1233年),金哀宗又奔蔡州(今汝南)。七月,南宋将领孟珙依约夹围金军,歼灭金将武仙部于马磴山等地,后又获胜襄阳。八月,蒙古都元帅塔察儿又遣使至襄阳,约孟珙合攻蔡州。九月,金使完颜阿虎带赴南宋乞和,乞粮,遭南宋拒绝。

十月,南宋大将孟珙、江海率南宋军2万应约夹攻蔡州。金端平元年(1234年)正月,南宋、蒙古军队先后攻入蔡州。

北京大定府:在今内蒙古宁城县大明镇。1153年金朝废去临潢府的北京名号,改以大定府为北京。

哈尔滨市阿城区(金上京会宁府)是女真人的肇兴之地,境内发现金代遗址遗迹282处(其中国家级文物保护单位3处,省级11处,市级3处),如都城遗址、帝王陵墓、祭天坛、金代官印、金银饰品、钱币银锭、生产生活用具等。

如今的金源文化旅游区,核心包括金上京历史博物馆、金太祖陵遗址公园和金上京会宁府遗址,是重要的历史人文旅游景观。

金上京历史博物馆为全国唯一以展示金代历史及金源文化为主题的综合性博物馆。基本陈列九个展厅,现有馆藏文物3032件(套),一级文物28件,二级文物137件,三级文物953件,是国家二级博物馆。

金上京历史博物馆地址:哈尔滨市阿城区金源路49号。

金太祖陵遗址公园有"龙江第一陵"之称,是金朝开国皇帝完颜阿骨打的初葬之地。主要建筑有玉带桥、门殿、陵台(宝顶)、宁神殿和地下宫殿。

金太祖陵地址:哈尔滨市阿城区南郊2公里处。

金上京会宁府遗址在阿什河左畔张广才岭西麓大青山脚下,是我国境内建在最北方高纬度地区的都城址,金太祖完颜阿骨打曾在这里定都。铜坐龙、宣和金币、金盆、葵口玛瑙碗等国宝级的文物就是在这里重现人间。现已入选《中国世界文化遗产预备名单》。遗址总面积约6.28平方公里(金上京遗址南北城址面积),城垣周长约11076米。城垣采用夯土版筑技术,城垣外侧有突出墙体的马面,折角处设有角楼。南北二城城垣原有马面85座,现存82座;城门12座,其中4座为瓮城形制;现存7座角楼基址。城墙历经千年风雨,依然坚固如初。站在城墙下,残高3~5米的城墙向我们展示着金朝都城的雄伟与壮丽。金上京会宁府遗址是金朝修建的第一座都城遗址,是全国重点文物保护单位。

金上京会宁府遗址地址:哈尔滨市阿城区南郊。

(四)烁烁文脉

12世纪,中华民族历史上出现辽、金、宋、西夏并立的局面,各民族在社会制度、社会制度与法律的交流与借鉴、宗教与思想的交流与转化、经济交流与贸易活动交往、民族文化艺术的互动与交融等方面产生了广泛深入的"交往、交流、交融"。汉民族的婉约细腻与少数民族的豪放洒脱，形成了文化特色多元融合的历史时期。生发于龙江大地的金源文化，成为中华民族多源多流、多姿多彩文化宝库中的重要支脉与组成部分，对促进各民族间交往交流交融，推动形成多元一体化格局起到了重要的促进作用。

天下一家战略思想是金源文化的思想精髓。"大一统"思想萌芽于夏商周时期，春秋战国时期得到发展。金太祖完颜阿骨打统一女真各部族和白山黑水范围内辽的属国，建立金朝后，用12年时间统一了中国北方诸部落、诸民族，为汉人、契丹人、渤海人、奚人、女真人互相交往交流、杂居共处，逐渐融为一体奠定了政治基础。金天辅五年（1121年）十二月，完颜阿骨打发布诏令："辽政不纲，人神共弃，今欲中外一统"，将反辽战役转变为灭辽、统一中华北疆的战争。《金史·太祖本纪》载，天辅七年二月癸巳，诏曰："顷因兵事未息，诸路关津绝其往来。今天下一家，若仍禁之，非所以便民也。自今显、咸、东京等路往来，听从其便。"完颜阿骨打审时度势，在辽朝岌岌可危、金与北宋多次交往的情况下适时提出"中外一统、天下一家"战略思想是金源文化的思想精髓。

社会制度与法律的交流与借鉴。金太宗吴乞买依照辽、宋旧制，仿照汉官制度改革勃极烈制，使之成为中央军政的中枢机构。对原属辽朝的燕云地区，实行汉官制度，推行科举，设立行台尚书省，录用汉人为官。从金熙宗完颜亶天会十三年（1135年）到金章宗完颜璟泰和八年（1208年）的漫长和平岁月里，金国三世皇帝金熙宗、四世海陵王、五世金世宗、六世金章宗掀起了一波接一波的汉化改革浪潮，全面推行以儒治国，从金熙宗完颜亶起已经全面汉化。在朝廷，废除了"勃极烈制"，仿照宋、辽建立了中央集权体制；在地方，尽力压缩"猛安谋克制"的适用范围，设立了路、府、州、县四级地方行政机构，"猛安谋克制"只适用女真人，汉人和其他民族均按中央机制实行税赋徭役管理；在用人上，仿照宋朝实行科举考试，教授儒家经典，大量汉人、契丹人、渤海人被授予官职，孔子的第四十九世孙被封为公爵，金帝还亲自出面主持祭祀孔子的大典；在法律上，参阅唐宋法律体系出台了《皇统制》；1153年，海陵王迁都金中都燕京（今北京）后，励精图治、推行改革、积极汉化，恢复了辽朝的五京制度，将女真贵族大规模南迁，加速了民族融合。

宗教与思想的交流与转化。契丹人、女真人信仰萨满教，萨满教信奉万物有灵，是包括自然崇拜、祖先崇拜、图腾和巫术等信仰在内的原始宗教。金朝的汉化程度深于辽朝，尊孔崇儒，历代皆建孔庙、立孔碑，封孔子后裔为衍圣公。设国子监培养士子，用女真文翻译了多种中原经典，并特地设立译经所，刊印教学用的儒学九经、十四史等书。世宗曾说："朕之所以命令翻译五经，是要女真人知道仁义道德之所在。"佛教继续流行并受到严格管理，仍是以禅宗为主流。《赵城金藏》成于此时。道教在王重阳和北七真的带动下，得到蓬勃发展。金熙宗御请道教太一教始祖萧抱珍到东北传教，在今哈尔滨阿城区松峰山，为他修建道观，御赐"太一万寿观"匾额，阿城为东北道教发源地，形成道教史上一个新的高峰，促进了多民族宗教思想的交融。

经济交流与贸易活动交往。宋辽金时期，随着民族频繁交往，少数民族接受汉文化，处于渔猎农耕混合制度的女真民族，吸收北宋的农业技术，开始鼓励垦荒，开辟大量农田，视其隆兴之地东北地区为粮仓，将中原地区的生产工具和耕作技术都逐渐传播到东北，这里甚至一度成为金代经济最发达的地区。这样的结果影响深远，改变了宋以前中国农牧业分界线的格局。

金朝建立"榷场"，与西夏和南宋进行互市贸易，"无市井，买卖不用钱，惟以物相贸易"，会宁府、金中都、开封府与济南府都是当时较大的商业中心。金朝手工业生产如陶瓷、矿冶、铸造、造纸、印刷等，历经战乱与复苏都有发展，金银业和玉器业也相当发达。从出土的金代犁铧、瓠种等铁质农具看，冶铁业在金朝北方地区盛行。当时养殖蚕桑与园艺的技术也十分发达，例如利用"牛粪覆棚"将西瓜种植于较寒冷的东北地区。金医学与数学都有长足的发展，金元四大家的学说对中医发展产生重要的影响，天元术的精进与《重修大明历》的修编为后来元朝数学发展带来重要的影响。

民族文化艺术的互动与交融。金朝在文化方面也逐渐趋向汉化，希尹仿汉人楷字，用契丹字制度，合本国语，制女直字，天辅三年（1119年）颁行女真字，后熙宗女直字与之共用近500年。明永乐年间朝廷四夷馆编写的《华夷译语》有女真馆杂字和来文，现存女真字约1443个。为了弥补"内地"劳动力之不足并提高生产技能、发展经济,曾不断强制"富强工技之民"和农民迁往"内地"。金军攻破开封后,曾"押工役三千家"北归。大量汉人背井离乡、降为奴隶,被强制迁徙到"内地",将猛安谋克户移居中原屯田,交错杂居。劳动者的结构发生了巨大变化,他们与契丹、奚、女真等族人民共同开发东北,推动了东北地区的社会经济向前发展。

金章宗酷爱诗词,善作书画,学习宋徽宗的瘦金体,很有成就,他在政府秘书监下设书画局,将藏画加以鉴定,又效宋徽宗书体在名作上题签钤印。1161年,海陵王完颜亮兵分四路南侵,豪情满怀地写下了"万里车书尽会同,江南岂有别疆封;提兵百万西湖上,立马吴山第一峰"的诗句。金朝中期女真人改汉姓、着汉服的现象越来越普遍,其剽悍勇猛的崇武精神随着金朝政权的稳固而逐渐消失,朝廷屡禁不止。《宣和杂录》载:"宣和初,金民来居京师,其俗有'臻蓬蓬歌',人无不喜闻其声而效之者。"当时"臻蓬蓬歌"已成为白山黑水、长城内外、黄淮大地的流行歌曲,对中原汉族的乐舞有强烈的影响。同时,中原民族燕乐、雅乐北上,金王朝全面传承,各种礼仪均用汉制。在戏曲方面,北宋流行的诸宫调到金朝成为主要的说唱品种,有董解元的《西厢记诸宫调》和《刘知远》流传至今,其中《西厢记诸宫调》的出现,有着元曲初步形成的意义。

金朝时期的政策措施充分说明一部中国史就是一部中华各民族交融汇聚成多元一体中华民族的历史,是一部中华各民族共同缔造、巩固、发展统一多民族伟大祖国的历史。

阿骨打开始伐辽时仅有2500名女真兵。他率领这些女真兵多次创造了军事史上以少胜多的奇迹。

出河店大捷:女真3700人;辽国10万人

阿骨打起兵后,经过宁江州战役后,女真兵由2500人增加到3700人。1114年,在出河店(今吉林前郭旗八郎乡塔虎城),辽国集结10万人准备消灭女真兵,当时两军的比例是1:27。3000多铁骑乘风踏雪,直扑出河店,辽兵措手不及,纷纷溃败。此役女真俘获的辽兵和车马、粮草不可胜数,女真兵力已经超万。

黄龙府之战:"围点打援"攻陷黄龙府

黄龙府是辽朝重要的国库之所在,外城防御完善,内城守备坚固,阿骨打采取"围点打援",围住黄龙府,扫清其外围后,阿骨打率兵直捣黄龙府,表现了女真人勇夺智取的特质与锋芒。

护步答冈之战:金军2万人;辽军70万人

得知黄龙府失守的消息,辽天祚帝率70万大军,几乎倾其全部兵力,企图一举消灭新生的金政权。当时金太祖只有2万人,两军比例是1∶35,这是人类战争史上不可思议的对抗战。阿骨打为鼓舞军心,在众将士面前仰天大哭,将士大受鼓舞,两军交战后,个个冲锋在前。交战正酣时,天祚帝为解决辽朝政权纷争,回军自救。阿骨打抓住良机,紧追猛打,终于在护步答冈追上辽军,与辽军短兵相接,左右包抄,辽军大败。此役显示出阿骨打超常的胆略和杰出的军事才能,也创造了世界军事史上以少胜多的奇迹。此战之后,曾在中国不可一世200多年的大辽国一蹶不振,直至灭亡。

金源文化已经成为黑龙江的一张独特而亮丽的"金"字招牌,它吸引着四面八方的游客,共同见证并传承着这片土地上的深厚历史与文化。在阿城,金源文化得到了全面深入的传承发展,诸多珍贵的文物和文化遗产得到了有效的保护利用,形成了独具黑龙江特色的文旅名片。下一步,阿城区将突出以文塑旅、以旅彰文,把发展特色文化旅游这篇大文章做深、做实、做精,加快推动文化旅游产业发展热度向经济社会各领域延伸。

第五章
导游综合知识

第一节 导游业务

1. 如何深入理解导游服务的作用？

答：纽带作用，导游人员在旅游服务各环节之间对沟通上下、连接内外、协调左右关系等方面起着举足轻重的作用；标志作用，导游服务质量的好坏不仅关系到整个旅游服务质量的高低，而且关系着国家或地区旅游业的声誉和形象；信息反馈作用，导游人员根据自己的接待实践，综合游客的意见，反馈到旅行社有关部门，促使旅游产品的设计、包装和质量得到不断改进和完善，更好地满足游客的需要；扩散作用，优质导游服务能对旅游目的地旅游产品和旅行社形象起到扩散或传播作用。

2. 参加我国导游资格考试人员应具备的条件有哪些？

答：中华人民共和国公民；身体健康；具有高级中学、中等专业学校或者以上学历；具有适应导游需要的基本知识和语言表达能力。

3. 按业务范围划分导游人员可分为哪几类？

答：出境旅游领队人员：是指经国家旅游行政主管部门批准可以经营出境旅游业务的旅行社的委派，全权代表该旅行社带领旅游团从事旅游活动的工作人员。全程陪同导游员：是指受组团旅行社委派，作为组团社的代表，在领队和地方陪同导游人员的配合下实施接待计划，为旅游团（者）提供全程陪同服务的工作人员。

地方陪同导游员：是指受接待旅行社委派，代表接待社实施接待计划，为旅游团（者）提供其工作的地区旅游活动安排、讲解、翻译等服务的工作人员。旅游景区讲解员：是指在其工作旅游景区景点，如博物馆、自然保护区等为游客进行导游讲解服务的工作人员。

4. 赴饭店途中地陪导游服务主要工作有哪些？

答：赴饭店途中服务主要工作有：致欢迎词、说明事项、首次途中导游（调整时差、介绍前往地点、介绍本地概况、介绍沿途风光、介绍下榻饭店情况）、宣布集合时间、地点。

5. 如何带领旅游团（者）用好第一餐？

答：按约定时间带旅游者到用餐餐厅，引领旅游团（者）成员就座。介绍就餐的有关规定；向餐厅说明旅游团中有无素食旅游者，有无特殊要求或饮食忌讳者；将领队、全陪介绍给餐厅经理或主管服务员；用餐过程中要巡视旅游者用餐情况一两次，征求意见，回答问题；如在饭店外用餐，用餐后，按实际用餐人数、标准和领用酒水数量，如实填写《餐饮费结算单》，并与供餐单位结账。

6. 游客在入住过程中有个别要求的处理原则是什么？

答："合理而可能"原则既是导游服务原则，也是导游处理问题、满足旅游者要求的依据和准绳。

"合法"的理解：第一，游客的要求不违法，符合中国人的道德规范，符合导游的职业道德；第二，游客的要求不违反旅游协议合同，不改变既定行程；第三，虽然造成合同的部分更改或预订的改变，但游客愿意支付相关费用。

"可能"的理解：只要具备满足旅游者合理要求的条件，有时即使有一定难度，但通过导游人员的努力还是能达到，这样的要求即是可能的。

凡是合理的又有可能实现的，尽量去做；对不合理或不可能实现的要求和意见，导游要耐心解释。

7. 游客要求调换房间，导游应如何处理？

答：房间不干净，游客提出换房应立即满足，必要时应调换饭店；客房设施损坏，应与饭店有关部门联系予以满足；房间的朝向、层数不佳。客人要求调换另一朝向或另一楼层的同一标准客房时,若不涉及房间价格并且饭店有空房,可与饭店客房部联系,适当予以满足,或请领队在团队内部进行调整。无法满足时,应做耐心解释,并向游客致歉;游客要住高于合同规定标准的房间,如有可予以满足,但游客要交付原定饭店退房损失费和房费差价。

8. 游客要求在景区自行游览,导游应该如何处理?

答:一般情况下,只要景区安全有保证,不影响全团行程,景区导游可以满足游客自行游览的要求。但景区导游应事先向客人强调景区游览注意事项,提醒游客留意游览时间和离开景区地点,以免造成游客走失。

当游客人身和财产安全得不到足够保证时,如在高海拔地区或高山悬崖地区旅游,在治安状况不好的景区或在江河湖泊地区旅游,景区导游原则上不能同意游客自行游览的要求,对掉队团员也应及时找回,尽可能让游客随团行动。

9. 旅游者在旅游过程中要求探视在华亲友,导游应如何处理?

答:(1)当游客向导游提出此类要求时,应设法予以满足。

(2)如游客知道亲友的姓名、地址,导游人员应协助联系,并向游客讲明具体乘车路线。

(3)如游客只知亲友姓名或某些线索,但地址不详,导游可通过旅行社请公安户籍部门帮助寻找,找到后及时告诉游客并帮其联系;若旅游期间没找到,可请游客留下联系地址和电话号码,待找到其亲友后通知他。

(4)若海外游客要求会见中国同行洽谈业务、捐款捐物或进行其他活动,导游人员应向旅行社汇报,在领导指示下给予积极协助。

(5)若海外游客慕名求访某位名人,导游人员应了解游客要求会见的目的并向领导汇报,按规定办理。

10. 旅游者要求让在华亲友随团活动,导游应如何处理?

答:当游客向导游提出此类要求时,导游应根据不同情况处理。

(1)先看车上是否有空位。

(2)先征得领队和旅游团其他成员的同意。

(3)与旅行社有关部门联系,如无特殊情况可到旅行社办理入团手续。

(4)若是外国外交官员随团活动,应请示旅行社,严格按照我国政府有关规定办理。

（5）若随团活动的亲友是记者，应请示有关部门，获准后方可办理有关入团手续。

11. 旅游者要求中途退团，导游应该如何处理？

答：旅游者因患病、负伤，或因家中出事，或因工作上急需，或因其他特殊原因，要求提前离开旅游团，中止旅游活动，经地接社与组团社协商后可予以满足；至于未享受的综合服务费，按旅游协议书规定，或部分退还，或不予退还。

旅游者无特殊原因，只因某个要求得不到满足而提出中止旅游活动，导游应配合领队做说服工作，劝其继续随团旅游，同时积极了解旅游者中止旅游活动的真实原因，如果接待方旅行社确有责任，应设法尽快弥补。

若旅游者提出的是无理要求，要耐心解释。

若说理、劝说无效，旅游者仍执意要求中止旅游活动，可满足其要求，但应告知他未享受的综合服务费用不予退还。

12. 游客要求增加购物时间或单独外出购物，导游应该如何处理？

答：（1）要求增加购物时间。旅游团在一地的购物次数和时间，一般在旅游协议上有明确规定，导游必须严格执行旅游计划，不得任意增加购物次数和时间。

（2）要求单独外出购物。游客要求单独外出购物，导游要予以协助，当好购物参谋。但在旅游团快离开本地时，要劝阻游客不要单独外出购物。

13. 旅游者要求购买中药材，导游应该如何处理？

答：旅游者想购买中药材，导游应告知中国海关的有关规定：入境旅游者出境时携带用外汇购买的、数量合理的中药材、中成药，需在海关交验盖有国家外汇管理局统一制发的"外汇购买专用章"的发货票，超出自用合理数量范围的不准带出。

14. 游客要求购买古玩或仿古艺术品，导游应该如何处理？

答：（1）劝阻游客去地摊购物。

（2）建议他们去文物商店购买。导游应建议他们去文物商店或专为外国人服务的商店去购买，并要提醒他们：购妥物品后要保存好发票；物品上若有火漆印，不要去掉，这是因为外国游客若要携带古玩或仿古艺术品出境，必须向中国海关出示发票或火漆印，如无就有可能遇到麻烦。

（3）提醒去文物部门鉴定。如有游客收到朋友赠送的古字画或古玩，导游一定要提醒他们去文物部门对其进行鉴定并取得鉴定证书。

15. 游客要求退换商品，导游应该如何处理？

答：游客购物后发现是残次品、计价有误或对物品的颜色、式样等不满意，要求导游帮其退换时，导游绝不能以"商品售出，概不退换"之类的话搪塞、推托，而要积极协助，满足其要求。游客以"假货"为理由要求退换时，为了维护有关商店和我国商业的信誉，导游应提出鉴定其真伪。鉴定证明是假，商店要承担一切责任；鉴定是真，费用则由游客支付。

16. 游客要求导游代为购买商品并托运商品，导游应该如何处理？

答：要求代为购买并托运：游客要求导游代为购买商品，尤其是贵重商品时，导游应婉言拒绝，建议游客亲自来挑选、购买。游客一再坚持，导游也不能贸然答应，而要请示领导，经批准后方可接受委托。委托人要写下委托书并留下足够的购物款项或订金。导游要向领导汇报并出示委托书和钱款。购物、托运后，购物发票、托运单和托运费收据至少要复印一份，将原件和余款寄给委托人。导游员要向领导汇报并出示各种复印件及邮局收据，然后将其妥善保存。

要求协助托运：游客欲购大件商品，要求导游员帮其托运，导游应告诉游客出售大件商品的商场一般都可代办理托运业务，购物后就可当场办理托运手续；若商场无托运业务，导游员就要协助旅游者办理托运手续。

17. 游客要求换餐，如将中餐换成西餐，便餐换成风味餐等，导游应该如何处理？

答：旅游团在用餐前3小时提出换餐要求，地陪要尽量与餐厅联系，按有关规定办理；接近用餐时游客提出换餐，一般不应接受要求，但导游要做好解释工作；若游客仍坚持换餐，导游可建议他们自己点菜，费用自理。

游客用餐时要求加菜、加饮料的要求可以满足，但费用自理。

18. 游客要求单独用餐，导游应该如何处理？

答：由于旅游团的内部矛盾或其他原因，个别游客要求单独用餐，此时导游要耐心解释，并告诉全陪或领队请其调解，尽量不要破坏整个旅游团的气氛；如游客坚持，导游可协助其与餐厅联系，帮助解决独立用餐的问题，但要告知餐费自理，综合服务费不退。

19. 游客要求提供客房内用餐服务，导游应该如何处理？

答：若某游客生病，无法和团队一起就餐，导游或饭店服务员应主动将饭菜送进旅游者的房间以示关怀；若是健康的游客希望在客房用餐，如果餐厅能提供此项服务，可满足游客的要求，但须告知游客服务费自理。

20. 如果计划内有文娱活动，导游应该做好哪些服务工作？

答：安排游客观看计划内的文娱节目，地陪应陪同前往，并向游客简要介绍节目内容和特点。到达剧场（比赛场馆）后应引导游客就座，介绍剧场（比赛场馆）结构、设施、位置，解答提出的问题。在节目演出或比赛过程中，地陪要始终坚守岗位，不得擅自离开。

21. 游客要求替换计划内的娱乐活动，导游应该如何处理？

答：游客提出这样的要求：若时间许可，又有可能调换，请旅行社调换；若无法安排，导游员要耐心解释，并告知票已购妥，不能退换，请他们谅解；游客若坚持观看别的演出，可给予帮助，但费用自理。

22. 旅游事故处理的基本原则是什么？

答：（1）将损失降至最小。面对旅游故障的发生，导游在处理时应从尽可能使双方利益损失降到最低限度的角度出发，采取相应措施尽快排除。

（2）确保旅游活动正常进行。导游首先应从双方的根本利益出发，及时尽早地使旅游故障得到妥善处理，确保旅游活动的正常进行。其次，在某些只涉及个别或少数旅游者的旅游故障发生时，要确保其余多数旅游者旅游活动的正常进行。

（3）按规章办事。凡是我国有关法律、法规有明确规定的，导游都应按规章办事，不得自行其是。对于法律、法规没有规定的涉及旅游业务运行的有关旅游故障，如旅游者日程变更、旅游者行李丢失等，导游人员也应及时报告旅行社，根据旅行社的意见或在旅行社的协助下进行处理。

23. 旅游事故处理的程序有哪些？

答：沉着冷静，稳定游客；分清孰轻孰重，拟定处置方案；实施拟定的处置方案；遗留问题的处理；撰写总结报告。

24. 哪些事故属于接团事故，请进行详细说明。

答：接团事故包括漏接、空接、错接。

漏接是指旅游团（者）抵达一站后，无导游迎接的现象。

空接是指旅游团由于某种原因推迟抵达，而导游仍按原计划预定时间前往接站地点但没有接到旅游团的现象。

错接是指导游未认真核实接了不该由他接的旅游团（者）。

25. 如何避免漏接事故的发生，做好预防工作？

答：认真阅读接待计划；提前抵达接站地点；核实交通工具到达的准确时间；导游人员应与司机商定好出发时间，保证按规定提前半小时到达接站地点。

26. 如何进行错接事故的处理？

答：报告领导；同一家旅行社的团队，导游均为地陪——将错就错；非同一家旅行社的团队——致歉，并交换团队；如果自己的团队还在车站，旅行社马上安排其他人员接站。

27. 旅游团（者）要求变更计划和日程，应如何处理？

答：旅游计划和活动日程一旦商定，各方都应严格执行，一般不轻易更改。在旅游过程中，旅游团（者）若提出变更路线或日程要求，导游人员原则上应按合同执行。如果有特殊情况，应上报国内组团社，根据组团社的指示做好工作。大的变动组团社会与地接社直接协商，变动后由地接社计调部通知导游更改行程即可。小的微调组团社领队或全陪可能绕过旅行社，直接与地陪协商。如果对方的要求含有改变旅游计划的内容，导游就应该慎重处理。一般情况下应坚持按合同办事，不轻易改变旅游计划。

28. 客观原因被迫变更旅游路线或日程，应如何处理？

答：（1）导游了解情况，判断是否确实需要变更旅游活动计划或者日程。

（2）稳定游客情绪。

（3）在对事态充分了解之后，导游分析计划和日程变更后的后果，共同商量应变办法。

（4）将应变办法分别向各自旅行社报告。

（5）旅行社同意后，及时向游客通报，争取游客的理解和支持，并根据计划变更情况对日程作出相应的调整。

29. 误机（车、船）事故应该如何预防？

答：误机（车、船）事故是指旅游团（者）没有赶上原定航班（车次、船次）而导致的暂时滞留。导游要充分认识误机（车、船）的严重后果，杜绝此类事故发生。

预防措施：（1）旅游团离站前，导游应提前确认票据的日期、班次、时间、目的地等，及时与旅行社内勤和交通部门联系，核实起飞（开车、开船）时间。

（2）旅游团离站前，不安排旅游团到热闹的地方购物或自由活动，不安排旅游团到范围广、地域复杂的景点参观游览。

（3）安排充裕的时间送站，乘国际航班应提前180分钟到达机场；乘国内航班应提前120分钟到达机场；乘火车或轮船应提前60分钟到达车站或码头。

（4）送站前，应了解前往机场（车站、码头）的路况。

30. 外国旅游者在中国旅游期间丢失护照应如何处理？

答：当地地接社开证明；当地公安局挂失开证明；到所在国驻中国使领馆补办护照；再到公安局办理签证。

31. 在中国境内旅游，丢失外国旅游团团体签证应如何处理？

答：准备签证副本、团队成员护照和名单；当地地接社开具证明、收集护照；公安机关报失、申请补办。

32. 中国公民出境游丢失护照和签证，应该如何处理？

答：当地接待社开证明；警察机构开具报案证明；到我国驻该国使领馆办新护照；所在国移民局办新签证。

33. 我国内地居民赴港澳台旅游丢失有效证据，应该如何处理？

答：（1）内地居民所持"往来港澳通行证"丢失，向广东省公安厅深圳或珠海出入境签证办事处申请"入出境通行证"返回内地。

（2）大陆居民在台湾遗失"大陆居民往来台湾通行证"，可通过民间机构或委托其大陆亲属，向公安部出入境管理局或原受理申请的公安机关出入境管理部门提出申请，并提交拟入境的具体时间、所乘交通工具的班次及入境口岸。经核实后，由公安部出入境管理局通知申请人拟申请入境口岸所在地的公安机关出入境管理部门签发的一次性有效的"中华人民共和国入出境通行证"，并通知拟入境口岸的边防检查机关准许其入境。入境后由原受理申请的公安机关出入境管理部门补发证件。

34. 如何做好游客走失的预防？

答：（1）游览活动中，导游应在每天早晨及时向游客通报一天的行程，包括参观、游览的地点、用餐地点等，让游客对全天安排心中有数，增强自觉性。而且即使掉队，也可能自动找到团队。

（2）到达景点后，要求游客记住旅游车的特征、车号、停车地点及上车时间；并在景点导游图前介绍游览路线。

（3）游览过程中，应时时留意游客动向，防止走失。一般由地陪负责景点讲解，领队或全陪断后，及时提醒团员跟上团队。

（4）自由活动时，地陪应提醒游客不要走得太远，不要回饭店太晚，不去社会秩序混乱的地方。游客单独外出，地陪应请他带上下榻饭店的店徽或联系电话。

35. 游客走失的处理方法。

答：如果游客在游览活动中走失：了解情况，迅速寻找；争取有关部门的协助；向旅行社报告；处理好善后工作；写出事故报告。

如果游客在自由活动时走失：立即报告旅行社；协助公安部门处理；处理好善后工作；其他情况按照治安事故或其他事故处理。

36. 旅游者患一般疾病的处理程序。

答：及早就医，注意休息；关心患者的病情；向旅游者讲清看病的费用自理；严禁导游擅自给患者用药。

37. 游客在游玩过程中中暑症状和处理方法是什么？

答：发生在高温环境下，患者出现全身乏力、头痛、头晕、耳鸣、眼花、恶心、胸闷、口渴、多汗，严重者面色苍白、呕吐，甚至神志不清、昏迷。

对中暑者，要立即将其移到阴凉通风处，解开衣领，放松裤带，给患者扇风。

可能时让其饮用含盐饮料，服用十滴水或人丹。对发热者要用凉水或酒精擦拭身体物理降温。出现神志不清时，可指按人中穴、双手合谷穴，以促其苏醒，并尽快送医院治疗。

38. 游客在旅游过程中骨折应该如何处理？

答：受伤部位肿胀瘀血，四肢骨折可见局部变形，活动困难。开放性骨折，其折断的骨骼会暴露在外，而闭合性骨折，痛处皮肤表面无伤口。

（1）止血：常用的止血方法有手压法，即用手指、手掌或拳在伤口靠近心脏一侧压迫血管；加压包扎法，即在伤口处放上厚敷料，用绷带加压包扎。

（2）止血带法：用弹性止血带绑在伤口靠近心脏一侧的大血管处。

（3）包扎：包扎前最好清洗伤口，包扎动作要轻柔，松紧要适度，绷带的结口不要在伤口处。

（4）上夹板：导游应就地取材进行固定，如用纸板、木板、树枝代替夹板，再用布条固定，尽快送往医院诊治。

39. 游客被蝎、蜂蜇伤及蛇咬伤，应该如何处理？

答：游客在景区若被蝎、蜂蜇伤：景区导游人员首先应安抚客人，同时采取有效措施避免其他游客被再次蜇伤。待客人情绪稳定后，可设法将毒刺拔出，用口或吸管吸出毒液，然后用肥皂水，条件许可时用5%的苏打水或3%的氨水冲洗伤口，同时服用止痛药。

客人在景区被蛇咬伤：一般伤在四肢，导游可在其伤口上方5~10厘米处用一条带子绑住，但不要切断血液循环。然后用水清洗伤口，或用消毒刀片在蛇毒牙痕处切一道深约半厘米的切口，切口应向下；其次用嘴将毒液吸出吐掉；随后请景区管理人员或领队、全陪将伤者送医院救治，景区导游继续带团游览。

40. 旅游过程中突发火灾时的处理方法是什么？

答：（1）立即报警。

（2）迅速通知领队及全团游客，迅速沿安全通道转移到安全地方，注意：千万不要选择乘电梯逃命。

（3）积极引导游客自救。若身上着火，可就地打滚或用厚重衣物压灭火苗。必须穿过浓烟时，用浸湿的衣物披裹身体，捂着口鼻，贴近地面顺墙爬行。大火封门无法逃出时，可用浸湿的衣物、被褥堵塞门缝或泼水降温等待救援。在窗口摇动色彩鲜艳的衣物呼唤救援人员。

（4）协助处理善后事宜。

（5）报告旅行社，写出书面报告。

41. 食物中毒处理的程序是什么？

答：导游应设法催吐，让食物中毒者喝水300~500毫升，以加速排泄，缓解毒性；立即将患者送医院抢救，请医生开具诊断证明；发生单位及人员及时上报，及时调查处理，控制事态的发展；迅速报告旅行社并追究供餐单位的责任。

42. 泥石流发生时应采取的紧急措施有哪些？

答：带领旅游团向山坡上坚固的高处或连片的岩石区快跑，不要停留在山坡下的房屋、电线杆、河沟边和低洼处，也不要攀爬到树上躲避。逃离时要尽量与泥石流的流向成垂直的方向奔跑，切勿与泥石流同向奔跑。不要带领旅游者停留在泥石流附近的土质松软处或土体不稳定的斜坡上。组织旅游者快跑时，要提醒他们扔掉一切妨碍速度的物品。到达安全地带后，要立即与旅行社或当地有关部门联系，汇报情况请求援助。

43. 旅游者投诉的心理特征有哪些？旅游投诉的处理技巧有哪些？

答：心理特征：求尊重的心理；求发泄的心理；求补偿的心理。

处理技巧：耐心聆听不与争辩；表示同情和理解，不盲目做出承诺；调查了解，迅速答复。

44. 机票根据购买对象分成几个类型以及价格特点？

答：机票根据购买对象分为成人票、儿童票、婴儿票等。成人机票是指年满12周岁的人士应购买的机票。儿童票是指年龄满2周岁但不满12周岁的儿童所购买的机票，票面价值是成人适用的正常票价的50%左右，提供座位。婴儿票是指不满2周岁的婴儿应购买的机票，票面价值是成人适用的正常票价的10%左右，不提供座位，一个成人旅客若携带婴儿超过一名时，超出的人数应购买儿童票。购买儿童票和婴儿票时，应出示有效的出生证明。

45. 导游与游客交往的技巧有哪些？

答：（1）尊重游客。

（2）保持微笑服务。

（3）学会使用柔性语言。

（4）与游客建立"伙伴关系"。

（5）提供个性化服务。

46. 烟酒物品被限制进出境条件有哪些？

答：来往我国港、澳地区的游客免税烟草制品限量：香烟200支或雪茄

50 支或烟丝 250 克；免税 12 度以上酒精饮料限量：酒 1 瓶（不超过 0.75 升）。

当天往返或短期内多次来往港、澳地区的游客，免税烟草制品限量：香烟 40 支或雪茄 5 支或烟丝 40 克；免税 12 度以上酒精饮料限量：不准免税带进。

其他入境游客免税烟草制品限量：香烟 400 支或雪茄 100 支或烟丝 500 克；免税 12 度以上酒精饮料限量：酒 2 瓶（不超过 1.5 升）。

对不满 16 周岁者，烟酒禁止携带。

47. 外汇被限制进出境条件有哪些？

答：游客携带外币、旅行支票、信用证等进境，数量不受限制。

游客携带 5000 美元或等值其他外币入境，须向海关如实申报；复带出境时，海关凭本次入境申报的数额核发。

游客携带外币现钞金额等值 5000 美元至 1 万美元出境，海关凭携带外汇出境许可证查验放行。

48. 中药材、中成药被限制进出境条件有哪些？

答：游客携带中药材、中成药出境，前往国外的，总值限人民币 300 元；前往港澳地区的，总值限人民币 150 元；寄往国外的中药材、中成药，总值限人民币 200 元；寄往港澳地区的，总值限人民币 100 元。

进境游客出境时携带用外汇购买的、数量合理的自用中药材、中成药，海关凭有关发货票和外汇兑换证明放行。

麝香、犀牛角、虎骨以及超出上述规定限值的中药材、中成药不准出境。

49. 散客旅游的特点有哪些？

答：规模小；批次多；预定期短；要求多；变化多；自由度大。

50. 旅游团队中，有儿童游客时，应该掌握的"四不宜"原则是什么？

答：（1）不宜突出儿童，冷落了其他游客。

（2）不宜给儿童买玩具、买食物。

（3）即使家长同意也不宜单独把旅游者的孩子带出活动。

（4）儿童生病，应及时建议家长请医生诊治，而不宜建议其给孩子吃什么药，绝不能将自己随身携带的药品给儿童服用。

第二节 黑龙江省导游基础知识

1. 请问黑龙江的主要水系包括哪些?
答:黑龙江、松花江、乌苏里江、嫩江和绥芬河。

2. 黑龙江省的森林可以划分为三大林区,分别是指哪三个?
答:大兴安岭、小兴安岭和东南山地。

3. 黑龙江省野生动物资源十分丰富,其中国家一级重点保护野生动物中最具代表性的是什么?
答:东北虎、丹顶鹤、白鹤。

4. 黑龙江省的鱼类资源丰富,具有3个比较明显的特征,分别是什么?
答:经济鱼类多、名贵特产鱼类多、冷水性鱼类多。

5. 请说出中俄两国界河在我国和俄罗斯的名称分别是什么。
答:黑龙江和阿穆尔河。

6. 我国第一大高山熔岩堰塞湖同时也是世界地质公园、国家AAAAA级旅游景区是指哪里?
答:牡丹江镜泊湖。

7. 请说出黑龙江省AAAAA级旅游景区有哪些?
答:哈尔滨太阳岛、黑河五大连池、牡丹江镜泊湖、伊春汤旺河区林海奇石景区、漠河北极村、虎林市虎头旅游景区。

8. 请说出黑龙江省有哪些特产?
答:人参、玛瑙雕、五常大米、桦川大米、克山马铃薯、东宁黑木耳。

9. 请说出黑龙江农业的3张金字招牌具体指什么?
答:寒地黑土、绿色有机、非转基因。

10. 黑龙江省在地理位置上的两个极点分别是哪里?
答:北极为漠河北极村、东极为抚远乌苏镇。

11. 黑龙江省可食用的菌类主要有哪些?
答:松茸、黑木耳、猴头蘑、榛蘑、元蘑、桦树蘑等。

12. 黑龙江省著名的炖菜有哪些?
答:小鸡炖蘑菇、排骨炖豆角、鲇鱼炖茄子、猪肉炖粉条、牛肉炖柿子、得莫利炖鱼、酸菜白肉炖粉条、氽白肉血肠、东北乱炖等。

13. 世居黑龙江省的少数民族主要有哪些？

答：满族、朝鲜族、蒙古族、回族、达斡尔族、锡伯族、赫哲族、鄂伦春族、鄂温克族、柯尔克孜族。

14. 请说出黑龙江省下辖的地级市行政辖区。

答：哈尔滨、齐齐哈尔、牡丹江、佳木斯、大庆、鸡西、双鸭山、鹤岗、绥化、七台河、伊春、黑河、大兴安岭地区。

15. 黑龙江省湿地面积居全国第四位，请说出黑龙江省的3个湿地资源名称。

答：扎龙湿地、当奈湿地、太阳岛湿地。

16. 扎龙国家级自然保护区有多少种鹤类，分别是什么？

答：6种，丹顶鹤、白鹤、白头鹤、白枕鹤、灰鹤和蓑羽鹤。

17. 请说出作为国家级湿地自然保护区，王震同志曾率领十万转业官兵一起开发建设美丽富饶的岛屿名称。

答：燕窝岛。

18. 凉水自然保护区被誉为小兴安岭的一颗明珠，其保护区内分布着哪些林带？

答：山地阔叶红松林带和谷地冷云杉林带。

19. 请说出黑龙江省具有代表性的温泉有哪些。

答：北国温泉、林甸温泉和连环湖温泉。

20. 请说出满族美食代表。

答：白肉血肠、黏火烧、打糕。

21. 蒙古族的饮食分为白食和红食，分别指什么？

答：白食指奶制品，红食指肉制品。

22. 请说出"好来宝"作为说唱结合的艺术，其形式分2种，具体是指什么？

答：一种是对偶式，一种是问答式。

23. 请说出回族的三大节日？

答：开斋节、古尔邦节和圣纪节。

24. 黑龙江省哪个少数民族的房舍成"介"字形？

答：达斡尔族。

25. 米阔鲁节是哪个民族牧民庆丰收的节日？

　　答：鄂温克族。

26. "仙人柱"是哪个民族的代表？

　　答：鄂伦春族。

27. 赫哲族民间流传最广、时间最长的古老民间说唱文学是指？

　　答：依玛堪。

28. 农历正月十六是锡伯族的什么节日？

　　答：抹黑节。

29. 腕子炕是哪个少数民族的代表？

　　答：柯尔克孜族。

30. 世代生息繁衍于黑龙江两岸及大小兴安岭地区以游猎为生的民族是指？

　　答：鄂伦春族。

31. 主要聚居在黑龙江、松花江、乌苏里江的三江流域的少数民族是指？

　　答：赫哲族。

32. 古罗马的柱式源于古希腊，常见的有哪几种？

　　答：多立克柱式、爱奥尼柱式、科林斯柱式。

33. 柯尔克孜族在诺劳孜节这一天做一种美食叫什么？

　　答：克缺饭。

34. 达斡尔族在正月十六有一个习俗是什么？

　　答：抹黑脸。

35. 哈尔滨的建筑样式丰富多彩，哪些是中国其他城市中所没有的？

　　答：新艺术运动、拜占庭样式。

36. 著名史诗《玛纳斯》是中国三大英雄史诗之一，更是哪个少数民族的百科全书？

　　答：柯尔克孜族。

37. 折中主义建筑主要是模仿哪些建筑风格？

　　答：文艺复兴式、巴洛克式、古典式为主的多种风格。

38. 鄂温克族游猎途中修造一种仓库，是家族公社公用的仓库，称为什么？

　　答：靠老宝。

39. 柯尔克孜族的丰盛大菜是指什么？

答：手扒肉。

40. 赫哲族把他们冬季外出行猎时的住处"撮罗安口"叫做什么？

答：温吐库。

41. 窗户纸糊在外是指哪个少数民族的习俗？

答：满族。

42. 哈尔滨铁路局是哪个风格的建筑？

答：新艺术运动。

43. 位于哈尔滨的国际饭店被设计成什么形式？

答：手风琴。

44. 请概括黑龙江菜的特点？

答：黑、咸、黏、盘大、实惠。

45. 请简述哈尔滨的"三大盖"？

答：大面包像锅盖、喝啤酒像灌溉、哈尔滨红肠才叫盖。

46. 请举例说明哈尔滨的冰冻食品？

答：冰冻水果、冻豆腐、冰糖葫芦。

47. 请简述格瓦斯的保健作用？

答：含有丰富的蛋白质、氨基酸、维生素、乳酸等营养成分，长期饮用具有开胃、健脾、降血压、消除疲劳的保健作用。

48. 黑龙江省的饮食文化也包括传统饭店、餐馆门前的"幌子"，还被称为什么？

答：酒旗、望子、酒帘。

49. 请举例说出黑龙江省的名店和名小吃？

答：老都一处饭店和三鲜水饺、老鼎丰、得莫力炖鱼、东方饺子王、华梅西餐厅。

50. 请举例说出黑龙江省的野生水果有哪些？

答：蓝莓、北国红豆、三莓果、山葡萄、山丁子等。

第三节　全国导游基础知识

1. 请列举中国共产党第一次全国代表大会参会人员。（5个即可）

答：上海的李达、李汉俊，北京的张国焘、刘仁静，武汉的董必武、陈潭秋，长沙的毛泽东、何叔衡，广州的陈公博，济南的王尽美、邓恩铭，旅日的周佛海，以及由陈独秀指定的代表包惠僧出席会议，代表全国50多名党员。

2. 请列举红军长征有哪些战役？（4个即可）

答：血战湘江、鏖战独树镇、四渡赤水、巧渡金沙江、强渡大渡河、飞夺泸定桥、娄山关大捷、吴起镇战斗、甘孜会师等。

3. 请说出四大文明古国是哪些？

答：古埃及、古印度、古巴比伦王国、古代中国。

4. 请说出中国古代四大发明。

答：造纸术、印刷术、火药、指南针。

5. 请说出我国古代四大农书？

答：《齐民要术》《农桑辑要》《东鲁王氏农书》（又名《王祯农书》）、《农政全书》。

6. 请说出儒家代表作中"四书五经"分别指什么？

答：四书即《大学》《中庸》《论语》《孟子》。

五经即《诗经》《尚书》《礼记》《周易》《春秋》。

7. 请说出明朝时期戏曲中"四大声腔"。

答：海盐、余姚、弋阳、昆山。

8. 请说出京剧中的"四大名旦"。

答：梅兰芳、荀慧生、程砚秋、尚小云。

9. 请说出"连中三元"指的是哪三元？

答：乡试第一名解元、会试第一名会元、殿试第一名状元。

10. 请说出三纲五常是什么?

答:"三纲"即"君为臣纲""父为子纲""夫为妻纲";"五常"即仁、义、礼、智、信。三纲五常是封建伦理道德的规范化教条,对维护封建统治秩序起到巨大作用。

11. 请说出唐宋八大家。(4个即可)

答:唐代韩愈、柳宗元,宋代欧阳修、王安石、苏洵、苏轼、苏辙、曾巩。

12. 请说出我国四大名著和作者。

答:罗贯中《三国演义》、施耐庵《水浒传》、吴承恩《西游记》、曹雪芹《红楼梦》。

13. 中国的世界自然与文化双重遗产有哪几个?

答:山东泰山(1987)、安徽黄山(1990)、四川峨眉山—乐山大佛(1996)、福建武夷山(1999)。

14. 请说出中国古代三大工程。

答:坎儿井、万里长城、京杭大运河。

15. 传统思想在中国古代建筑中是如何体现的?

答:敬天祀祖、皇权至上、以中为尊、阴阳五行。

16. 请说出中国古建筑中屋顶形式和结构?(3个即可)

答:庑殿顶、歇山顶、攒尖顶、悬山顶、硬山顶、卷棚顶、盝顶。

17. 江南三大名楼指的是?

答:江西南昌的滕王阁、湖北武汉的黄鹤楼、湖南岳阳的岳阳楼。

18. 请说出中国历史名山中"五岳"指的是哪些名山及其所在省份?

答:(中岳)河南嵩山、(东岳)山东泰山、(西岳)陕西华山、(南岳)湖南衡山、(北岳)山西恒山。

19. 请说出四大佛教名山。

答:浙江普陀山(观音菩萨)、山西五台山(文殊菩萨)、四川峨眉山(普贤菩萨)、安徽九华山(地藏王菩萨)。

20. 请说出佛祖的四大圣迹。

答:释迦牟尼的出生地蓝毗尼园、成道地菩提伽耶、初转法轮地鹿野苑、涅槃地拘尸那迦。

21. 请说出中国四大宗教各自的标志。

答：佛教的标志是法轮，道教的标志是八卦太极图，基督教的标志十字架，伊斯兰教的标志新月。

22. 请说出中国十大名茶。（4个以上即可）

答：西湖龙井、洞庭碧螺春、黄山毛峰、君山银针、信阳毛尖、安徽祁门红茶、六安瓜片、都匀毛尖、武夷岩茶、安溪铁观音。

23. 请列举中国十大名酒。（4个即可）

答：贵州茅台、四川五粮液、山西汾酒、四川泸州老窖、四川剑南春、江苏洋河大曲、安徽古井贡酒、贵州董酒、陕西西凤酒、四川郎酒。

24. 请说出中国四大名砚。

答：端砚、洮砚、歙砚、澄泥砚。

25. 请说出宋代五大名窑。

答：汝窑、官窑、哥窑、定窑、钧窑。

26. 中国传统工艺"三绝"指的是什么？

答：北京景泰蓝、江西景德镇瓷器、福建脱胎漆器。

27. 请说出我国四大名绣。

答：苏州苏绣、湖南湘绣、广东粤绣、四川蜀绣。

28. 文房四宝分别指的是什么？

答：湖笔、徽墨、端砚、宣纸。

29. 请说出泰山四景。

答：旭日东升、晚霞夕照、黄河金带、云海玉盘。

30. 请说出我国四大古建筑群。

答：北京故宫、山东曲阜三孔、河北承德避暑山庄、山东泰安岱庙。

31. 请说出我国三大宫殿式建筑。

答：北京故宫的太和殿、山东曲阜孔庙的大成殿、山东泰安岱庙的天贶殿。

32. 请说出南岳衡山四绝是什么？

答：祝融峰之高，方广寺之深，藏经殿之秀，水帘洞之奇。

33. 请说出黄山四绝有哪些？

答：奇峰、怪石、林海、温泉。

34. 请说出佛教菩萨四大道场。

答：山西五台山文殊菩萨道场、浙江普陀山观音菩萨道场、四川峨眉山普贤菩萨道场、安徽九华山地藏王菩萨道场。

35. 请说出三江并流是哪三江及其地理位置。

答：金沙江、澜沧江、怒江，云南省。

36. 请说出京杭大运河沟通了哪些水系？

答：黄河、海河、淮河、长江、钱塘江。

37. 请说出京杭大运河流经哪些省级行政单位？

答：京、津、冀、鲁、苏、浙。（省份名称得分）

38. 请说出西湖十景有哪些？（5个即可）

答：苏堤春晓、断桥残雪、平湖秋月、柳浪闻莺、双峰插云、三潭印月、花港观鱼、南屏晚钟、雷峰夕照、曲院风荷。

39. 请说出新西湖十景有哪些？（5个即可）？

答：云栖竹径、满陇桂雨、虎跑梦泉、龙井问茶、九溪烟树、吴山天风、阮墩环碧、黄龙吐翠、玉皇飞云、宝石流霞。

40. 请说出青海省"三江源"的由来。

答：长江、黄河、澜沧江的发源地。

41. 请说出我国三大瀑布。

答：黄果树瀑布、壶口瀑布、吊水楼瀑布。

42. 请说出历史上有"天下第一泉"之称的四大名泉。

答：镇江中泠泉、庐山谷帘泉、北京玉泉、济南趵突泉。

43. 被称为"化石植物"有哪些？（3个即可）

答：水杉、银杉、珙桐、银杏。

44. 我国首批国家公园有哪些？

答：三江源国家公园、大熊猫国家公园、东北虎豹国家公园、海南热带雨林国家公园、武夷山国家公园。

45. 请说出日本传统文化中的"三道"。

答：茶道、花道、书道。

46. 请说出泰国三大国宝。

答：卧佛寺卧佛、玉佛寺玉佛、金佛寺金佛。

47. 请说出中国古典园林中主要建筑有哪些？（5个即可）

答：厅堂、楼阁、书房馆斋、榭、轩、舫、亭、廊、桥、围墙。

48. 请说出中国古典园林构景手法。（5个即可）

答：抑景、添景、夹景、对景、框景、漏景、借景。

49. 请说出佛教四大石窟。

答：敦煌莫高窟、洛阳龙门石窟、大同云冈石窟、麦积山石窟。

50. 请说出元曲四大家。

答：关汉卿、白朴、马致远、郑光祖。

第四节 政策与法律法规

1. 党的二十大报告中指出，十年来，我们经历了对党和人民事业具有重大现实意义和深远历史意义的三件大事，分别是指什么？

答：（1）迎来中国共产党成立100周年；（2）中国特色社会主义进入新时代；（3）完成脱贫攻坚、全面建成小康社会的历史任务，实现第一个百年奋斗目标。

2. 新时代坚持和发展中国特色社会主义的总任务是什么？

答：总任务是实现社会主义现代化和中华民族伟大复兴，在全面建成小康社会的基础上，分两步走在本世纪中叶建成富强民主文明和谐美丽的社会主义现代化强国，以中国式现代化推进中华民族伟大复兴。

3. 统筹推进"五位一体"的总体布局是指什么？

答：是指中国特色社会主义事业总体布局，包括经济建设、政治建设、文化建设、社会建设、生态文明建设。

4. 协调推进"四个全面"战略布局是指什么？

答：是指中国特色社会主义事业战略布局，包括全面建成小康社会、全面深化改革、全面依法治国、全面从严治党。

5. "两个维护"的基本内涵是什么？

答：坚决维护习近平总书记党中央的核心、全党的核心地位，坚决维护党中央权威和集中统一领导。

6. 全面推进依法治国的基本原则包括哪些?

答:坚持中国共产党的领导,坚持人民主体地位,坚持法律面前人人平等,坚持依法治国和以德治国相结合,坚持从中国实际出发。

7. "十四五"旅游业发展规划的基本原则是什么?

答:(1)坚持以文塑旅,以旅彰文;(2)坚持系统观念,筑牢防线;(3)坚持旅游为民、旅游带动;(4)坚持创新驱动、优质发展;(5)坚持生态优先、科学利用。

8. 文化强国的实现路径有哪些?

答:(1)坚持党的领导,牢牢把握党的文化领导权不动摇;(2)坚持以人民为中心,不断满足人民的精神文化需求;(3)坚定文化自信,始终保持精神上的独立自主;(4)坚持守正创新,激发全民族文化创新创造活力;(5)坚持开放包容,在文化交流互鉴中扩大中华文化影响力。

9. 如何推进文化和旅游深度融合发展?

答:保护传统文化遗产、发展文化事业和文化产业、推进旅游业振兴发展、全面推进乡村振兴。

10. 公民有哪些基本权利?

答:平等权、政治权利、社会经济权利、文化教育权、监督权和国家赔偿请求权、宗教信仰自由权、人身自由权。

11. 公民的基本义务包括哪些?

答:(1)维护国家统一和全国各民族团结的义务;(2)遵守宪法和法律的义务;(3)维护祖国的安全、荣誉和利益的义务;(4)依法服兵役的义务;(5)依法纳税的义务;(6)其他基本义务。

12. 根据《中华人民共和国国旗法》第23条规定,在公共场合故意以焚烧、损毁、涂划、玷污、践踏等方式侮辱中华人民共和国国旗的,承担哪些法律责任?

答:依法追究刑事责任;情节较轻的,由公安机关处以15日以下拘留。

13. 依据《中华人民共和国旅游法》规定,有哪些情形旅行社可以解除合同?

答:(1)患有传染病等疾病,可能危害其他旅游者健康和安全的;(2)携带危害公共安全的物品且不同意交有关部门处理的;(3)从事违法或者违反社会公德的活动的;(4)从事严重影响其他旅游者权益的活动,且不听劝阻、不能制止的；（5）法律规定的其他情形。

14. 依据《中华人民共和国旅游法》规定，订立包价旅游合同时，旅行社应当向旅游者告知哪些事项？

答：（1）旅游者不适合参加旅游活动的情形；（2）旅游活动中的安全注意事项；（3）旅行社依法可以减免责任的信息；（4）旅行者应当注意的旅游目的地相关法律、法规和风俗习惯、宗教禁忌，依照中国法律不宜参加的活动等；（5）法律、法规规定的其他应当告知的事项。

15. 请说出增强"四个意识"，坚定"四个自信"分别指的是什么？

答："四个意识"指政治意识、大局意识、核心意识、看齐意识。

"四个自信"指道路自信、理论自信、制度自信、文化自信。

16. 实施乡村振兴战略的"三农"问题是全党工作的重中之重。请说出"三农"具体指的是什么？

答：农业、农村、农民。

17. 请说出旅行社经营的业务有哪些？其中哪些业务应取得相应的业务经营许可？

答：（1）境内旅游；（2）出境旅游；（3）边境旅游；（4）入境旅游；（5）其他旅游业务。

出境旅游、边境旅游应当取得相应的业务经营许可。

18. 请说出为了实现中国梦，我们国家确立的"两个一百年"奋斗目标分别是什么？

答：第一个一百年，是到中国共产党成立100年（2021年）时全面建成小康社会；第二个一百年，是到新中国成立100年（2049年）时建成富强民主文明和谐美丽的社会主义现代化强国。

19.《旅行社条例》对旅行社和分社的服务质量保证金的数额有哪些规定？

答：（1）经营国内旅游业务和入境旅游业务的旅行社，应当存入质量保证金20万元；（2）经营出境旅游业务的旅行社，应当增存质量保证金120万元；（3）每设立一个经营国内旅游业务和入境旅游业务的分社，应当向其质量保证金账户增存5万元；（4）每设立一个经营出境旅游业务的分社，应当向其质量保证金账户增存30万元。

20.《中华人民共和国出境入境管理法》规定，对外国游客进行"一关四检"的检查制度，请说出具体包括哪些内容？

答：（1）海关检查；（2）边防检查；（3）安全检查；（4）卫生检疫；（5）动植物检疫。

21. 导游向游客索取小费，旅游主管部门按照《中华人民共和国旅游法》应如何处理？

答：由旅游主管部门责令退还，处 1000 元以上 1 万元以下罚款；情节严重的，并暂扣或者吊销导游证。

22. 国家建立旅游目的地安全风险提示制度，请说出风险提示分几个级别？是怎样划分的？分别用什么颜色提示？

答：风险提示分别为一级（特别严重）、二级（严重）、三级（较重）、四级（一般），分别用红色、橙色、黄色和蓝色标示。

23. 根据《中华人民共和国旅游法》规定，设立旅行社应当具备哪些条件？

答：（1）有固定的经营场所；（2）有必要的营业设施；（3）有符合规定的注册资本；（4）有必要的经营管理人员和导游；（5）法律、行政规范规定的其他条件。

24. 根据《旅行社条例》规定，旅行社在经营活动中应当遵循哪些原则？

答：（1）自愿原则；（2）平等原则；（3）公平原则；（4）诚信原则。

25. 根据《中华人民共和国英雄烈士保护法》规定，英雄烈士纪念日是哪一天？纪念仪式有哪些？

答：（1）每年 9 月 30 日为烈士纪念日；（2）国家在首都北京天安门广场人民英雄纪念碑前举行纪念仪式，缅怀英雄烈士。县级以上地方人民政府、军队有关部门应当在烈士纪念日举行纪念活动，并邀请英雄烈士遗属代表参加。

26. 请说出合同形式有哪些类别？

答：书面形式、口头形式、其他形式（默示合同）。

27. 依据《中华人民共和国民法典》规定，损害分为哪些种类？

答：人身损害、财产损失、精神损害。

28. 请说出《中华人民共和国旅游法》的立法目的具体是什么？

答：（1）保障旅游者和旅游经营者的合法权益，规范旅游市场秩序；（2）保护和合理利用旅游资源；（3）促进旅游业持续健康发展。

29. 旅游服务质量保证金的使用范围包括哪些内容？

答：旅行社应当按照规定缴纳旅游服务质量保证金，用于旅游者权益损害赔偿和垫付旅游者人身安全遇有危险时紧急救助的费用。

30. 对轻微和严重失信主体实施信用管理措施的期限分别为多长时间？

答：1年和3年。

31. 因旅行社的原因不能成行的，旅行社应在合理期间内通知旅游者。境内旅游承担赔偿责任的标准具体有哪些？

答：境内旅游应提前7天通知旅游者并应向旅游者全额退还预付旅游费用，出发前7~4天支付旅游费用总额10%的违约金，出发前3~1天支付旅游费用总额15%的违约金。出发当日支付旅游费用总额20%的违约金。

32. 规定不予颁发导游执业证书的四种情形，请说出四种情形是什么？

答：（1）无民事行为能力或者限制性能力行为的；（2）患有甲类、乙类以及其他可能危害旅游者人身健康安全的传染疾病的；（3）受过刑事处罚的；（4）被吊销导游证之日起未逾3年的。

33. 请说出导游在行使调整或者变更接待计划权时应当注意的限制条件是什么？

答：（1）必须在引导旅游者旅行、游览的过程中；（2）必须遇到可能危及人身安全的紧急情形；（3）必须征得多数旅游者同意；（4）必须立即报告旅行社。

34. 请说出导游人员进行导游活动时未佩戴导游证的应当受到什么处罚？

答：旅游行政部门责令改正；拒不改正的，处500元以下罚款。

35. 请说出安全信息卡应当包括什么信息？

答：旅游者姓名、出境证件号码和国籍，以及紧急联系人、联系方式。

36. 旅行社责任保险是旅游保险中的重要险种之一，请说出旅行社责任保险有哪些特征？

答：旅行社责任保险属于强制保险；是财产保险；投保人和被保险人是旅行社；保险人是保险公司，责任险的赔付主体是保险公司。

37. 请说出食品安全指的是什么？

答：食品无毒、无害，符合应当有的营养要求，对人体健康不造成任何急性、亚急性或者慢性危害。

38. 请说出自然保护区划分为哪些区域？

答：核心区、缓冲区、实验区。

39. 请说出非物质文化遗产包括哪些方面？

答：传统口头文学以及作为其载体的语言；传统美术、书法、音乐、舞蹈、戏剧、曲艺、杂技；传统技艺、医药和历法；传统礼仪、节庆；传统和游艺；其他非物质文化遗产。

40. 请说出保护非物质文化遗产，应当注重哪些方面？

答：真实性、整体性和传承性。

41. 请说出世界文化遗产包括哪些类型？

答：文物、建筑群和遗址。

42. 旅游纠纷的解决途径包括哪些？

答：（1）双方协商；（2）向消费者协会、旅游投诉受理机构或者有关调解组织申请调解；（3）根据与旅游经营者达成的仲裁协议提请仲裁机构仲裁；（4）向人民法院提起诉讼。

43. 保护消费者权益的原则包括哪些？

答：（1）自愿、平等、公平、诚信原则；（2）对消费者特别保护的原则；（3）国家保护消费者合法权益不受侵犯的原则；（4）全社会共同保护消费者合法权益的原则。

44. 旅游投诉的类别包括哪些？什么叫共同投诉？

答：旅游投诉可以分为单独投诉和共同投诉。投诉人4人以上的，以同一事由投诉同一被投诉人的，为共同投诉。

45. 旅游投诉案件管辖中的地域管辖，旅游者可以在哪些地域进行投诉？

答：旅游合同签订地、被投诉者所在地、损害行为发生地。

46. 纳入旅游不文明行为记录的从业人员行为主要包括哪些？

答：（1）价格欺诈、强迫交易欺骗、诱导游客消费；（2）侮辱、殴打、胁迫游客；（3）不尊重旅游目的地或游客的宗教信仰、民族习惯、风俗禁忌；（4）传播低级趣味，宣传迷信思想；（5）国务院旅游主管部门认定的其他旅游不文明行为。

47. 旅游不文明行为记录信息保存期限为 1～5 年，实行动态管理。请具体说明不同程度的动态管理情况。

答：(1) 行为当事人违反刑法的，信息保存期限为 3～5 年；(2) 行为当事人受到行政处罚法院判决承担责任的，信息保存期限为 2～4 年；(3) 行为未受到法律法规处罚但造成严重社会影响的，信息保存期限为 1～3 年。

48. 治安管理处罚的种类包括哪些？

答：(1) 警告；(2) 罚款；(3) 行政拘留；(4) 吊销公安机关发放的许可证。

49. 请说出重大旅游安全事故的经济损失范围？

答：10-100 万元。

50. 请简述国内航空运输承运人赔偿责任限额规定。

答：(1) 对每名旅客的赔偿责任限额为人民币 40 万元；(2) 对每名旅客随身携带物品的赔偿责任限额为人民币 3000 元；(3) 对旅客托运的行李和对运输的货物的赔偿责任限额为每公斤人民币 100 元。